Gaffuri/Kuster

Courage

Sarah Gaffuri
Niklaus Kuster

# Courage

123 Kurzporträts mutiger Menschen

HERDER

FREIBURG · BASEL · WIEN

© Verlag Herder GmbH, Freiburg im Breisgau 2022
Alle Rechte vorbehalten
www.herder.de
Umschlaggestaltung: Verlag Herder
Satz: Barbara Herrmann, Freiburg im Breisgau
Herstellung: CPI books GmbH, Leck
Printed in Germany
ISBN (Print) 978-3-451-39410-2
ISBN E-Book (PDF) 978-3-451-83410-3
ISBN E-Book (E-Pub) 978-3-451-82910-9

# Inhalt

## II
## Mystik und Gottesliebe

## III
## Prophetie und Visionen

# IV
## Lichtvolle Schattenfrauen

# V
## Kunst und Kultur

# VI
## Entdeckungen und Erfindungen

## VII
## Politik und Weltgestaltung

# VIII
## Revolution und Widerstand

## Anhang

# Vorwort
## *Zugang zu einer Galerie*


Die Geschichte der Menschheit ist voller Licht und reich an Schatten. Im Naturgeschehen folgen in schöner Regelmäßigkeit Tage auf Nächte und in unseren Breiten lösen Winter- und Sommerhalbjahre einander ab. Im Weltgeschehen zeigt sich eine größere Freiheit und haben Menschen es in der Hand, ob Epochen zu lichtvollen Blütezeiten oder finsteren Zeitaltern werden. Licht und Dunkel mischen sich oft auch in derselben Epoche, Kultur und Region. Die Gegenwart kann aus der Geschichte lernen, wenn Menschen früherer Zeiten ins Gespräch mit der Moderne treten.

Dieses Buch stellt mutige Persönlichkeiten vor, die weit über ihre Zeit ausstrahlen und die Welt auf unterschiedliche Weise bereichert haben. Viele von ihnen stehen für eine mutige Freiheit, die sich in Neuland wagte, für überraschende Kreativität in Politik, Kultur oder Wissenschaft und für wache Blicke in die Welt. Viele schwammen hellsichtig gegen den Strom und standen visionär in ihrer Zeit.

Weil Frauen gleichermaßen inspiriert sind wie Männer und zu Unrecht oft von der Geschichtsschreibung an den Rand gedrängt werden, haben wir uns entschieden, in diesem Buch weibliche und männliche Persönlichkeiten in einer ausgewogenen Galerie vorzustellen. So leuchtet unter den vielen Pharaonen eine große Pharaonin hervor, die Ägypten zu einer langen Blütezeit verhalf. Israel benennt seine Stämme nach den zwölf Söhnen Jakobs, die eine wenig bekannte Schwester haben: Ihr gilt unsere Aufmerksamkeit. Unter den prägenden Schriftstellern der Antike finden sich nicht nur große Philosophen und Staatsmänner, sondern auch die Liebesdichterin Sappho, und weise erwies sich auch die vielbesuchte Priesterin Pythia von Delphi. Der kränkliche Martin Luther hätte die Reformation nicht wirkmächtig prägen können ohne seine Frau Katharina von Bora, die ihn immer wieder auf die Beine brachte und mit der er seine Schriften als erste diskutierte.

Bis heute wirkt das Ethos des Arztes Hippokrates wegweisend für die Medizin und Mediziner. Zahllose Menschen bleiben klarsichtig dank dem Franziskaner Roger Bacon, der vor 760 Jahren die Brille erfand. In Europas antiislamische Ängste sprechen Sufimystikerinnen, die seit Jahrhunderten einen Gott erfahren, der die Religionen innig verbindet. Elisabeth von Thüringen, Lella Manoubia und Madeleine Delbrêl stehen für die enge Verbindung von Mystik und Politik. Jeanne d'Arc, Simón Bolívar, Mahatma Gandhi, Nelson Mandela und Harriet Tubman sprechen von verschiedenen Wegen zur politischen Freiheit und von deren Gefährdungen. Wegweisend für Demokratien bleibt bis heute deren Vater Solon, der im antiken Athen vor 2600 Jahren lebte. Neben große Gelehrte wie Pythagoras und Leonardo da Vinci treten die jugendliche Pakistani Malala Yousafzai als jüngste Friedensnobelpreisträgerin aller Zeiten mit ihrem beherzten Einsatz für Mädchenbildung in jeder Kultur sowie die kolumbianische Indigena Juana Payaba Cachique mit ihrem unerschrockenen Kampf gegen die Zerstörung der Amazonaswälder.

Die folgende Galerie führt durch fünf Jahrtausende und auf vier Kontinente. Sie findet Inspirierte und Inspirierende in allen Religionen und Kulturen. Die vorgestellten Persönlichkeiten setzten sich für Humanität und Menschenwürde ein, wiesen Wege einer weitherzigen Religiosität und prägten die Welt mit ihren Visionen. Sie setzten Leuchtzeichen in Kunst und Kultur, Politik und Weltgestaltung, trugen mit Entdeckungen und Erfindungen zum Fortschritt bei und ermutigten zu Widerstand, wo immer Menschen, Gesellschaft und die Schöpfung unterdrückt werden. Innerhalb der acht Themenbereiche – Humanität und Menschenwürde, Mystik und Gottesliebe, Prophetie und Visionen, Lichtvolle Schattenfrauen, Kunst und Kultur, Entdeckungen und Erfindungen, Politik und Weltgestaltung, Revolution und Widerstand – werden die ausgewählten Personen in chronologischer Abfolge vorgestellt. Der Fokus wechselt dabei oft in schnellem Rhythmus von Kontinent zu Kontinent, von Religion zu Religion und von Kultur zu Kultur. Je ein Viertel der Persönlichkeiten gehören der Antike, dem Mittelalter, der Neuzeit und der Gegenwart an. Die Hälfte lebte in Europa, die andere Hälfte auf den anderen Kontinenten. Frauen und Männer halten sich die Waage. Ebenso ausgewogen wie die Galerie sich nach Geschlecht präsentiert, zeigt sich die Verteilung der Beiträge auf die Autorin und den Autor. Sosehr die einzelnen Porträts miteinander abgesprochen und diskutiert sind, unterscheiden sie sich im Stil und in der Akzentsetzung. Wir überlassen es der aufmerksamen Leserin und dem interessierten Leser, jeweils zu urteilen, ob ein Beitrag aus der Feder der journalistisch versierten Philologin oder des theologisch promovierten Spiritualitätsgeschichtlers stammt.

Der Weg durch die Zeiten führt in keine Heldengalerie, in der gefeierte Menschen aufgrund ihrer Berühmtheit und Verehrung Aufnahme finden. Leserinnen und Leser werden neben bekannten Gestalten auch solche entdecken, deren Spur sie erstmals begegnen: Persönlichkeiten, denen Epochen und Kulturen vieles verdanken, offenbaren wie alle Menschen auf Erden auch Schattenseiten: *nobody is perfect*!

Gefährten des eigenen Glaubens und des eigenen Lebensraumes verbinden sich mit Gefährtinnen anderer Religion und Kultur. Inspirierte Menschen treten zu allen Zeiten auf. Religiöse finden Licht in anderen Religionen und Inspiration in Nichtgläubigen. Nichtreligiöse Menschen finden Perlen spiritueller und mystischer Erfahrung, die jedes Glaubensgebäude und jede Philosophie an Tiefe und Weite übertreffen.

123 Personen warten mit Begegnungen auf. Sie stehen repräsentativ für verschiedene Zeit-, Kultur- und Lebensräume der Welt und ihrer Geschichte. Porträts eröffnen Begegnungsräume, in denen der Dialog zwischen gestern und heute inspirieren will. Die Spurensuche durch die Epochen möchte auch Wege aufzeigen, wie sich dunkle Zeiten vermeiden oder überwinden lassen: auf dass die Welt in vielerlei Sinn und durch unser mutiges inspiriertes Engagement lichtvoller werde und lichtvoll bleibe.

Ostern 2022

Dübendorf,
wo durch mutige Migration und
Integration aus einem Bauerndorf
eine kleine multikulturelle Stadt
gewachsen ist
*Sarah Gaffuri*

Rapperswil,
am Pilgersteg von Fernwegen,
die die Ostsee mit dem Atlantik
und die Nordsee mit dem
Mittelmeer verbinden
*Niklaus Kuster*

# I
## Humanität und Menschenwürde

# 1 Sara
## Nomadin und Mutter vieler Völker

Verschiedene Kulturen der Welt erzählen von einer »Urmutter«. Oft sind es mythologische Gestalten, die die Überzeugung nähren, dass Menschen miteinander weit über ihre Sippe, ihren Stamm oder ihr Volk hinaus verwandt sind. Die jüdische Tradition nennt Abraham »Vater vieler Völker«. Ihm und seiner Frau Sara habe Gott »Nachkommen so zahlreich wie die Sterne am Himmel« verheißen. Nach biblischer Chronologie lebte das Nomadenpaar im 19. Jahrhundert vor der Zeitenwende und ließ sich auf der schmalen Landbrücke nieder, die Europa, Afrika und Asien zu Land und zur See verbindet. Sara heiratete einen reichen Herdenbesitzer in Mesopotamien. Als Oberhaupt einer Sippe, doch ohne eigene Nachkommen, verließ Abraham mit Sara die Heimat: Gotteserfahrungen ermutigten ihn, zusammen mit Sara in der Fremde eine Zukunft zu finden. Die hebräische Bibel erzählt nicht, ob und wie Sara in die Entscheidung zum Aufbruch einbezogen war. Das Paar brach mit dem Neffen Lot und einer Herde auf und zog nordwärts nach Haran und dann nach Westen in den Halbmond fruchtbaren Landes, der sich von Syrien dem Mittelmeer entlang nach Ägypten zieht. Sara wurde als Nomadin in Palästina hochbetagt, ohne dass sich die Verheißung einer familiären Zukunft erfüllte. Sie beschloss, sich nach einem archaischen Brauch einen Nachkommen zu sichern: Mit Erlaubnis der Gattin schwängerte der zehn Jahre ältere Abraham Saras Sklavin Hagar, die dann auf den Schenkeln ihrer Herrin sitzend Ismael gebar. Das Verhältnis der beiden Frauen wurde in der Folge konfliktreich, da Unfruchtbarkeit im Orient als gesellschaftliche Schmach und Strafe der Götter galt.

Israels heilige Schriften kennen auch eine Zukunft jenseits des menschlich Machbaren. Die betagten Nomaden beherbergen drei Wandernde gastfreundlich. Diese verheißen dem Paar einen gemeinsamen Sohn. Sara lacht darüber im Wissen um ihr fortgeschrittenes Alter. Das hebräische Wort für lachen – *sachaq* – wird sich im Namen des Sohnes spiegeln: Isaak (*Jis'chaq*) heißt »Gott bringt zum Lachen«. Die Konflikte zwischen Sara und Hagar spitzen sich zu. Auf Betreiben seiner

Frau muss Abraham die Sklavin mit Ismael aus der Sippe verstoßen. Das Volk Israel jedoch wird sich als Nachfahren Isaaks von den Nachbarvölkern abgrenzen, die es auf Ismael zurückführt. Nach einem langen Nomadenleben, in dem das Paar bis Ägypten gelangt, verbringt Sara ihre letzten Jahre im Raum Hebron, wo sie ihr Grab in der Höhle Machpela findet. Abraham hat diese als Begräbnisort seiner Sippe erwählt. Hier finden denn auch Isaak und seine Frau Rebekka sowie deren Sohn Jakob mit der ersten Frau Lea die letzte Ruhe.

Wer Hebron heute besucht, ist unabhängig seines Glaubens in der Abraham-Moschee willkommen. Dort stehen unter einem Dach und über der Machpela-Höhle die Grabmonumente der drei Erzväter und der drei Erzmütter (ohne Leas Schwester Rahel). Jüdische, islamische und christliche Gläubige beten am Ort, der ihre Religionen familiärer als jeder andere verbindet. Sara ist die erste, deren Grab den heiligen Ort für immer festlegte. Während die islamischen Völker sich von Hagar ableiten, ehrt das jüdische Volk Sara als Stammmutter, auf die sich auch die christliche Welt beruft: Durch Jesus seien alle Christinnen und Christen geistige Söhne und Töchter Abrahams und Saras. Aktuell entsteht unter dem Projektnamen »Abrahamic Familiy House« auf der Insel Sadiyaat in Abu Dhabi eine Synagoge, eine Kirche und eine Moschee auf einem Grundstück des Emirs, um als dreifaches »Haus Abrahams« die Verwandtschaft der drei Religionen zu bezeugen. »Haus Abrahams und Saras« wäre der trefflichere Name.

## 2 Rut
### Dein Gott ist mein Gott

*Zwinge mich nicht, dich zu verlassen, ich werde es nicht tun! Wohin du gehst, gehe ich auch, wo du bleibst, da bleibe auch ich. Dein Volk ist mein Volk, und dein Gott ist mein Gott. Dort, wo du stirbst, will auch ich sterben ... Der Tod allein kann mich von dir trennen!*

Mit diesen leidenschaftlichen Worten (Rut 1,16–17) bindet sich eine Schwiegertochter an ihre Schwiegermutter, und binden sich zwei aneinander, wofür die Jüngere in die Fremde zieht. Mit diesen Worten bindet sich ein Mensch an Gott, und durch diese Geschichte bindet Gott die Heilsgeschichte ganz ausdrücklich an eine Frau »aus der Fremde«, aus dem Land Moab.

Das Buch Rut ist einzigartig in der ganzen Bibel, sowohl der hebräischen wie der christlichen: Es ist ganz aus weiblicher Perspektive geschrieben. Rut und ihre Schwiegermutter Noomi stehen nicht nur im Zentrum der Aktion, sondern sind auch die Personen, auf die Bezug genommen wird. Sind Frauen in anderen Erzählungen der Bibel meist definiert durch ihre Beziehung zu Männern – die Schwester des Mose, die Frau Lots, Sauls Tochter –, so ist hier die Rede von *ihren* Söhnen, *ihren* Männern, *ihren* Töchtern. Es ist die Rede vom »Haus der Mutter«, statt, wie üblich, vom »Haus des Vaters«.

Die Geschichte, die ungefähr 1000 Jahre vor der Zeitenwende spielt, ist relativ kurz, und ihre Eindringlichkeit wird verstärkt durch die Namen und ihre Bedeutungen. Elimelech (»Mein Gott ist König«) verlässt in Zeiten einer Hungersnot das Volk Israel, um mit seiner Frau Noomi (»die Liebliche«) und den Söhnen Machlon (»der Kränkliche«) und Kiljon (»der Schwächliche«) im Land Moab zu siedeln. Die beiden Söhne heiraten die Moabiterinnen Rut (moabitisch »Labsal«, hebräisch »Freundin«) und Orpa (»die den Rücken kehrt«), bevor das Schicksal zuschlägt: Die Männer sterben innerhalb weniger Jahre, und Noomi bleibt allein als israelitische Fremde im Land Moab zurück. Nach wenigen Sätzen schon steht sie damit im Zentrum der Geschichte.

Als sie vernimmt, dass die Hungersnot in der Heimat vorbei ist, entschließt sie sich zur Heimkehr. Ihre kinderlosen Schwiegertöchter machen sich mit ihr auf. Noomi aber entlässt die beiden aus ihren Pflichten und ermuntert sie, zu ihren Müttern zurückzukehren und sich neue Männer zu suchen. Erst wollen beide nichts davon wissen, doch schließlich gibt Orpa nach und geht zu ihrer Sippe zurück. Nicht aber Rut. Sie bindet sich lebenslang an Noomi, die sich nach den zahlreichen Schicksalsschlägen Mara (»die Bittere«) nennt. In Betlehem (»Haus des Brotes«) darf Rut hinter den Arbeiterinnen und Arbeitern auf einem Feld Ähren aufsammeln. Der Besitzer des Felds, Boas (»der

Kräftige«), ein Verwandter Noomis, erweist sich als äußerst großzügig. Rut gefällt ihm, und ihr Einsatz für das Mitglied seiner Sippe beeindruckt ihn. Er nimmt die junge Fremde unter seinen Schutz. Rut befolgt Noomis Rat, sich nachts Boas zu Füßen zu legen. Er verspricht ihr darauf, sie zu heiraten. Als die Ältesten bei der Hochzeit die Braut segnen, beziehen sie sich explizit auf die Ahninnen ihres Volks: auf die Schwestern Rahel und Lea und auf Tamar, die Mutter des Stammes Juda. Das Kind, das Rut gebiert, wird nicht als Sohn Boas' geführt und auch nicht Machlons, für den es nach jüdischem Recht gezeugt wird: Der Sohn Obed (»der Diener«) ist vielmehr für Noomi geboren, die nun wieder ihren alten, »lieblichen« Namen trägt (Rut 4,17). Obeds Enkel wird als König David Geschichte schreiben. David stammt damit ausdrücklich von einer fremden Frau mit Migrationshintergrund ab, und mit ihm auch dessen Nachkomme Jesus, der Sohn Marias.

# 3 Hippokrates von Kos
## *Vater der Medizin*

*Ich schwöre vor Apollo dem Arzt und Asklepios ... diese Kunst zu lehren ohne Entgelt.*
*Meine Verordnungen werde ich nach bestem Können und Urteil treffen zum Nutzen und Heil der Kranken ... Ich werde niemandem ein tödliches Gift verabreichen oder dazu raten, auch nicht auf seine Bitte hin.*
*Was ich bei der Behandlung sehe oder über das Leben eines Menschen höre, werde ich verschwiegen als Geheimnis behandeln.*

Die drei praktischen Abschnitte aus dem »hippokratischen Eid« leiten die ethische Grundhaltung von Ärztinnen und Medizinern bis heute. In den USA wird der Eid bei Promotionsfeiern noch immer vorgetragen. Die einleitende Berufung auf die griechischen Götter-Ärzte weist auf das Alter der Eidesformel hin. Sie wird Hippokrates zugeschrieben. Der »Vater der Medizin« kam um 460 vC. auf der Insel Kos in der südlichen Ägäis zur Welt. Der Sohn eines Ärztepaares lernte die Grundlagen der Heilkunst von seinen Eltern und erweiterte seine Kenntnisse bei Reisen durch Kleinasien und Griechenland. Um 430 erlebte er in Athen einen großen Pestausbruch. Auf seiner Heimatinsel vor der türkischen Küste baute Hippokrates eine Ärzteschule auf, zu der auch seine beiden Söhne Drakon und Thessalos gehörten. Der Meister selbst starb um 370 vC. hochbetagt im Norden Griechenlands, südlich des Olymps in der Stadt Larisa, wo sein Grab erst vor 200 Jahren entdeckt wurde.

Die umfangreichen Schriften des Arztes begründen die Medizin im klassischen Griechenland erstmals als eigenständige Wissenschaft. Allerdings stammen nicht alle der 61 Werke des *Corpus Hippocraticum* aus der Lebenszeit des berühmten Autors, sondern aus den folgenden vier Jahrhunderten. Sie weisen Diagnosen auf, fassen bewährte Therapien in Anweisungen und schildern Krankengeschichten. Der Ursprung vieler Krankheiten wird in einem verlorenen Gleichgewicht zwischen Körpersäften infolge von Fehlernährung und Fehlverhalten vermutet. Die Heilkunst setzte auf das Umstellen der Lebensweise, sorgsame Ernährung, Bewegung, gezielten Einsatz von Arzneimitteln und notfalls operative Eingriffe.

Während sich die moderne Medizin fachlich weit über ihre griechischen Grundlagen hinaus entwickelt hat, bleiben die Grundhaltungen maßgeblich, die im Eid bereits damals als frühes Berufsethos gewissenhafter Ärzte greifbar werden. Die hippokratischen Werke verdeutlichen das Zusammenspiel von Heilkunst und Leben eines Arztes, persönlicher Integrität und fachlichem Wissen, körperlicher und geistiger Hygiene, Empathie und sachlicher Analyse. Ärztliche Diagnosen beruhen auf sorgfältiger Beobachtung, Befragung und Untersuchung. Auch das Erkunden und schriftliche Festhalten der Anamnese (Vorgeschichte), der psychischen Situation des Patienten und der realen Lebensumstände unterstützen sowohl Diagnosen wie Therapien.

Das antike Bewusstsein, eine kostbare Kunst vermittelt zu erhalten, die es kostenlos und uneigennützig weiterzugeben gilt, kann heute weder die kostenträchtige Ausbildung von Medizinern noch die wirtschaftliche Berufsbasis praktizierender Ärztinnen bestimmen. Hippokrates stellt mit seinem Ethos jedoch auch heute kritische Rückfragen: sei es in Bezug auf die Spannung zwischen Profitabilität moderner Spitäler und Patientenwohl, sei es mit Blick auf die Entlohnung von Ärzten nach Anzahl Operationen oder auf Organisationen mit Sterbehilfe-Angeboten sowie angesichts laufend neu aufgedeckter Fälle sexuellen Missbrauchs auch in medizinischen und pflegerischen Schutzräumen.

# 4 Seneca
## Weisheit in Neros Dienst

Kaiser Nero hätte gute Chancen gehabt, als kluger Herrscher in die Geschichte einzugehen. Doch selbst beste Lehrer und Berater verhindern nicht, dass Egomanen sich selber zu tragischen Figuren machen. Der Spanier Lucius Annaeus Seneca war der bekannteste Philosoph seiner Zeit, zudem Naturforscher, Politiker und Dramatiker. 1 vC. geboren, wurde er mit 50 zum Lehrer des künftigen Kaisers, des damals 12-jährigen Nero.

Während Senecas jüngerer Bruder Mela im andalusischen Córdoba blieb, wo er die Familiengüter verwaltete, und der ältere Bruder Novatus Gallio als Prokonsul nach Griechenland reiste, wurde der kränkliche Lucius Anwalt in Rom, Senator und Philosoph der stoischen Schule. Unter Kaiser Claudius verbrachte er ab 41 nC. wegen einer angeblichen Liebesaffäre acht Jahre im Exil auf Korsika, wo er viel Zeit zum Schreiben fand. Dann berief ihn Claudius' neue Gattin Agrippina als Erzieher ihres Sohnes an den Kaiserhof, ließ Nero adoptieren und vergiftete den Herrscher fünf Jahre später. Seneca blieb Berater des 16-jährigen Nero, dem er die Schrift *De clementia* (Über die Milde) widmete. Tatsächlich folgten fünf Jahre umsichtiger Herrschaft, in denen der Mentor als Gegenpol zur skrupellosen Mutter wirkte. Als auch der junge Kaiser unberechenbar und gewalttätig wurde, bezichtigte der Senat den mit Gütern überhäuften Seneca rücksichtsloser Macht- und Profitgier. Nachdem Nero seine Mutter ermordet und 62 nC. Tigellinus zum Präfekten der Prätorianergarde berufen hatte, zog sich Seneca auf ein Weingut im Nordosten Roms zurück. In Nomentum entstanden philosophische Werke, naturwissenschaftliche Schriften und zahlreiche Briefe. Nach dem Scheitern der Verschwörung um Calpurnius Piso zwang Nero seinen einstigen Mentor zum Suizid, den Seneca 65 nC. nach dem Vorbild des Sokrates auf sich nahm. Er schnitt sich stoisch die Pulsadern auf, trank einen Giftbecher und starb im Bad. Der Suizidversuch der verzweifelten Gattin Pompeia Paulina misslang zu Neros Freude.

Aus Senecas Werken werden gerne zahlreiche Lebensweisheiten auch von christlichen Autoren zitiert. Die folgenden Erkenntnisse finden sich in den 62 nC. verfassten *Briefen an Lucilius:*

*Nichts gehört uns wirklich, außer die Zeit! (Brief 1) – Geld hat noch keinen reich gemacht. (119) – Nicht wer zu wenig hat, sondern wer mehr begehrt, ist wahrhaft arm. (2)*

*Lehrende sind immer auch Lernende. (7) – Meist ist fehlender Wille der Grund und fehlendes Können nur Vorwand. (116) – Mächtig ist jener, der sich selbst beherrscht! (90) – Manche beendeten ihr Leben, bevor sie es anfingen. (23)*

*Wir sind zur Gemeinschaft geboren. Unsere soziale Zusammengehörigkeit ist einem Steingewölbe vergleichbar, das einstürzen würde, wenn die Steine nicht sorgsam gefügt einander halten und dem Bau Bestand verleihen. (95)*

*Ruhende müssen handeln und Handelnde ruhen! (3) – Betrachte alles Irdische um dich herum als Ausstattung einer Herberge: Mache dich auf den Weg und setze deine Wanderung fort! (102) – Lebe so mit Menschen, dass Gott es sehen darf, und sprich so mit Gott, dass Menschen es hören dürfen! (10)*

# 5 Elisabeth von Thüringen
## Migrantin – Landgräfin – Schwester

*Du weißt, wie innig ich Ludwig liebte! ... Könnte ich ihn wieder lebendig bei mir haben, würde ich die ganze Welt dafür geben, und müsste ich dafür zusammen mit ihm betteln gehen! Du bist mein Zeuge, dass ich sein Leben aber für kein Haar zurückgewinnen will, wenn dies nicht dein Wille ist. Und so empfehle ich ihn und mich deiner liebenden Zuwendung!*

Dieses Gebet spricht eine junge Witwe im Sommer 1228, als sie in Bamberg die Gebeine ihres Liebsten in Empfang nimmt. Landgraf Ludwig IV. war ein Jahr zuvor in den Kreuzzug aufgebrochen, in Süditalien jedoch einer Seuche erlegen. Die Landgräfin spricht zum zweiten Du ihres Herzens, Christus. Selten hat das Mittelalter ein Ehepaar erlebt, das sich derart glühend liebte. Dabei war die Ehe arrangiert und der Weg der jungen Frau dramatisch.

Die Prinzessin Erzsébet, wie ihr Name ungarisch lautet, kam 1207 in der Burg Sárospatak zur Welt. Sie verbrachte ihre frühe Kindheit im Königsschloss von Pressburg/Bratislava, bis ihr Vater Andreas II. das Töchterchen mit vier Jahren nach Mitteldeutschland verkaufte – als Trumpfkarte in einem politischen Machtpoker. In Eisenach wurde die Kleine dem Thüringer Thronfolger verlobt. Als dieser nach sechs Jahren starb, hing ihre Zukunft in der Luft. Die gestrenge Landgräfin Sophie hätte die wilde Prinzessin am liebsten nach Ungarn zurückgesandt. Dort war ihre Mutter inzwischen ermordet worden und ihr Vater in Machtkämpfe mit dem Sohn verstrickt. Als auch Landgraf Hermann I. starb und der jüngere Sohn Ludwig die Herrschaft antrat, wählte dieser sich seine »Schwester Elisabeth« zur Gattin. Mit 13 feierte sie Hochzeit. Elisabeth wurde Landesmutter Thüringens und mit 14 auch Mutter. Dem kleinen Thronfolger Hermann II. folgten in kurzer Zeit die Schwestern Sophie und Gertrud.

Mächtig thront die Wartburg über der Königsstraße, die Santiago de Compostela mit Bordeaux, Mainz, Erfurt, Leipzig und Kiew verbindet. So prachtvoll der Hof dort lebt, behält die Fürstin Elisabeth, als Fremde ins Land gekommen, einen wachen Blick für die Nöte der einfachen Leute. Sie lässt am Aufstieg zur Burg ein Hospital für die Ärmsten bauen, in dem sie selber Pflegedienste leistet. In zwei Hungerkatastrophen öffnet sie als Regentin für den landesabwesenden Gatten die Kornspeicher von Burgen und Städten und leert die Kriegskassen, um neues Saatgut und besseres Ackergerät für die Bauern zu kaufen. Ungerechte Grafen provoziert sie, indem sie ihre Speisen nicht anrührt und fastet. Unüblich für ihre Zeit lassen Ludwig und sie sich auch von der Kirche nicht ins Eheleben hineinreden: Sie teilen ihr Lager und leben ihre Liebe nach eigenem Gewissen. Während Italienreisen ihres Mannes besucht Elisabeth Bauernfamilien auf ihren Gehöften und setzt sich persönlich ins Bild von den Bedürfnissen und Nöten jener, die das Land ernähren.

Nach dem frühen Tod ihres Gatten wird Elisabeth vom Schwager entmachtet und von den Kindern getrennt. Die junge Witwe setzt ihr Erbe ein, um in Marburg ein Hospital zu bauen. Hier macht sie sich zur »Schwester der Ärmsten«. Von rückhaltloser Solidarität mit den Geringsten geschwächt, stirbt sie 24-jährig an einer Grippe. Mit Papst Gregor IX. und Kaiser Friedrich II. neigen sich die Mächtigsten vor dieser Frau, deren hebräischer Name sich wie eine Verheißung erfüllte: »Mein Gott ist Lebensfülle«. Elisabeth hat ihre Menschen- und Gottesliebe in solcher Fülle gelebt, dass ihr kurzes Leben über 800 Jahre hinaus leuchtet.

## 6 Erasmus von Rotterdam
### Weises »Lob der Torheit«

Der größte Humanist deutscher Sprache leidet an seiner Familiengeschichte. 1466 geboren, stammt er wie sein älterer Bruder Peter aus dem Verhältnis einer Arzttochter mit einem Priester, die im Städtchen Gouda unweit der großen Hafenstadt Rotterdam zusammenleben. Weder adelig noch aus gutbürgerlicher Familie, öffnet ihm das Glück Türen: Ein Onkel lässt den 12-Jährigen die humanistische Schule der »Brüder vom gemeinsamen Leben« in Deventer besuchen und 1484 nach dem Tod der Eltern nach 's-Hertogenbosch an die Lateinschule wechseln. Mit 21 tritt Erasmus ins Augustinerkloster Steyn bei Gouda ein, wird da nach fünf Jahren Priester und 1495 zu Universitätsstudien nach Paris gesandt. Die Chorherren tragen dem Freiheitsdrang ihres Mitbruders Rechnung, dispensieren ihm vom Gemeinschaftsleben und lassen ihn nach den Pariser Jahren nach England reisen, in Turin doktorieren und in Venedig für einen Verlag arbeiten. Ab 1510 studiert er Griechisch in Cambridge und pendelt dann zwischen Basel und Burgund, wo er ab 1515 den künftigen Kaiser Karl V. am Hof zu Löwen erzieht. 1520 lässt sich der berühmte Autor in Basel nieder, aus dessen Reformation er 1529 für sechs Jahre ins Exil nach Freiburg im Breisgau wechselt. 1536 stirbt der große Humanist in Basel.

Erasmus wünscht Reformen ohne Kirchenspaltung. Luther verdankt ihm den entschlossenen Rückgriff *ad fontes* (zu den Quellen), den der Wittenberger theologisch zum *sola scriptura*-Prinzip (allein die Schrift) zuspitzt, sowie die Neuausgabe des griechischen Neuen Testaments und eine neue lateinische Übersetzung mit reichen Anmerkungen. Den Bruch mit Luther provoziert 1524 dessen Schrift »Vom freien Willen«: Erasmus distanziert sich von Luthers These, dass nicht menschliches Tun, sondern Gott allein über das Schicksal des Menschen entscheide. Der Humanist verteidigt eine grundlegende Wahlfreiheit im Wollen und Handeln des Menschen. Philosophisch stützt sich Erasmus auf Sophokles, der den Menschen autonom das göttliche Gesetz erkennen sieht, auf Aristoteles' Wahlentscheidung in konkreten Handlungen, Senecas Freiheit der Seele über die Macht der Emotionen und die Freiheit der Stoiker. Als früher christlicher Autor betont Paulus die Freiheit im Geist Gottes (2 Kor 3,17). Da Luther um seine Theologie fürchtet, antwortet er mit scharfer Polemik.

Mit seinem *Lob der Torheit* bestärkt Erasmus 1509 Menschen jeden Standes und Berufs, ihre Freiheit klug zu nutzen: Nationen verfallen durch die Torheit kollektiver Eigenliebe, Junge werden unbesonnen, Alte fallen in die Kindheit zurück, Mädchen neigen zu törichter Liebe, Männer wählen läppische Frauen, wenn sie denn reizvoll sind, Geistliche sind auf ihren Vorteil bedacht, Kaufleute lieben das widerwärtigste aller Geschäfte, Dichter lassen sich von Schmeichelei leiten, Juristen streiten verbissen um des Kaisers Bart, Mönche halten sich ohne Bildung für frömmer, Bischöfe kämpfen wie Büffel um geistliche Ämter, Fürsten schröpfen die Bürger. Weshalb? »Es tut halt so sauwohl, keinen Verstand zu haben ...!«

Erasmus fragt den fiktiven christlichen Ritter seines 1503 verfassten Handbuchs *Enchiridion militis Christiani*:

> *Erscheint es dir richtig, dass dein Nächster hungert, während du auf die Jagd nach Rebhühnern gehst; dass dein Bruder nackt ist und vor Kälte zittert, während deine vielen Kleider von den Motten zerfressen werden?*
> *... dass kein Christ denke, er sei für sich allein geboren und lebe für sich allein, und dass er alles, was er hat, und alles, was er ist, nicht sich selbst zuspricht, sondern Gott seinem Erschaffer dafür dankt und gesteht und anerkennt, es von ihm erhalten zu haben. Woraus folgt, dass alles Gut allen gehört, denn die christliche* caritas *kennt kein Eigentum!*

# 7 Jean-Jacques Rousseau
## Aufklärer – Revolutionär – Romantiker

> *Der erste, der ein Stück Land umzäunte und dem es einfiel zu sagen »Dies gehört mir« und der einfältige Leute fand, die ihm glaubten, war der wahre Begründer der bürgerlichen Gesellschaft. Wie viele Verbrechen, Kriege, Morde, wie viel Elend und Schrecken wären der Menschheit erspart geblieben, hätte jemand die Pfähle ausgerissen und seinen Mitmenschen zugerufen: »Hütet euch, dem Betrüger Glauben zu schenken! Ihr seid verloren, wenn ihr vergesst, dass zwar die Früchte allen zustehen, die Erde aber niemandem gehört.«*

Der kritische Geist, der diese Analyse schrieb, war selbst öfter heimatlos. Sein Vater Isaac Rousseau diente als Uhrmacher des Sultans am Serail in Istanbul, bevor er sich 1711 wieder in Genf niederließ. Als Jean-Jacques ein Jahr später zur Welt kam, verstarb die Mutter Suzanne Bernard im Kindbett. Zehn Jahre später floh der Vater vor der Genfer Justiz und überließ den Sohn einem Schwager, der ihn dem gewalttätigen Pfarrer von Bossey anvertraute. Als 16-jähriger

Graveur-Lehrling wanderte Jean-Jacques nach Savoyen aus, konvertierte in Turin zum Katholizismus und trat für kurze Zeit ins Priesterseminar von Annecy ein. Es folgte ein ärmliches Wanderleben durch die Westschweiz und bis Paris sowie Jahre als musikalischer Autodidakt und Geliebter seiner Savoyer *maman*, seiner früheren Zimmerwirtin in Chambéry. 1742 ließ sich Rousseau in Paris nieder, wo er eine erste Oper komponierte, literarische Salons besuchte und Mäzene gewann. Fünf Kinder, die er mit der Wäscherin Thérèse Levasseur zeugte, übergab er Waisenhäusern. Im Kontakt zu Aufklärern wie Denis Diderot und Jean-Baptiste le Rond d'Alembert verfasste Rousseau erste gesellschaftskritische Schriften: Sie sehen den »frei geborenen Menschen« in sozialen Systemen »überall in Ketten« leben.

Während ihn seine kritischen Schriften europaweit bekannt machten, zerstritt sich Rousseau mit seinen Pariser Freunden, kehrte nach Genf zurück, konvertierte wieder zum Calvinismus und verfasste die eingangs zitierte Abhandlung über *Die Ungleichheit unter den Menschen*. Sie macht den Genfer zu einem frühen Wegbereiter des europäischen Sozialismus. 1756 wechselte Rousseau nach Montmorency bei Paris, wo er sich mit den »Philosophen« um Diderot zerstritt, jedoch von Hochadeligen gefördert seine Bestseller schrieb: den Briefroman *Julie*, den Bildungsroman *Émile* und die staatstheoretische Schrift *Vom Gesellschaftsvertrag*. Letztere entfaltet die Idee der Volkssouveränität und der Individualrechte. Paris wie Genf verfolgten den Autor wegen seiner naturreligiösen und staatskritischen Ansichten, weshalb Rousseau 1762 im preußischen Neuchâtel Zuflucht suchte. Fünf Jahre Wanderleben ließen ihn auf der Petersinsel im Bielersee, im Jura, im Elsass und in London Station machen. 1768 heiratete er seine frühere Geliebte Thérèse und ließ sich mit ihr auf einem Bauernhof in der französischen Dauphiné nieder. Hier vollendete er seine *Confessions*, eine moderne Autobiographie. Kurz vor seinem Tod 1778 nach Paris zurückgekehrt, schrieb der Vordenker einer demokratischen Gesellschaft seine lyrischen *Träumereien des einsamen Spaziergängers* nieder, deren Naturbeschreibungen auf die Romantik vorausweisen. Rousseaus Leib wurde vom revolutionären Nationalkonvent 1794 ins Pariser Panthéon überführt. Tatsächlich bereiteten die politischen Schriften des Denkers die Revolution vor, und seine Pädagogik propagierte das Idealbild des »edlen Wilden«.

# 8 Johann Heinrich Pestalozzi
## Pädagoge und Aufklärer

Sein Leben widmet der gebürtige Zürcher Johann Heinrich Pestalozzi ganz der Gesellschaft: Studienjahre in Theologie und Jura beendet der 1746 geborene Chirurgensohn ohne Abschluss. Im Kanton Bern macht er stattdessen eine landwirtschaftliche Lehre und hofft danach, mit neuen Düngeverfahren den verarmten Bauern Alternativen aufzeigen zu können. Das Experiment misslingt gründlich. Auch seine ersten Gehversuche als Erzieher sind zwar gut gemeint, wollen aber nicht gelingen. Mit seiner Ehefrau Anna Schulthess hat Pestalozzi 1770 einen Sohn und nimmt alsbald dazu 40 Pflegekinder auf. Den Sohn benennt er Hans Jakob – nach Jean-Jacques Rousseau (➜ 7). Dessen Erziehungstheorie aus »Émile« versucht er eins zu eins am eigenen Kind umzusetzen, das von klein auf intellektuell überfordert und zuweilen auch hart bestraft wird. Der Sohn kann auch mit elf Jahren noch nicht richtig schreiben und lesen, und er findet sich unter den vielen fremden Kindern nicht zurecht. Der kleine »Jakobli« kommt daher zu Freunden nach Basel. Bald quälen den Buben epileptische Anfälle, an denen er als junger Mann sterben wird. Inzwischen versucht sein Vater, die Pflegekinder mit landwirtschaftlichen und schulischen Grundkenntnissen aufzuziehen und die Produkte zur Finanzierung des Projektes zu verkaufen. Dabei folgt er der Grundüberzeugung: »Die Natur enthüllt alle Kräfte der Menschheit durch Übung, und ihr Wachstum gründet sich auf Gebrauch.« Auch hier scheitert Pestalozzi. Das Unternehmen muss mangels Mitteln 1779 geschlossen werden.

Fortan macht der Schweizer mit entfernten italienischen Vorfahren als aufklärerischer Schriftsteller von sich reden. Kurze Zeit ist Pestalozzi Mitglied im Zürcher Ableger des Illuminatenordens, den er auch mitbegründet hat. Sein Name ist so respektiert, dass er 1792 als einziger Schweizer französischer Ehrenbürger wird. 1798 bietet er seine Talente der Helvetischen Revolution an und wird Redaktor des »Helvetischen Volksblatts«. Im verwüsteten Stans leitet er ab 1799 mit Umsicht ein Waisen- und Armenhaus. Die Kenntnisse, die er von hier mitnimmt, vertieft er im bernischen Schloss Burgdorf, wo er ab

1800 eine eigene Schule führt und seine Unterrichts- und Erziehungsmethode verfeinert.

Pestalozzis Ziel ist es, ganzheitlich gebildete Menschen heranzuziehen. Diese sollen fähig sein, an einer gelingenden Demokratie mitzuwirken – und ihre Elementarbildung befähigt sie, sich selbst helfen zu können. Die Verbindung von Bildung und Selbsthilfe wird rund 100 Jahre später die Reformpädagogin Maria Montessori (→ 105) aufgreifen. Im Fokus stehen für Pestalozzi besonders die armen Schichten der Bevölkerung. Der Pädagoge setzt auf das Zusammenspiel von »Herz, Hand und Verstand«. Auf emotionaler Ebene soll die Fähigkeit des Vertrauens und der Liebe gefördert werden. Handwerkliche Grundkenntnisse fördern die Motorik und befähigen zum praktischen Denken. Die intellektuellen Fähigkeiten schließlich werden mit Schreiben, Lesen, Rechnen, Gesang und Zeichnen gefördert. In seiner Pädagogik greift Pestalozzi Ideen Rousseaus auf und entwickelt einige weiter. Von anderen distanziert er sich aber nach den desaströsen Erziehungsversuchen mit dem eigenen Sohn.

Pestalozzi verlegt sein Institut 1804 nach Yverdon-les-Bains, wo es gut 20 Jahre weitergedeiht, bevor interne Streitigkeiten um seine Nachfolge die Schule ruinieren. Pestalozzi kehrt in die Deutschschweiz zurück, wo er 1827 mit 81 Jahren stirbt. Er wird an der Mauer des alten Schulhauses in Birr im Schweizer Kanton Aargau begraben.

# 9 Henry Dunant
*Gründer des Roten Kreuzes*

*Was macht es aus, ob jemand Preuße ist oder Franzose, Engländer oder Russe, Chinese oder Türke, Protestant oder Katholik, Jude oder Mohammedaner, Konservativer oder Radikaler, Sozialist oder Monarchist, Reformer oder Orthodoxer, Zimmermann oder Marquis, Prinz oder Lehrer? Ich erkenne keinen Unterschied, keine Aristokratie an als die des Herzens und der großen Gedanken. Mich erschreckt alles, was kleinlich ist, vulgär, eng, borniert, dumm, gewöhnlich, plump, egoistisch, berechnend, bigott, intolerant, böse und tyrannisch.*

Humanität und Menschenwürde

Diese Notiz schreibt ein Schweizer, der die Welt wie keiner seiner Landsleute verändert hat, im appenzellischen Heiden. Hier lebt der Friedensnobelpreisträger im Exil und denkt mit Blick auf den Bodensee wehmütig an den heimatlichen Genfer See. Als erstes Kind eines Kaufmanns 1828 in Genf geboren, wuchs Jean-Henri mit vier jüngeren Geschwistern auf. Die calvinistisch ernsthaften Eltern wie auch sein Großvater, Leiter des Genfer Spitals, erzogen die Sprösslinge zu sozialer Verantwortung. Jean-Henri wurde Bankmitarbeiter und ließ sich während einer Erkundungsreise in Algerien vom Kolonialfieber packen. Zunächst mit Weizen, Holz und Haifisch handelnd, investierte er in Mühlen, die ihn später in den Ruin trieben. Probleme in Algerien veranlassten den Geschäftsmann 1859 an den Gardasee zu reisen, wo er den französischen Kaiser Napoleon III. treffen wollte. Dieser führte an der Seite von Sardinien-Piemont Krieg gegen Österreich. Dunant traf in Solferino abends auf das Schlachtfeld, auf dem 38.000 Tote, Sterbende und Verwundete lagen. Er organisierte zivile Hilfe aus den nahen Dörfern und verarbeitete den Schock 1862 im Buch *Un souvenir de Solferino,* das er in 1.600 Exemplaren drucken und an Politiker und Militärs in ganz Europa senden ließ.

Seine Idee, in jedem Land Gesellschaften zu gründen, die in Kriegen neutrale Nothilfe leisten und um Personal, medizinisches Material und Unterbringung Verwundeter besorgt sind, fand breite Zustimmung. Buchübersetzungen und Vortragsreisen durch Europa führten zu nationalen Initiativen und 1863 zur Gründung des »Internationalen Komitees der Hilfsgesellschaften für die Verwundetenpflege«, das sich 1876 in »Internationales Komitee vom Roten Kreuz« umbenennt. Dunant wurde Sekretär des Komitees. Ein Jahr später lud die Schweizer Regierung zu einer Konferenz, an der zwölf Länder die erste »Genfer Konvention« zum Schutz von Verwundeten erarbeitete. Das Katastrophenjahr 1865 mit Krieg, Cholera, Erdbeben und Dürre in Algerien führte zum Konkurs der Mühlegesellschaft, in die Freunde und Partner Dunants Millionen investiert hatten. Gerichtlich als Betrüger verurteilt, musste Dunant das Amt des IKRK-Sekretärs niederlegen. Er verließ Genf und lebte zunächst ärmlich in Paris, dann in London und Stuttgart, bis er sich 1887 in Heiden niederließ. Obwohl er Ehrenmitglied der nationalen Rotkreuzgesellschaften von Österreich, Preußen, Schweden, Holland und Spanien war, tauchte der Gründer des IKRK erst aus der Vergessenheit auf, als ein Journalist sein Werk 1895 würdigte. Von der internationalen Presse entdeckt, erhielt Dunant 1905 den ersten Friedensnobelpreis der Geschichte. Er starb fünf Jahre später in seinem Exil mit den Worten:

> *Ich wünsche zu Grabe getragen zu werden wie ein Hund, ohne eine einzige von euren Zeremonien ... Ich bin ein Jünger Christi wie im ersten Jahrhundert, und sonst nichts.*

# 10 Bernarda Bütler
*Bildung ohne Grenzen*

Zur Welt kam Verena 1848 in einem kleinen Schweizer Bauerndorf. Als sie mit 76 im kolumbianischen Cartagena starb, trugen Marinesoldaten ihren Sarg durch die große Hafenstadt und Tausende standen Spalier. Das Leben der frühen Entwicklungshelferin verlief höchst ungewöhnlich. Die zehnjährige Tochter eines Landwirts und Küfers im aargauischen Auw hat den Ruf, ein Wildfang zu sein. Mit 20 übt sie sich unweit des Bodensees im Kapuzinerinnenkloster Altstätten in das beschauliche Leben ein und erhält den Ordensnamen Schwester Bernarda. Mit 30 führt sie als Novizenmeisterin junge Schwestern ins Klosterleben ein. Kurz darauf wird sie zur Vorsteherin gewählt. Wirtschaftliche Reformen, der Ausbau der Klosterschule und die Sorge um das Gemeinschaftsgebet führen zu einem vitalen Aufschwung der Gemeinschaft. Die staatlich festgelegte Obergrenze von 20 Nonnen muss um zehn erhöht werden, doch droht nach wenigen Jahren auch die Dreißigergrenze überschritten zu werden. Nach zwei Amtsdauern abgelöst, ergreift Sr. Bernarda mit sechs Schwestern eine mutige Initiative: Einsatz in Südamerika.

1888 verabschiedet sich die Vierzigjährige für immer von der Heimat und Europa. Die Initiative überrascht umso mehr, weil die Schweiz keine Kolonien besitzt und weder ein anderes Kapuzinerinnenkloster noch die Kapuziner des Landes über Missionsgebiete verfügen. Die sieben Schwestern reisen an den Atlantik, schiffen sich nach Ecuador ein und eröffnen im Bistum Portoviejo in kurzer Zeit drei Stationen. Erfahrungen in der eigenen Klosterschule lassen sie Mädchenschulen eröffnen. Der Einsatz für eine umfassende Bildung auf christlichem Fundament veranlasst erste Einheimische, sich den Schwestern anzuschließen. Sr. Bernarda wird Leiterin einer wachsenden Kongregation. Nach sieben Jahren führt eine Revolution in Ecuador zur staatlichen Enteignung der Kirche. Die mittlerweile 14 Missionsfranziskanerinnen wechseln nach Kolumbien. Vom neuen Zentrum in der Hafenstadt Cartagena aus sendet die Generaloberin Schwestern bis nach Brasilien und eine Equipe nach Österreich, um Ressourcen für ihre Entwicklungsarbeit zu gewinnen.

Die Tätigkeiten der Missionsfranziskanerinnen haben das Wohl der heimischen Bevölkerung ganzheitlich im Blick: Die Schwestern bauen Schulen auf, widmen sich der Krankenpflege und tragen die Arbeit in Pfarreien mit. Die 1886 errichtete Republik Kolumbien, älteste Demokratie Lateinamerikas, hat die Sklaverei abgeschafft. Die Ausbeutung der Landbevölkerung durch Großgrundbesitzer, die schlechte Bezahlung von Afroamerikanern und die Unterdrückung der Indigenas provozieren aber soziale Spannungen. Im »Krieg der Tausend Tage« sterben über 100.000 Menschen. Bernardas Schwestern sind durch ihre Bildungsarbeit, Caritas, Spitäler und Seelsorge allen Bevölkerungsschichten verbunden. Die franziskanische Spiritualität macht sie zu Brückenbauerinnen zwischen Ethnien, Kulturen, Klassen und Parteien. 1920 legt die Gründerin die Leitung in jüngere Hände. Vier Jahre später stirbt sie hoch verehrt. Als Papst Johannes Paul II. sie 1995 seligspricht, zählt ihre Kongregation 840 Schwestern in elf Ländern. 2008 wird Sr. Bernarda als erste Schweizerin der Neuzeit heiliggesprochen. Ihr Kernsatz lautet »Mein Leitstern ist das Evangelium«. Sie verstand es wie ihr Vorbild Franziskus umfassend und legte die Jüngersendung Jesu weiblich aus: »Tragt Frieden in Dörfer und Häuser, richtet Menschen auf, führt Ausgegrenzte zurück« (Mt 10) und »Verkündet das Evangelium bis an die Grenzen der Erde« (Mk 16).

# 11 Erich Fromm
*Kunst der Liebe und des Seins*

*Der heutige Mensch glaubt, ein Christ zu sein, ein Jude oder was immer seine Religion ist. In Wirklichkeit ist er ein Heide, weil er Götzen anbetet: das Geld, den Profit, die eigene Größenvorstellung.*

Diagnosen wie diese haben den deutsch-amerikanischen Autor zu einem der meist diskutierten Sozialpsychologen und Psychoanalytiker der Nachkriegsära gemacht. Werke wie *Die Kunst des Liebens* (1956) und *Haben oder Sein* (1976) stehen noch immer in Bücherregalen. Seine *Wege aus einer kranken Gesellschaft* (1955) erweisen sich auch nach 80 Jahren in vielen Analysen als weitblickend und tiefsinnig.

1900 in Frankfurt am Main geboren, studierte der Sohn einer streng jüdischen Familie zunächst Jura in seiner Heimatstadt und dann Soziologie in Heidelberg. Mit 26 heiratete er die Psychoanalytikerin Frieda Reichmann und studierte in der Folge selbst Psychoanalyse. Hatte er sich als Student vom Zionismus abgewandt, gab er mit seiner Frau nun auch die orthodox-jüdische Lebensweise auf. Als Sozialforscher in Frankfurt trug Fromm ab 1930 zur Entwicklung der »freudomarxistischen« Gesellschaftslehre bei, die später von der Neuen Linken 1968 aufgegriffen wurde. 1933 floh er aus Hitlerdeutschland nach Genf und ließ sich ein Jahr später in Amerika nieder, wo er in New York und ab 1950 in Mexiko City lehrte. Nach dem Tod seiner zweiten Frau Henny Gurland heiratete er 1953 die Amerikanerin Annis Freeman, engagierte sich in der Friedensbewegung und wurde 1965 emeritiert. Mit 74 bezog er seinen Alterswohnsitz im Tessin, wo er 1980 kurz vor Erscheinen seiner gesammelten Werke starb.

Erich Fromm trat leidenschaftlich für einen humanistischen und demokratischen Sozialismus ein. Seine Akte beim amerikanischen FBI umfasste über 600 Seiten. Durch seine Bestseller wurden seine psychologischen Analysen der westlich-konsumistischen und der östlich-kommunistischen Gesellschaft in breiten Kreisen diskutiert. Sie sehen den Menschen im Spannungsfeld zwischen »Haben oder Sein«, Konformität und Individualität, Narzissmus und Liebe, Konsumismus und Erfüllung, Ohnmacht und Freiheit, Destruktivität und Kreativität.

*Das Hier und Jetzt ist Ewigkeit.*
*Der Konsumideologie liegt der Wunsch zugrunde, die ganze Welt zu verschlingen, der Konsument ist der ewige Säugling, der nach der Flasche schreit.* (Haben oder Sein)

*Die Gier ist immer das Ergebnis einer inneren Leere.* (Kunst des Liebens)

*Die meisten Menschen haben Angst, dass sie ihre Freiheit verlieren, wenn sie lieben, und können nicht glauben, dass die Liebe gleichzeitig die größte Entwicklung der Freiheit bedeutet.* (Antwort der Liebe)

*Müssen wir kranke Menschen produzieren, um eine gesunde Wirtschaft zu haben?*
*Was man gibt, verliert man nicht; im Gegenteil, man verliert, was man festhält.*
*Wir sind nicht länger Herren der Technik, sondern werden zu ihren Sklaven – und die Technik, einst ein wichtiges schöpferisches Element, zeigt ihr anderes Gesicht als Göttin der Zerstörung.*
*Seelenstärke ist die Fähigkeit, »nein« sagen zu können, wenn die Welt ein »ja« hören will.* (Kraft der Liebe)

*Marx geht es wie der Bibel: Er wird viel zitiert und kaum verstanden.* (Humanismus als reale Utopie)

# 12 Mutter Teresa von Kalkutta
## *Tatkraft und Grenzen der Nächstenliebe*

»Engel der Armen« oder »Todesengel von Kalkutta«? fragt die ZEIT zum 100. Geburtstag der Ordensgründerin. Etwa 5.200 »Missionaries of Charity« tragen ihr beherztes Werk der Nächstenliebe heute in aller Welt weiter. Weshalb klaffen die Urteile zahlloser Verehrer und einer kleinen Schar von Kritikern über eine der strahlenden Lieblingsheiligen der katholischen Kirche derart auseinander? Die Antwort gibt das Leben einer typischen Pionierin christlicher Caritas.

Anjezë Gonxhe Bojaxhiu kommt 1910 im damals osmanischen und heute mazedonischen Skopje zur Welt. Ihre Eltern erziehen die Kaufmannstochter im katholischen Glauben. Mit 18 tritt die junge Frau in den Orden von Loreto ein, der Schwestern ähnlich wie die Jesuiten schulisch und missionarisch wirken ließ. Die Gemeinschaft entsendet die Novizin nach Indien, wo sie 1929 am Fuß des Himalaya ihre Einführung ins Ordensleben erhält. Mit den ersten Gelübden wählt sie 1931 den Namen der Thérèse de Lisieux und damit eine Schutzpatronin der Missionare zu ihrem Leitbild. Sr. Teresa wird als Lehrerin in der St Mary's Highschool von Kalkutta eingesetzt, wo sie Kinder Privilegierter unterrichtet. 1946 führen eine Hungersnot und Unruhen zwischen Hindus und Muslimen zu einer Lebenswende der begabten Pädagogin. Sie legt die europäische Ordenstracht ab, kleidet sich in einen weißen Sari mit blauer Borte, nimmt die indische Staatsbürgerschaft an und widmet sich in Kalkuttas Slums den Ärmsten. 1950 erlaubt ihr der Vatikan mit ihren zwölf Gefährtinnen einen autonomen neuen Orden zu gründen. Dieser sieht seine Sendung darin, »sich der Hungrigen, Nackten, Obdachlosen, Behinderten, Blinden und Leprakranken anzunehmen – allen, die sich ungewollt, ungeliebt, unversorgt fühlen«. 1952 entsteht in einem früheren Hindu-Tempel ein »Sterbehaus« für Schwerkranke: »Ein schöner Tod ermöglicht Menschen, die wie Tiere lebten, wie Engel zu sterben«, sagt Mutter Teresa. Die »Missionarinnen der Caritas« eröffnen zunächst in Indien und schließlich weltweit Kinderheime, Aussätzigenhospize, Zentren für Obdachlose, Schulen für Arme und Frauenhäuser.

Indische Stimmen kritisieren an der eingewanderten Ordensgründerin, dass sie das Kastensystem abgelehnt und den Ruf Kalkuttas weltweit beschädigt habe. Hindus sagen, sie habe Sterbenden die Taufe aufgedrängt. Ärzte bemängeln, dass die Sorge um einen würdigen Tod der Ärmsten das Wohl der Lebenden vernachlässigte, asketische Armutsliebe sich zu wenig um moderne Medizin kümmerte und Spenden ineffizient eingesetzt würden. Niemand ist perfekt, auch Heilige nicht! Mutter Teresa reiht sich in eine lange Galerie karitativer Pioniere und Pionierinnen ein, die Pragmatik über Strukturen und Tatkraft angesichts konkreter Nöte über moderne Organisation stellten. 1979 erhielt die Gründerin den Friedensnobelpreis. Indien ehrte sie nach ihrem Tod Anfang September 1997 mit einem Staatsbegräbnis. Bereits 2003 wird die Mutter der Ärmsten von der katholischen Kirche selig- und 2016 heiliggesprochen.

Teresas Vermächtnis spricht aus einem Rat, den sie 1985 bei einer Feier in Lausanne gab. Auf die Frage, wo Spenden am dringlichsten gebraucht würden, antwortete die schlichte Schwester in der überfüllten gotischen Kathedrale und im reichsten Land der Welt:

*Ihr unterstützt mich und meine Schwestern dann am besten, wenn ihr die Ungeliebten und Unerwünschten erkennt: in eurer eigenen Stadt, eurer Straße, eurem Haus!*

# 13 Desmond Tutu
## Heiler der Seelen

In einer Hotellobby in Washington sitzt ein schwarzer Mann in violettem Hemd, dunklem Anzug und einer Mütze in der Hand. Ein Angestellter fragt ihn, ob er der Fahrer der Schauspielerin sei, die heute einen wichtigen Preis verleihen würde. Doch der Angesprochene ist der Preisträger selbst.

1931 in Südafrika geboren, spricht Desmond Tutu in seinem *Buch des Vergebens* davon, wie ihn dieses Erlebnis in die Zeit zurückwarf, als er wegen seiner Hautfarbe im eigenen Land nicht die gleichen Rechte hatte wie Menschen mit heller Haut. Und davon, wie er sich in diesem Moment entschieden hat, trotz des Schmerzes nicht verbal zurückzuschlagen.

Schon vor seiner Zeit als Erzbischof von Kapstadt und Primas der anglikanischen Kirche Südafrikas (1986–1996) setzt sich Tutu vehement für die Menschenrechte ein. Dafür erhält er 1984 den Friedensnobelpreis. Von beiden Seiten respektiert, führt er Gespräche, die Brücken zwischen Schwarz und Weiß, dem rassistischen Staat und einem neuen Südafrika schlagen sollten. Die Bemühungen Tutus und seiner Mitstreiter tragen Früchte: Das System der Apartheid, das die Ethnien strikt trennt und Hand in Hand geht mit der Unterdrückung der schwarzen Urbevölkerung, weicht einer »Regenbogennation«, wie sie Desmond Tutu vorschwebt. Mit Nelson Mandela (→ 120) gelangt der erste schwarze Präsident an die Spitze Südafrikas. Doch die neue Nation steht vor einem Scherbenhaufen: Im Kampf für mehr Gerechtigkeit und Menschlichkeit sind ausgerechnet diese Werte blutig geopfert worden. Kann auf diesem Schlachtfeld ein Rechtsstaat gleichberechtigter Bürgerinnen und Bürger entstehen? Der von Mandela eingesetzte »Wahrheits- und Versöhnungskommission« liegen Werte von Gewaltlosigkeit und Dialog zugrunde, wie sie der ebenfalls in Südafrika geborene Mahatma Gandhi (→ 116) formuliert hat. Tutu übernimmt den Vorsitz der Kommission und trägt maßgeblich zu ihrem Erfolg bei. Während eines Jahre dauernden Prozesses werden hier zwischen den Ethnien begangene Verbrechen aufgerollt. Statt Konfrontation oder Strafe stehen Gespräch und Versöhnung der Bevölkerungsgruppen im Vordergrund. Tutu erklärt dazu:

*Verzeihen bedeutet nicht vergessen; vielmehr bedeutet es sich zu erinnern – sich zu erinnern und dabei nicht von seinem Recht Gebrauch zu machen, zurückzuschlagen.*

Der Erzbischof wird ein weltweit hochgeschätzter Advokat des Dialogs und der Versöhnung. Seine tiefe Freundschaft mit Tenzin Gyatso, dem 14. Dalai Lama (→ 122), macht ihn auch zu einer Leitfigur im interreligiösen Austausch. So hält er etwa fest:

*Ganz bescheiden und voller Freude sollten wir anerkennen, dass die übernatürliche und göttliche Realität, die wir alle in der einen oder anderen Form verehren, über unsere Kategorien, Gedanken und Vorstellungen hinausgeht ... Sie ist unendlich, und wir sind für immer endlich, und deshalb werden wir das Göttliche nie ganz verstehen.*

Es gebe genug, das uns dazu veranlasse, uns voneinander abzuwenden. »Feiern wir stattdessen das, was uns vereint, das, was wir teilen.«

In den Gebeten, Meditationen und Mysterien der verschiedenen Religionen finde er viel Verbindendes. Auch von Alter und Krankheit gezeichnet, schweigt der feinsinnige Kirchenmann nicht, wenn er Unrecht und Diskriminierung sieht. Am 26. Dezember 2021 stirbt Desmond Tutu in Kapstadt, bereit, seinen Gott zu treffen, wie seine Tochter später sagen wird.

# 14 Carla del Ponte
*Verbrecherjagd für Gerechtigkeit*

Der »Friede von Versailles«, der den Ersten Weltkrieg offiziell beendete, legte die Saat für die Katastrophe des Zweiten Weltkrieges. Der »Große Krieg« war 1914 ausgebrochen, weil mehrere Großmächte und drei Kaiser gleichzeitig mit den Säbeln rasselten. Bestraft wurde am Ende Deutschland, das den »Siegermächten« enorme Wiedergutmachungen zu bezahlen hatte. Kollektiv verurteilt und wirtschaftlich ruiniert, sah die junge Weimarer Republik den Nationalsozialismus aufsteigen. Das gedemütigte Volk öffnete einer Diktatur die Tore, die in grausamer Rache einen Großteil Europas erobern würde. Die Nürnberger Prozesse und der Marshallplan lernten nach 1945 aus der Geschichte: Kriege rufen nach Gerechtigkeit und Wiederaufbau, damit eine konstruktive Zukunft möglich wird. Westeuropa schaut heute glücklich auf 77 Jahre ohne Krieg zurück. Dass der Friede auch auf dem »alten Kontinent« fragil bleibt, zeigen die blutigen Balkankonflikte von 1991 bis 1999 nach dem Zusammenbruch Jugoslawiens und Russlands Invasion in die Ukraine, die 2014 auf der Krim begann und aktuell weite Teile des Landes zerstört. Nach zwei Wochen Krieg in der Ukraine fordert eine entsetzte Carla del Ponte öffentlich dazu auf, einen internationalen Haftbefehl gegen Wladimir Putin wegen Kriegsverbrechen und Verbrechen gegen die Menschlichkeit zu erlassen.

Carla del Ponte wurde zur prominentesten Anklägerin für Kriegsverbrechen in Ex-Jugoslawien. Die Spezialistin für internationales Recht arbeitete zunächst als Anwältin in Lugano und profilierte sich ab 1981 als Tessiner Staatsanwältin im unerschrockenen Kampf gegen grenzüberschreitende Wirtschaftskriminalität. Als Mafiajägerin entging sie dabei 1989 in Palermo einem Bombenattentat. Die 1947 geborene Tessinerin machte sich auf nationaler Bühne ab 1994 einen Namen als Schweizer Bundesanwältin. Sie scheute sich nicht, Korruption und Geldwäsche selbst im Umfeld von Boris Jelzin zu untersuchen. 1999 wechselte del Ponte als Chefanklägerin nach Den Haag an den Internationalen Gerichtshof für Menschenrechte. Ohne Rücksicht auf politische Widerstände selbst von Seiten der mächtigen G7-Präsidenten Bill Clinton und Jacques Chirac klagte sie unter 161 Kriegsverbrechern in Jugoslawien und Ruanda auch prominenteste Volks- und Truppenführer an. 91 stellten sich dem Gericht und 63 von ihnen wurden verurteilt. Del Pontes mutige Jagd nach Kriegsverbrechern folgt der Überzeugung, dass es ohne Gerechtigkeit keinen wahren Frieden gibt.

2008 wechselte die Juristin auf das diplomatische Parkett und vertrat die Schweiz drei Jahre als Botschafterin in Argentinien. Nach ihrer Pensionierung brachte die leidenschaftliche Kämpferin ab 2011 ihre Erfahrung in die UN-Kommission zur Aufklärung von Menschenrechtsverletzungen im Syrienkrieg ein. Dabei machte sie mit Blick auf den Chemiewaffeneinsatz gegen die Zivilbevölkerung von Aleppo Indizien publik, die die Freie Syrische Armee belasten, die von den USA, Großbritannien und Saudi Arabien unterstützt wurde. 2017 zog sich die unerschrockene Kämpferin für Menschenwürde und Gerechtigkeit ernüchtert aus der internationalen Kommission zurück. Im Herbst 2018 würdigte der Vatikan sie als »Heldin unserer Zeit«. Monate zuvor erhielt sie den Hessischen Friedenspreis. In ihrer Dankesrede sagte eine nachdenkliche Carla del Ponte:

*Das Jugoslawien-Tribunal ist ein Erfolg der internationalen Justiz, denn es ist das erste Mal, dass die hohen politischen und militärischen Verantwortlichen für diese Kriegsverbrechen – Verbrechen gegen die Menschlichkeit und Völkermorde – vor Gericht gestellt werden. Es ist das erste Mal! Wir hatten gedacht, das sei eine Prävention, dass solche Verbrechen nicht mehr begangen werden, aber wir haben uns getäuscht – stark getäuscht, denn danach haben wir gesehen, was in Syrien geschieht!*

# 15 Juana Payaba Cachique
## *Naturliebe und Kampf am Amazonas*

Über Jahrhunderte hat die westliche Zivilisation die Lebenswelt indigener Völker Afrikas, Amerikas und Asiens zerstört. Im weiten Amazonasbecken geht das Drama weiter. Juana Payaba Cachique kämpft im peruanischen Regenwald furchtlos und intelligent für die Rechte ihres Volkes und für den Schutz der natürlichen Lebensgrundlagen.

Die Naturvölker der Shipiba und Ese'Eja siedeln in der Region Tres Islas am Fluss Madre de Dios, einem peruanischen Zufluss des jungen Amazonas. Bis vor wenigen Jahren lebten die Indigenas der Provinz Tambopata ungestört im Regenwald. Einzelne Goldsucher, die sich in die grüne Idylle vorwagten, ließen sie nach ihrem glitzernden Glück schürfen. Doch 2008 brach die Katastrophe über die rund 100 Familien der beiden Stämme herein. Im Gefolge der Finanzkrise schnellte der Goldpreis in die Höhe. Der peruanische Staat erteilte zwei Minenfirmen die Schürfrechte über ganz Tres Islas. Maschinen wälzten sich in die Region und verwandelten ganze Waldflächen in Mondlandschaften. Massiver Einsatz von Quecksilber vergiftete die Gewässer. Der Goldrausch brachte Bars, Alkohol, Prostitution und Gewalt in die Camps der Mineros. Juana Payaba Cachique wurde 2010 Vorsteherin ihres Volkes. Sie klagte gegen die Zerstörung der Lebensgrundlagen, die Vernichtung der Wälder und die Vergiftung der Flüsse. Die lokalen Gerichte entschieden wie so oft zugunsten der Unternehmer. Juana kämpfte zwei Jahre weiter und gelangte bis ans Oberste Gericht Perus. Weder die Macht der profitgierigen Firmen noch Morddrohungen konnten sie einschüchtern. Mit einem historischen Urteil gaben die Verfassungsrichter 2012 den Indigenas Recht, verurteilten die Invasoren und erklärten die Naturvölker zu Besitzern des Landes. Sie allein haben seither zu bestimmen, was mit ihrem Boden geschieht.

Juana Payaba schritt mit ihrem Volk entschlossen zur Tat: Seither werden die zerstörten Wälder wieder aufgeforstet, damit die Schöpfung ins Gleichgewicht zurückfindet und die Lebensgrundlagen für die nächsten Generationen erhalten bleiben. Die Shipiba lernten, die intakten Wälder nachhaltig zu bewirtschaften und mit dem Verkauf von

Holz das Geld zu verdienen, das ihnen den Wiederaufbau, eine bessere Gesundheitsversorgung und Bildung ermöglicht. Zugleich entdeckten sie eine neue Einnahmequelle in einer wilden kokosartigen Frucht des Waldes, der Paranuss bzw. »Brazilnut«, die sie nun anbauen, verarbeiten und zur Herstellung von Ölen und Kosmetika verkaufen. Dazu gründeten sie eine eigene Firma namens »Ohee«, was übersetzt »Gemeinschaftsarbeit« heißt. Die »Rainforest Alliance« unterstützt die nachhaltige Landnutzung und das verantwortungsvolle Wirtschaften der Indigenas von Tambopata. Die Profitgier der Minenunternehmen schielt jedoch weiter nach Tres Islas. 2016 brachen Fremde in Juanas Haus ein. Die Familienmutter war nicht da. Sie bleibt an Leib und Leben bedroht. »Wir Payabas sind hart wie das Feuer«, pflegt sie angesichts solcher Widerstände zu sagen.

Juana steht für eine ganze Reihe von indigenen Aktivistinnen, die für die Würde und Rechte ihrer Völker kämpfen: für ein Leben in Freiheit, mit der Natur und in sorgsamem Umgang mit der Lebenswelt, die Menschen mit Tieren und Pflanzen teilen. Die Begründung ihres unermüdlichen Kampfes ist eine Botschaft an die ganze Menschheit:

*Wir setzen uns dafür ein, in einer gesunden Umwelt zu leben, die nicht vergiftet wird, und das allerwichtigste: dass auch unsere Kinder ein gutes Leben haben – ¡que nuestros hijos vivan bien!*

# 16 Malala Yousafzai
## Jüngste Friedensnobelpreisträgerin

Eine siebzehnjährige Pakistani wird 2014 mit dem Friedensnobelpreis ausgezeichnet. Im Jahr zuvor erhielt sie von Amnesty International den Titel »Botschafterin des Gewissens«, den »Global Citizen Award« der Clinton-Stiftung, den Sacharow-Preis des EU-Parlamentes und den internationalen Kinder-Friedenspreis. Nie zuvor wurde ein Teenager derart prämiert.

Der Name der Geehrten ist unerwartet Programm! 1880 hatte eine Dichterin namens Malala die Paschtunen in ihrem Aufstand gegen die britische Kolonialmacht angeführt. Die neue Malala, 1997 im pakistanischen Swat-Tal geboren, gehört dem islamischen Stamm der Yousaf (arabisch Yusuf, biblisch Josef) an. Anfang 2009 begann die damals Elfjährige unter dem Decknamen »Kornblume« in einem Blog der BBC über ihren Alltag als Mädchen unter der Taliban-Herrschaft zu schreiben. Mädchenschulen waren zerstört und Bildung für Frauen verboten worden. Malala reagierte mit dem Web-Tagebuch, das sich vom jüdischen Mädchen Anne Frank im Holocaust inspirieren ließ. Ihr Blog wurde in ganz Pakistan bekannt und auch ins Englische übersetzt. Als Malala 2011 für den internationalen Kinderpreis nominiert wurde, löste sich ihr Pseudonym auf, worauf ein Talibankämpfer der jungen Yousafzai in die Stirn schoss. Die lebensgefährlich Verletzte wurde über Islamabad nach London geflogen, wo britische Ärzte ihr Leben retteten und das entstellte Gesicht plastisch rekonstruierten.

Drei Jahre später zog auch ihre Familie nach England. Im Februar 2013 verließ Malala das Hospital, tags darauf vernahm sie ihre Nomination für den Friedensnobelpreis und am 12. Juli, ihrem 16. Geburtstag, trat sie vor die Jugendversammlung der UNO in New York. Sie überreichte dabei dem Generalsekretär eine Petition mit vier Millionen Unterschriften für ein Recht auf Bildung für alle Kinder auf Erden. Seit 2017 ist Malala als Friedensbotschafterin der UNO unterwegs. Als solche kritisierte sie auch Donald Trumps Umgang mit islamischen Ländern. Vor der UNO-Versammlung 2014 deutet die Geehrte den neuen jährlichen »Malala-Tag«:

*Heute ist der Tag jeder Frau, jedes Jungen und jedes Mädchens, die ihre Stimme für ihre Rechte erhoben haben ... Liebe Freunde, die Taliban haben auf mich geschossen und ... gedacht, dass die Kugeln uns zum Schweigen bringen würden, aber sie sind gescheitert. Denn aus der Stille kamen Tausende von Stimmen ... In meinem Leben hat sich nichts verändert mit einer Ausnahme: Schwäche, Angst und Hoffnungslosigkeit sind verschwunden, Stärke, Kraft und Mut sind geboren ... Ich bin hier, um meine Meinung zu sagen für das Recht auf Bildung für alle Kinder. Ich wünsche mir Bildung für die Söhne und Töchter der Taliban und aller*

Terroristen und Extremisten ... Das ist das Mitgefühl, das ich von Mohammed gelernt habe, dem Propheten der Barmherzigkeit, und von Jesus Christus und Buddha. Das ist das Erbe des Wandels, das ich von Martin Luther King, Nelson Mandela und Muhammad Ali Jinnah übernommen habe. Das ist die Philosophie der Gewaltlosigkeit, die ich von Gandhi, Badshah Khan und Mutter Teresa gelernt habe. Und das ist die Versöhnlichkeit, die ich von meinem Vater und meiner Mutter gelernt habe. Meine Seele sagt mir: Sei friedfertig und liebe alle ... Wir rufen die führenden Politiker der Welt auf, dass alle Abkommen die Rechte von Frauen und Kindern schützen müssen. ... Lasst uns einen weltweiten Kampf wagen, gegen Analphabetismus, Armut und Terrorismus, lasst uns unsere Bücher und Stifte holen, sie sind unsere stärksten Waffen. Ein Kind, ein Lehrer, ein Buch und ein Stift können die Welt verändern. Bildung ist die einzige Lösung. Bildung zuerst!

# II
# Mystik und Gottesliebe

# 17 Guanyin
*Erst ein Mann und dann eine Göttin*

Guanyin ist ein Bodhisattva, eine heilige Person, die zu einem Buddha wird. Sie ist zunächst ein Mensch. Meistens als Frau, manchmal als Mann gesehen, zuweilen als etwas dazwischen. Einmal, so erzählt eine vietnamesische Legende, war Guanyin ein Mönch, eine Frau und Vater eines Kindes zugleich. Das kam so: Eine junge Frau sehnte sich danach, im Tempel die Lehre Buddhas zu studieren, zu beten und als Ordensfrau zu leben. Da nur Männer ins Kloster eintreten konnten, schor sie sich die Haare, band die Brüste flach und gab sich als Mann aus. In dieser Verkleidung wurde sie im Tempel aufgenommen und lernte und meditierte mit großer Hingabe. Eine junge Frau aus dem Dorf verliebte sich in den vermeintlichen jungen Mönch. Als Guanyin sie abwies, ließ sie sich mit einem anderen Mann ein und wurde schwanger. In ihrer Not legte sie das Kind vor die Klosterpforte und beschuldigte in einem Brief den schweigsamen jungen »Mönch«, Vater des Kindes zu sein. Guanyin hatte so viel Mitgefühl, dass sie die Vaterschaft anerkannte. Sie wurde mit dem Säugling aus dem Kloster verstoßen. Guanyin verließ die Stadt und zog das Kind allein groß. Diese kurze Erzählung – eine von einer Vielzahl, die sich um die Figur der Guanyin ranken – erfasst gleich mehrere Elemente, die fernöstliche Heilige auszeichnen: die Geschlechterambivalenz, die Fähigkeit zur Tarnung, die Liebe zur buddhistischen Lehre, ihr allumfassendes Mitgefühl und die Mischung aus einer mythischen Gestalt mit möglicherweise historischen Begebenheiten.

Der buddhistische Text des Lotus-Sutra erläutert die Figur des Buddhas des Mitgefühls. Sein Name lautet im Sanskrit *Avalokitesvara*, »der Herr, der die Welt betrachtet«. Traditionell männlich abgebildet, färbt er auch Guanyin, wie die chinesische Version des Namens lautet, in China vor dem 9. Jahrhundert durchwegs maskulin ein. *Guanyin* bedeutet: »Jemand, der alle Geräusche der Welt vernimmt.« Meist hat diese Gestalt, wie das indische Pendant, mehrere Gesichter und zahlreiche Arme, damit kann sie jederzeit präsent sein kann, wo sie gebraucht wird. Später verschmilzt die Figur mit der daoistischen Göttin Xiwangmu. Der Buddha des Mitgefühls ist ohnehin flexibel, wenn es darum geht, durch das Dharma, die Lehre des Buddha, Menschen zu retten: »Für die, die durch eine Nonne, eine einfache Frau, die Gattin eines reichen Manns oder durch ein Mädchen gerettet werden, lehrt er das Dharma, indem er sich in eine Nonne, eine einfache Frau, die Gattin eines reichen Mannes oder ein Mädchen verwandelt«, heißt es im Lotus-Sutra. Dabei werden Gefahren aufgezählt, die durch das bloße Denken an Guanyins kraftvolle Barmherzigkeit überwunden werden: Vergiftungen, Gefangenschaft, Dämonen, wilde Tiere, Ungerechtigkeit, Krieg.

Die Statuen der Jungfrau Maria, die von portugiesischen Jesuiten im 16. Jahrhundert nach China gebracht wurden, beeinflussten die heute am meisten verbreiteten Darstellungen Guanyins: oft mit Kind – vielleicht das Kind aus der vietnamesischen Legende, vielleicht einer der Säuglinge, die sie kinderlosen Bittstellenden ermöglichen soll – als junge Frau stehend auf einer weißen Lotus-Blüte, ganz in weiß gekleidet, manchmal mit Wasserkrug und Weidenzweig. Legenden berichten von Guanyins Fähigkeit, jede Gestalt anzunehmen, um den Menschen zu helfen. Besonders beeindruckend gelingt ihr das im Japan des 17. Jahrhunderts, als das Christentum unter Todesstrafe im ganzen Reich verboten ist: »Maria-Kannon« – Kannon ist der japanische Name Guanyins – ist eine als buddhistische Göttin getarnte Marienfigur mit Jesuskind, die heimlich praktizierenden Christen als Kultgegenstand dient. So nimmt Guanyin die Gestalt der Jungfrau Maria an, um die bedrohten Christen zu retten – und verschmilzt mit einer Repräsentantin der Barmherzigkeit aus einer anderen Kultur.

# 18 Benedikt von Nursia
## *Spirituelles Leben in Form*

Die christlichen Mönche der Antike waren Aussteiger und suchten Innerlichkeit. Sie mieden Menschen und Zivilisation – und wurden doch erstrangige Kulturträger und Lehrer. Sie lebten zunächst in Wüsten und Wäldern – und bauten im Frühmittelalter große Reichsklöster. Sie

suchten das Einssein mit dem Einen – und fanden Gefährten, in Groß-
klöstern sogar Hunderte. Benedikt aus Nursia gilt als Vater des westlichen Mönchtums. Seine Klosterregel *(Regula Benedicti)* verarbeitet
ältere Lebensentwürfe, die sich in Ägypten, Kleinasien, Griechenland,
Italien, Frankreich und Nordafrika entwickelt hatten. Seine Synthese
war so erfolgreich, dass der Benediktsregel zur Zeit der Karolinger im
Abendland Monopolcharakter zukam. Mönche und Nonnen hatten be-
nediktinisch, Priester- und Hospitalgemeinschaften nach der Augusti-
nusregel zu leben.

Der erste Mönchspapst, Gregor I. der Große, überliefert eine Le-
bensskizze seines Vorbilds: Um 480 in den Sibillinerbergen geboren,
studierte Benedikt in Rom, erlebte dabei die Weltstadt jedoch so deka-
dent, dass er ein paar Tagesmärsche weit ins waldige Anienetal wanderte, wo er sich beim zerfallenen Neropalast von Subiaco als Einsiedler in einer Höhle niederließ. Als Asketen auf ihn aufmerksam
wurden, sammelte er sie zu einer ersten Klostergemeinschaft. Weitere
Kleinklöster folgten, und die Zuflucht von Ratsuchenden aus dem un-
teren Tal provozierte den Weltklerus. Benedikt zog angesichts der Intri-
gen im Jahr 529 mit Mönchen nach Süden und gründete auf dem Gipfel des Montecassino ein neues Kloster, wo er seine Regel reifen ließ
und um 547 auch sein Grab fand.

So legendenumrankt das Lebensbild ist, so weise zeigt sich die Regel, die seinen Namen trägt. Ihr Anliegen ist es, spirituelles Leben in
Form zu bringen. Benedikt lebt in den Jahrzehnten nach dem Zusammenbruch des Weströmischen Reiches. Die Umbrüche der Völkerwan-
derung, politisches Chaos und soziale Unruhe wecken Sehnsucht nach
Stabilität. Benedikts Regel ist für die kleine Alternativwelt eines Klosters geschrieben und soll eine religiöse Gemeinschaft darin bestärken,
Christusnachfolge nach dem Vorbild der Urgemeinde radikal zu leben.
Stabilität gewinnt das klösterliche Leben durch dieses Vorbild, das
Idealbild der ersten Gemeinde von Jerusalem, wie die Apostelgeschichte sie beschreibt. Stabilität verleihen zudem ein Minimum an
Kontakten zur Welt, das gemeinsame Leben mit tragenden Rhythmen,
feste Zeiten des Betens und Arbeitens, die detaillierte Ordnung der Regel, klösterliche Ämter, gemeinsame Beratung und die väterliche Leitung des Abtes.

Die Benediktsregel lädt mit einem markanten Prolog zu einem spirituellen Lehrgang und zu einem langen Übungsweg ein:

*Höre, mein Sohn, auf die Lehren des Meisters und neige das Ohr deines Herzens. Nimm die Mahnung des gütigen Vaters willig an und erfülle sie tatkräftig.*

Der väterliche Abt und geistliche Meister bietet sich gleichsam als spiritueller Bergführer an, der jedem Mönch individuell und der Gemeinschaft als ganzer den Aufstieg zu einer neuen Gottesnähe ermöglicht. Dabei gilt es, das eigene Leben zu ordnen und in Form zu bringen. Die Grundfrage, was im Leben wichtig ist, und die Testfrage, wo denn alles Wichtige und Erfüllende im bewegten Alltag auch seine Zeit und seinen Ort findet, ist das Herausfordernde klösterlicher Lebensordnungen für jeden Menschen und auch für ganz weltliche Wege.

## 19 Rabia von Basra
*Liebesmystikerin am Persischen Golf*

80 Jahre nach Muhammads Tod kommt am arabischen Meer ein Mädchen zur Welt, das als eine der Gottesfreundinnen des Islam Geschichte schreiben wird. Rābiʿa al-ʿAdawiyya al-Qaysiyya, wie ihr Name arabisch heißt, gilt als frühe Sufi-Mystikerin. Kennzeichen dieser spirituellen Bewegung, die die islamische Welt bis heute bereichert, ist eine glühende Gottesliebe verbunden mit einem materiell schlichten Leben.

Sosehr Rabia im sunnitischen Raum auch verehrt wird, so schwierig ist es, das Leben der Mystikerin klarer zu fassen. Zahlreiche Legenden ranken sich um diese Frau. Eine davon sieht sie sogar auf einem Teppich durch die Himmel fliegen, und eine andere erzählt, dass ihr auf der Pilgerreise nach Mekka die Kaʿba selbst entgegenkam. Wahrscheinlich wuchs Rabia als Sklavin auf. Basra war damals, vor der Gründung der neuen Hauptstadt Bagdad, das Zentrum islamischer Gelehrsamkeit. Es lebten auch Asketen wie al-Hasan al-Basrī in der wichtigsten Hafenstadt am Persischen Golf. Sklavinnen hatten ihren Besitzern in allem zu dienen. Der Herr des al-Atik-Clans war jedoch so beeindruckt von der Gottesliebe der jungen Dienerin, dass er ihr die Freiheit schenkte. Rabia entschloss sich darauf, allein ihrer großen Liebe Allah zu dienen. Sie zog sich an den Stadtrand von Basra zurück und lebte dort in höchster Einfachheit. Die Asketin soll sich mit Wasser aus einem zerbrochenen Krug gewaschen, auf einer alten Schilfrohrmatte geschlafen und für den Kopf einen glatten Stein als Kissen verwendet haben. Bald strömten Ratsuchende zu ihr, die sie mit ihrer innigen Gottverbundenheit und ihrer Weisheit beeindruckte.

Zu Rabias Zeit kam 786 im neu erbauten Bagdad Hārūn ar-Raschīd an die Macht, der als Kalif »von Tausend und einer Nacht« in die Geschichte einging. An ihn erinnern zahlreiche Festungen, Angriffe auf Byzanz, die Eroberung Zyperns und erfolgreiche Feldzüge. Die Mystikerin starb 801 wenige Jahre vor dem gefürchteten Kalifen. An sie erinnern Liebesgedichte für den Höchsten, viele Legenden und markante Auftritte, die an biblische Propheten erinnern. So wird erzählt, die leidenschaftliche Gottesfreundin sei eines Tages mit einem Eimer Wasser und einer Fackel durch Basras Straßen gezogen. Auf die Frage der Leute, was sie vorhabe, antwortete sie:

*Ich will Wasser in die Hölle gießen und Feuer ans Paradies legen, damit diese beiden Illusionen verschwinden und künftig niemand Gott aus Furcht vor der Hölle oder in Hoffnung aufs Paradies anbete, sondern einzig um Seiner ewigen Schönheit willen.*

Dieser prophetischen Tat-Predigt entspricht das ihr zugeschriebene Gebet:

*O Herr, wenn ich Dich aus Angst vor der Hölle liebe, verbrenne mich dort, und wenn ich Dich in der Hoffnung auf das Paradies liebe, schließe mich dort aus! Doch wenn ich Dich aus Liebe zu Dir selbst liebe, lass mich Deine göttliche Schönheit schauen!*

Anhänger glauben, dass die Sufimystikerin ihr Grab auf dem Ölberg bei Jerusalem fand: in der Moschee, die heute das Heiligtum der Himmelfahrt Jesu hütet. Die größte nach ihr benannte Moschee liegt in einer Vorstadt Kairos und gelangte im Sommer 2013 durch das »Rabia-Massaker« des ägyptischen Militärs an Demonstranten in die Schlagzeilen der Weltmedien. Gehässigen Fundamentalisten aller Art und aggressiven Machtpolitikern scheint Rabia bis heute ins Gewissen zu sprechen. Auf die Frage, ob sie den Teufel hasse, antwortete sie:

*Nein! Meine Liebe zu Gott lässt mir keine Zeit, den Teufel zu hassen!*

## 20 Franz von Assisi
*Prophet der Religionen*

Wenn alle bedeutenden Religionen und Kirchen sich auf höchster Ebene treffen, um gemeinsam für die Menschheit und den Frieden der Welt zu beten, wählen sie dazu als Ort ihrer Zusammenkunft Assisi. Nicht Jerusalem oder Mekka und kein UNO-Sitz verbindet sie so ermutigend wie die kleine Stadt in Mittelitalien. Beim großen Treffen 2002 nach den Terroranschlägen in New York sagte ein Zen-Buddhist, dass der Geist von Bruder Franz alle Religionen verbinde. Beim dritten Treffen von 2011 lud der Papst auch Agnostiker ein, damit die ganze Menschheit vertreten sei. Das Motto lautete: Jede Religion und jede Person sei »Pilgerin zu Wahrheit und Frieden«. Niemand besitze sie, jede suche nach tieferer Wahrheit und größerem Frieden. Was macht den mittelalterlichen Kaufmann und Gründer der Franziskaner zu einem Gottes- und Menschenfreund, der in der Moderne alle Religionen inspiriert und verbindet?

Francesco (1182–1226) wächst als Kaufmann in der Kleinstadt Assisi auf und lebt zunächst »als ob es Gott nicht gäbe«. Mit 22 erlebt er das Desaster einer Schlacht, Kriegsgefangenschaft und lange Krankheit. Diese Erschütterungen öffnen ihm die Augen für den Lebenskampf der Arbeiter, die Nöte der Verarmten und das Schicksal der Ausgegrenzten. In einer mystischen Erfahrung vor den Stadtmauern entdeckt er die überraschende Nähe des »armen Christus«. Er erkennt seinen neuen Weg »in den Fußspuren Jesu« und will fortan wie die Jünger des Rabbi in Galiläa »Friede in Häuser und Dörfer tragen«. Als sich Gefährten anschließen, gründen sie eine *fraternitas* – eine Bruderschaft, in der sich Adelige und Bürger, Städter und Bauern, Gebildete und Ungebildete gleichwertig verbinden. Als sich 1211 mit Klara (→ 58) die erste Schwester anschließt, öffnet sich dieser Aufbruch geschwisterlich. Kurz zuvor hat der Papst den Brüdern die Friedensmission der Apostel »urbi et orbi« – in Stadt und Erdkreis – erlaubt.

Die Bewegung der »Kleinen Brüder« durchwandert ganz Italien, wirkt in Bürgerhäusern und auf Feldern und sie verbindet dabei eine durch Reichtum und Armut auseinanderdriftende Gesellschaft. Die Brüder machen sich den Ärmsten zu Gefährten und sitzen mit Grafen zu Tisch. Im Fünften Kreuzzug entscheidet sich Francesco zu einer Friedensmission im Orient. Sie scheitert zwar politisch, doch gewinnt der Bruder in Sultan Muhammad al-Kāmil (→ 100) einen Freund. Überraschte den jungen Kaufmann der menschliche Gottessohn, in Betlehem »am Weg geboren«, neu gegenwärtig in einer stillen Kirche, im Wort des Evangeliums und unter den Ärmsten, so überrascht ihn in Ägypten die praktische Gottesliebe im Islam. Francesco kehrt tief beeindruckt zurück und schreibt einen Brief an die Menschheit: Brüderliche Zeilen rufen alle Völker und Religionen auf, »bei so vielen Geschäften und Tätigkeiten nicht die Mitte zu verlieren« und sich – wie die Muslime – durch Gebetszeichen mitten im Alltag bewusst in Gottes Gegenwart zu stellen. Inspiriert von der Weisheit der »99 schönsten Namen Gottes« findet Francesco auch weibliche Bilder für Gott. In der Ordensregel von 1221 skizziert er einen Weg, wie das Miteinander der Religionen gelingen kann:

*Die Brüder, die zu Andersgläubigen gehen, können in zweifacher Weise unter ihnen geisterfüllt leben. Eine Art besteht darin, dass sie weder zanken noch streiten, sondern mit Gott dem Schöpfer verbunden jedem Menschen hilfreich sind und bekennen, dass sie Christus folgen. Die zweite Art erlaubt ihnen – wenn sie sehen, dass es Gott gefällt (inshallah!) – über ihren Glauben zu sprechen.*

750 Jahre, bevor es seine Kirche tut, erkennt der Mystiker aus Assisi, dass Gottes Geist in jeder Religion wirkt und alle Menschen einander vor Gott Geschwister sind. »Pilgernde zu Wahrheit und Frieden« gewinnen, wenn sie voneinander lernen.

## 21 Aisha Lella al-Manoubia
### »Spirituelle Kalifin«

Am 16. Oktober 2012 verwüsten Islamisten im tunesischen Manouba das Mausoleum einer Heiligen, die es im hohen Mittelalter in den Rat der Stadt Tunis schaffte und den Titel einer »spirituellen Kalifin« erhielt. Wie Franz von Assisi (→ 20) um 1180 geboren, provoziert die Sufimystikerin 'Ā'isha al-Mannūbiyya Fundamentalisten auch noch nach acht Jahrhunderten. Die »Heilige von Tunis« verweigerte als junge Frau eine von den Eltern arrangierte Ehe. Weil sich das Mädchen zum Beten an einsame Orte zurückzog, sich familiären Eheprojekten entzog und sich deswegen mit dem Vater überwarf, wechselte sie ins nahe Tunis, wo sie sich im Vorort El Morkadh niederließ, mit ihrem eigenständig zölibatären Leben beeindruckte und sich von ihrer Hände Arbeit ernährte. Zugleich ging sie beim Sufimeister Abu Said al-Baji in die Lehre. Indem sie ihren Lohn mit randständigen Frauen teilte, sich zur Anwältin der Armen machte und für gerechtere Verhältnisse eintrat, wurde die gelehrte Mystikerin stadtbekannt. Als Gottesfreundin diskutierte sie mit Imamen und zog sie sich zur Meditation regelmäßig auf die Anhöhe des Djebel Zaghouan zurück.

Aisha beeindruckte ihre Zeit wie auch künftige Generationen als tatkräftige Muslima, die für einen ebenso gebildeten wie sozial sensiblen Islam eintrat. Die anerkannte Theologin und Rechtsgelehrte zog als erste Frau in den Rat von Tunis ein. Ihre kluge Politik verringerte die Kluft zwischen der Stadtbevölkerung und den Landbewohnern und zielte darauf ab, Frauen gegenüber Männern aufzuwerten. Zur Leiterin einer Sufi-Gemeinschaft avanciert, zog Aisha ohne die den Frauen vorgeschriebene Kopfbedeckung durch die Stadt, betete in der

Moschee Zitouna mitten unter den Männern und legte öffentlich den Koran aus.

Als Aisha 1257 hochverehrt starb, baute man ihr ein Mausoleum auf den städtischen Hügeln der Sayida, wohin sich die Heilige jeweils zum Gebet zurückgezogen hatte. Der Imam der Manouba-Moschee widmete ihr nach dem Tod das Werk »Manāqib«, das Leben und Taten der Mystikerin schildert. Der Autor ehrt sie mit dem Titel einer »Stellvertreterin Gottes auf Erden«. Einer der Märkte in der mittelalterlichen Altstadt von Tunis wurde zu ihren Ehren »Souq al-Saida Al-Manoubya« genannt. An ihrem Geburtsort entstand ein zweiter Schrein, der heute zum nationalen Erbe Tunesiens gehört und als Pilgerstätte der Sufiheiligen die Zerstörungswut der Salafisten in der Tunesischen Revolution hervorrief. Bücher und Forschungsarbeiten widmen sich Aishas Leben und Wirken ebenso wie Kinofilme und Sufilieder.

In Aishas Geburtstadt Manouba, die heute zu Tunis gehört, zählt die Universität über 13.000 Studierende. An den Mut und das Wirken der heiligen Mystikerin und Gelehrten erinnert aktuell die Professorin Amel Grami, die in arabischer Literatur und Geschichte promovierte und den Lehrstuhl für Religionswissenschaften und Frauengeschichte innehält. Die Islamgelehrte provoziert strenggläubige Muslime mit ihrer Auslegung des Korans, der keine Verurteilung der Homosexualität zulasse, und ihrem Engagement in der islamisch-christlichen Forschung.

# 22 Rumi
## Von der Sonne des Glaubens

Afghanistan macht nicht erst seit der erneuten Machtübernahme der Taliban Schlagzeilen mit politischem Chaos, das durch religiösen Fanatismus genährt wird. Vor acht Jahrhunderten wurde in diesem Land 1207 der Sohn eines Juristen und Predigers geboren, dessen religiöse Poesie bis heute Menschen weltweit berührt und dessen Mystik weit über den Islam hinaus inspiriert. Dschalāl ad-Dīn Muhammad Rūmī stammt aus dem afghanischen Dorf Balch. Mit seiner Familie nach Mekka gepilgert, blieb der Zwölfjährige mit seinen Eltern in Anatolien, da Dschingis Khans Mongolen die Heimat bedrohten. Der Sultan der Rum-Seldschuken berief den Vater als Dozenten an seine Hochschule in Konya, wo der Sohn auch Theologie studierte und 1231 den Lehrstuhl seines Vaters erbte. Den Beinamen verdankt Muhammad seiner Wahlheimat: »Rumi« heißt türkisch (Ost-)»Römer«.

Eine Reise nach Aleppo und Damaskus machte Rumi mit dem spanischen Sufimeister Ibn Arabi vertraut. Ab 1244 führte ihn in Konya der Derwisch Schams-e Tabrizi vertiefter in die Kunst und Mystik des Sufismus ein. Der Schüler wurde selbst zum Begründer einer mystischen Strömung und wird von Derwischen bis heute als »Maulana« (unser Meister) verehrt. Als er 1273 im heute türkischen Konya starb, hinterließ er u. a. die zwei mystischen Gedichte *Mathnawi* und *Schams-ad Din* (Sonne des Glaubens) mit 25.000 bzw. 35.000 Versen sowie Prosasammlungen, so *Fihi ma fihi* (Über das Sein und Nichtsein).

Die Lehre Rumis sieht in der Liebe die Hauptkraft des Universums, das als harmonisches Ganzes jeden einzelnen Teil mit allen anderen Geschöpfen in eine Liebesbeziehung stellt, die wiederum auf Gott gerichtet ist und nur durch dessen Liebe Bestand hat. Der Mensch erreicht die Harmonie mit sich selbst und dem Universum nur, wenn er lernt, Gott zu lieben. Gottesliebe befähigt dazu, jeden Mitmenschen und alles von Gott Geschaffene zu lieben. Gott liebend näher zu kommen ist für die meisten Sufis der Weg zur wahren Erfüllung im Leben.

Rumi verdankt seine Berühmtheit der Kunst, seine mystische Lehre in eine berührende Poesie zu gießen. Sie beschreibt ebenso kraftvoll die Freude der liebenden Seele, Gott näher zu kommen, wie ihre Trauer, vom göttlichen Geliebten getrennt zu sein.

*Wer die Liebe nicht kennt, ist vor Gott wie Holz und Stein.*
*Liebe lockt aus Steinen Wasser, Liebe glättet Spiegel rein.*

*Die Feder eilt im Schreiben, kaum zu halten –*
*Sie kam zur Liebe und musste gleich zerspalten.*
*Verstand: ein Esel, im Morast geblieben:*
*Erklärung gibt für Liebe nur das Lieben!*

*Baust für das Hühnchen du ein Haus, passt das Kamel dort nicht hinein;*
*Das Huhn ist der Verstand, der Stall der Körper,*
*und das Kamel die erhabene Liebe!*

*Es gibt eine Stimme, die keine Worte benutzt. Höre der Stille zu!*

# 23 Yunus Emre
*Volkslieder mit Tiefe und Weite*

Ein türkischer Mystiker schrieb im Mittelalter Lieder, die heute Pflicht-
lektüre an den Schulen seines Landes sind. Die UNESCO erklärte 1991
zum »internationalen Yunus Emre-Jahr« und stellte es in das Zeichen
von Frieden und Liebe. Wer ist der Mann, dem solche Ehre zukommt?
Wer ist der Mystiker, dessen Horizonte sich so weit spannten? Was
bringt einen Muslimen im Zeitalter der Kreuzzüge dazu, universal offene Lieder zu dichten wie das folgende, das Annemarie Schimmel in
deutsche Reime übersetzte:

*Mit Bergen und mit Steinen auch ...*    *Mit Jesus hoch im Himmelsland,*
*Mit Vögeln früh im Morgenhauch ...*    *Mit Moses an des Berges Rand,*
*Mit Fischen in des Wassers Grund,*    *Mit diesem Stab in meiner Hand*
*Gazellen in der Wüste rund ...,*    *Will ich Dich rufen, Herr, o Herr!*

*Mit Hiob, der vor Schmerz versteint,*    *Mit Dank und Preis und Lobeswort,*
*Mit Jakob, dessen Auge weint,*    *Mit »Gott ist Einer«, höchstem Hort,*
*Und mit Muhammad, Deinem Freund,*    *Barhäuptig, barfuß, immerfort*
*Will ich Dich rufen, Herr, o Herr!*    *Will ich Dich rufen, Herr, o Herr!*

*Mit lesend frommer Zungen Hallen,*
*Mit Turteltauben, Nachtigallen,*
*Mit denen, die Gott lieben, allen*
*Will ich Dich rufen, Herr, o Herr!*

Yunus Emre kam um 1240 in Anatolien zur Welt. Er gehört zur Sufi-
Bewegung und dichtete als einer der ersten bekannten Poeten volks-

tümliche Lieder in der alttürkischen Sprache. Er gesellt sich damit zu einem Franz von Assisi (→ 20), der als christlicher Mystiker die italienische Dichtung mit ersten tief spirituellen Liedern eröffnet. Wie der Lieblingsheilige der Christenheit in seinem berühmten Sonnengesang und in Briefen an alle Menschen sieht auch der Derwisch Yunus Emre die ganze Schöpfung und alle Menschen zur Liebe und zum Lob des einen gemeinsamen Gottes aufgerufen.

Der türkische Sufi-Dichter gilt als prägende Gestalt in der Entwicklung der Aleviten als eigene Konfession innerhalb des Islam. Sie bilden heute mit 15 % der Bevölkerung die zweitgrößte Religionsgemeinschaft der Türkei. Der alevitische Weg zu Erleuchtung und Reife führt über gelebte Nächstenliebe in einer schlichten, geduldigen und bescheidenen Lebensweise. Aleviten lehnen viele Gebote und Verbote der Sunna ab, was ihnen immer wieder Verfolgungen eintrug. Über ihre Freiheit von unnötigen Gesetzen hinaus kennzeichnet sie eine universale Hoffnung für alle und ein im Glauben verwurzelter Humanismus. Yunus Emre starb um 1321. Er wäre ein idealer Gesprächspartner für Raimund Llull (→ 37) gewesen, dessen christlich-sufistische Freundschaftsmystik und Dialogbereitschaft er in vielem teilte. Zwei Werke Emres sind uns heute überliefert: *Risalet'ün-Nushiyye*, eine kleine Sammlung von Ratschlägen, sowie der *Divan* mit 350 Gedichten. Der Sufi-Dichter glaubt an die Gleichheit aller Menschen und lehnt religiösen Fanatismus ebenso ab wie das Streben nach Reichtum und Macht, die beide zu Ausgrenzung und Spaltungen in Gesellschaft und Menschheit führen.

# 24 Juliana von Norwich
*Alles wird gut werden*

Es ist eine Szene wie aus einem Film, eine Nahaufnahme: Eine sterbende junge Frau fühlt, wie das Leben aus ihren Armen, Beinen und dem Oberkörper weicht. Jemand hält ihr ein Kruzifix vor die Augen. Vom dornengekrönten Haupt tropft plötzlich Blut, und der Gekreuzigte beginnt zu sprechen. Die sterbende Frau, später Juliana von Norwich genannt, schaut.

Sechzehn Visionen erlebt die historische Juliana nach eigenen Angaben. Allerdings sind die Erfahrungen nicht immer visueller Natur. Zuweilen findet sie sich mitten in einer Szene, manchmal ist es eher ein Hören, Erleben, Erfahren. Juliana überlebt ihre schwere Krankheit. Mit ihr und den Visionen geht ein Wunsch in Erfüllung: die Passion ihres Erlösers am eigenen Leib zu erleben. Doch die Offenbarungen enthüllen ihr noch mehr. Vieles wird sie erst 20 Jahre später interpretieren können, und auch dann ringt sie um Worte.

Irgendwann nach diesem Schlüsselerlebnis vom Mai 1373 wird Juliana Reklusin. Vielleicht ist sie vorher Benediktinerin, doch es gibt keine genauen Erkenntnisse darüber; auch nicht, ob Juliana verheiratet oder verwitwet gewesen war und ob sie Kinder hatte. Juliana muss 1342 geboren worden sein und war 1416 laut Aussagen von Zeitzeugen noch am Leben. Ihr Todesjahr ist unbekannt, ebenso ihr wahrer Name: Juliana leitet sich von der Kirche St. Julian in Norwich ab, wo sie sich als *anchoress* in eine Zelle einschließen lässt. Als Reklusin ist sie für die Welt gestorben, und so ähnelt auch die mittelalterliche Einschlusszeremonie einer Begräbnisfeier. Nur durch ein kleines Fenster sieht sie in die Kirche und kann Besucher zu Gesprächen empfangen. Die heute fremd anmutende Praxis gibt Juliana die Möglichkeit, im selbst gewählten Gefängnis über ihre Visionen zu meditieren und ihre Erkenntnisse aufzuschreiben. Sie verfasst erst einen kürzeren Text und später einen ausführlicheren, in der sie jede einzelne Vision detailliert beschreibt. Zentral in ihren Offenbarungen ist die Liebe Gottes zu den Menschen und sein Willen, sie zu retten. Berühmt wurde die Aussage:

*Alles wird gut werden, und alle werden gut werden, und aller Art Dinge werden gut werden.*

Nach Julianas Visionen ist die wichtigste Eigenschaft Christi seine Mütterlichkeit. Julianas visionäre Theologie ist für die damalige Zeit bahnbrechend. Sie beschreibt keinen Gott der Strafe und ewigen Verdammnis, sondern einen der allumfassenden Liebe, der Mensch und Schöpfung in ihrer Unvollkommenheit vollkommen annimmt.

Die englische Mystikerin ist in ihrer Kultur die erste Frau, die in der Sprache des Volkes schreibt. »Soll ich euch verschweigen, was ich gesehen habe, weil ich eine Frau bin?«, fragt sie in ihren Manuskripten, die von Benediktinerinnen abgeschrieben und – teilweise unter Lebensgefahr – überliefert werden. Die »Offenbarungen göttlicher Liebe« geraten für rund 500 Jahre in Vergessenheit. Erst im Zuge der Suffragetten-Bewegung wurden Julianas Offenbarungen zu Beginn des 20. Jahrhunderts neu entdeckt.

In einer Vision zeigt Christus Juliana ein kleines Objekt von der Größe einer Haselnuss. »Das ist alles, was je gemacht wurde«, wird Juliana offenbart. »Ich wunderte mich, wie es bestehen konnte, denn es schien mir so klein, dass es sich plötzlich ins Nichts auflösen könnte. Und ich empfing die Antwort: ›Es besteht, und wird immer bestehen, weil Gott es liebt; und auf diese Weise hat alles seine Existenz aus der Liebe Gottes.‹« An dem nussgroßen Gegenstand erkennt Juliana drei Eigenschaften: »Die erste ist, dass Gott ihn gemacht hat, die zweite ist, dass Gott ihn liebt, die dritte, dass Gott für ihn sorgt.«

# 25 Katharina von Siena
## Patronin Italiens und Europas

Nach sieben Jahrzehnten Exil kehrt 1377 das Papsttum aus Avignon nach Rom zurück. Was politische Gesandte von Rang und Namen nicht zu vermitteln vermochten, hat eine 29-jährige Frau allein gestemmt: In deutlichen Briefen hat die Laien-Dominikanerin Katharina (italienisch Caterina) dem Pontifex Gregor XI. den Kopf gewaschen, ihn für seine Schwäche, seine Laschheit, seinen Egoismus und Nepotismus und den verschwenderischen Lebensstil unverblümt kritisiert:

*Da die Wahrheit Euch die Gewalt verliehen hat und Ihr sie übernommen habt, müsst Ihr Eure Kraft und Vollmacht gebrauchen; wollt Ihr es nicht tun, wäre es besser, auf sie zu verzichten.*

Nimm deine Verantwortung wahr, oder gib sie ab! Dass ein Papst sich von einer unverheirateten Frau so die Leviten lesen lässt – und davon inspiriert, tatsächlich auch handelt! – lässt allein schon den Ruf einer Prophetin ermessen, den Katharina in ihrer Zeit genoss. 1347 als zweitletztes von 25 Kindern mit einem Zwilling geboren, lernt sie als Mädchen weder schreiben noch lesen. Die 385 Briefe, 26 Gebete und das Hauptwerk *Dialogo,* die von ihr überliefert sind, wird sie Sekretären diktieren. An Weitsicht mangelt es der jungen Frau aus verarmtem Adel aber auch ohne Bildung nicht.

Ihre Eltern, die als Wollfärber über die Runden kommen, sind wenig begeistert, als ihre Tochter in Leidenschaft für Christus entflammt. Mit sechs Jahren hat Caterina eine Vision des Gottessohnes, die ihr junges Leben komplett umkrempelt. Mit zwölf wird sie sich weigern, sich für die Suche nach einem Bräutigam herauszuputzen. Bald verlässt sie das Haus nur noch zu Gottesdiensten in der nahe gelegenen Dominikanerkirche. Sie tritt auch dem Dritten Orden des heiligen Dominikus bei. Mit 19 folgt die mystische Vermählung mit Christus, und Katharina beginnt, sich karitativ zu betätigen. Es gibt viel zu tun: Die Pest-Epidemie, die Südeuropa 1348 erreicht, wird in wenigen Jahren ein Drittel der europäischen Bevölkerung dahinraffen. Zahlreiche italienische Städte sind zutiefst verfeindet und gegeneinander in Kriege verstrickt. Der Papst weilt im fernen Avignon, während dringende Kirchenreformen weiter auf sich warten lassen und die Union mit der Ostkirche auf dem Spiel steht. Katharina sammelt Frauen und Männer, unter ihnen auch Beichtväter, zu einer spirituellen Familie um sich und zieht mit ihnen zu Friedensmissionen und Reformrufen durch Italien. Zudem beginnt sie Briefe zu diktieren, und unter ihren Adressaten befinden sich sowohl einfache Leute wie Mächtige in Kirche und Staat, Regierende, Kardinäle und selbst der Papst.

Katharina findet mit ihrem Freimut nicht nur Freunde. Das Generalkapitel der Dominikaner, vor dem sie sich 1374 in Florenz verantworten muss, stellt ihr den späteren Biographen Raimund von Capua als Berater zur Seite. In einer Vision sieht sie sich 1375 in einer Prozession aus vielen Menschen – »mitten unter ihnen mit ihnen« – auf Jesu Herz zuschreiten. Die Vision schließt anders- und nichtgläubige Menschen ein, von denen niemand aus der Liebe Gottes fallen kann. 1278 einem Attentat entgangen, diktiert sie den *Dialogo*, der ihre Fragen an Christus und dessen Antworten festhält. Auf den Tod Gregors XI. folgt eine umstrittene Papstwahl, die die Kirche für Jahrzehnte im Abendländischen Schisma spaltet. Katharina stirbt 1380, ernüchtert und erschüttert, im Alter von nur 33 Jahren in Rom.

## 26 Guru Nanak Dev
*Gott jenseits der Religionen dienen*

Im öffentlichen Leben sind die Männer der fast 27 Millionen Sikhs gut erkennbar an ihren kunstvoll gewickelten Turbanen und vollen Bärten. In Zeiten des terroristischen Islamismus erfahren sie zunehmend Misstrauen. Dabei steht ihre Religion für das Gegenteil von Fanatismus und Gewalt. Sie wurde aus zwei sehr unterschiedlichen Glaubenswelten geboren, die noch heute den indischen Subkontinent spalten: Hinduismus und Islam.

Der Gründer der Bewegung, Nanak Dev, wird 1469 in einem Dorf im heutigen Pakistan als Sohn von Hindus geboren. Schon als Junge fühlt er sich zu einer innigeren Spiritualität berufen: Er hört eine Stimme, die ihn dazu anhält, sein Leben in Andacht zu verbringen, als reiner Diener eines einzigen Gottes. Der Schüler kann schon im Alter von sieben Jahren Buchstaben mystisch deuten. Nanak Dev zieht als Erwachsener predigend durch Südasien und besucht wohl auch die heiligen Stätten der Muslime in Arabien. Dabei lehrt er vor Heiligtümern verschiedener Glaubensrichtungen und zieht Schüler (Punjabi: *sikhs*) an.

Seine Lehre verbindet nicht nur Weltzugewandtheit und Spiritualität, sondern auch die Menschen untereinander: »Es gibt keine Hindus, es gibt keine Muslime, es gibt nur Geschöpfe Gottes.« Religionen zerteilen die Menschheit unnötig. Nanak Devs Vision ist daher eine Spiritualität, in der sich die Menschen weniger mit frommen Ritualen und äußeren Zeichen aufhalten und sich stattdessen beherzt dem einen Gott zuwenden:

*Verbrenne die weltliche Liebe, zerreibe die Asche und mache sie zu Tinte und deinen Geist zu einem feinen Papier. Deine Liebe zu Gott werde zur Feder und dein Herz zum Schreibenden.*
*Schreibe den Namen des Herrn und seine Gebete ... schreibe, was keinen Anfang und kein Ende hat.*

Im Glauben der Sikhs gibt es keine Kasten, kaum Zeremonien und eine überschaubare Anzahl von Regeln. Nanak Dev lehrt seine Schülerinnen und Schüler, ehrlich, anständig und edelmütig zu leben und mit der Schöpfung respektvoll umzugehen, den einen Gott zu lieben und über seinen Namen zu meditieren, die Einheit der Menschheit anzustreben, selbstlos zu dienen, und sich für soziale Gerechtigkeit und den Wohlstand aller einzusetzen. Über fünf Stufen (Khandas) erreicht der Mensch den Zustand, in dem er das Potenzial seiner Spiritualität voll entfaltet. Die tiefe Verbindung mit Gott ist treibende Kraft. Im Mul-Mantra (Wurzel-Mantra) wird die Natur dieses einen Gottes betont: Er ist wahrhaftig, der Schöpfer aller Dinge, ohne Anfang und Ende, gegenwärtig durch alle Zeiten, auch im Hier und Jetzt.

Nanak Dev stirbt 69-jährig in Kartarpur, wo er mit seiner Familie zuletzt gelebt hatte. Ihm folgen neun weitere Gurus, die heilige Schriften hinzufügen und die Bewegung weiter ausbauen. Heute gibt es verschiedene Richtungen innerhalb des Sikhismus. Im zentralen Heiligtum, dem Goldenen Tempel im indischen Amritsar, sind Gläubige aller Religionen willkommen, ebenso in den Gurdwaras, den Tempeln, die die Sikhs weltweit errichtet haben. Viele Sikhs, Frauen wie Männer, tragen das Haupthaar ungeschnitten und ordentlich frisiert. Zum Zeichen der Einheit teilen alle männlichen Sikhs den Nachnamen Singh (»Löwe«), alle weiblichen *Kaur*, was »Kronprinz« oder »Prinzessin« bedeutet. Mit diesen Namen wird nicht nur Zusammengehörigkeit und der spirituell-noble Charakter der Gläubigen ausgedrückt, sondern auch das Kastensystem unterlaufen: Ein traditioneller Nachname verrät, aus welchem Stand eine Person stammt. Die Namen Singh bzw. Kaur stehen damit auch für die Befreiung ihrer Trägerinnen und Träger aus diesen Hierarchien.

# 27 Teresa de Jesús von Ávila
## Mystik mit Tiefe und Charme

Die Mystikerin Teresa de Jesús (1515–1582) wurde von Papst Paul VI. zusammen mit Katharina von Siena (→ 25) 1970 zur ersten Kirchenlehrerin erhoben. Sie hat eine Ordensreform lanciert, die die Spiritualität des Karmel bis heute prägt. Ihr Wesen, ihr Leben und ihre Mystik sind geprägt von sprühender Freude, Charme und feinem Humor. Ihre Werke gehören bis heute zur maßgebenden spirituellen Literatur des Abendlandes. Teresa Sánchez de Cepeda y Ahumada wuchs in Ávila mit zwei Schwestern und neun Brüdern auf. Ihr Großvater Juan Sánchez war Jude und erkaufte sich 1485 einen Adelstitel, um als »Altchrist« auf der iberischen Halbinsel bleiben zu können. Schon als Kind träumte Teresa davon, Missionarin in Afrika oder Einsiedlerin zu werden. Mit 14 verlor sie ihre Mutter Doña Beatriz und wurde vom überforderten Vater nach turbulenten Internatsjahren ihrer Schwester María anvertraut.

Mit 21 trat Teresa gegen den Willen ihres Vaters heimlich in den Karmel Santa María de la Encarnación ihrer Geburtsstadt ein. Im Großkloster lebten 180 vornehme Nonnen. Teresas Charme im Sprechzimmer zog die noble Gesellschaft an und brachte dem Kloster reiche Gaben. 1538 erkrankte Teresa ernsthaft. Jahrelang gelähmt und vier Tage im Koma, verlor sie nach der Genesung die Lebensfreude. 1554 fand sie nach 18 Jahren im Kloster durch innige Christuserfahrungen eine neue Berufung: Gefährtin des armen Christus zu sein. Teresa wandelte sich zur Mystikerin und nannte sich als Freundin ihres Geliebten *Teresa de Jesús*. Der Widerstand vieler Nonnen gegen ein kontemplativeres Leben ließen in ihr während der folgenden Jahre Reformpläne reifen: Rückzug aus der Welt, Verzicht auf Mitgift und Reichtum, Hinwendung zu einem strengen Lebensstil mit viel Raum für Kontemplation.

1562 gründete Teresa ihr erstes Reformkloster San José in Ávila, konzipiert für eine arme Gemeinschaft von zwölf Schwestern. 16 weitere Klöster schlossen sich der Reform bis zu ihrem Tod an. Der Generalminister des Karmelitenordens erlaubte ihr, auch Männerklöster zu gründen. Der 25-jährigen Juan de Yepes y Alvarez wurde als Juan de la Cruz bzw. Johannes vom Kreuz ihr enger Mitarbeiter im männlichen Reformzweig, der bald 15 Klöster zählte.

Die Gründerin reiste von Kastilien bis Andalusien durch Städte und Bauerndörfer. Sie fand Freunde in Palästen, Stadthäusern, Bischofsresidenzen und Klöstern. Trotz aller Reisen schrieb die Reformerin Werke, die zu Weltliteratur wurden: *La Vida* (Buch meines Lebens), den *Camino de Perfección* (Weg der Vollkommenheit), das *Castillo Interior* (Wohnungen der Inneren Burg) sowie ein Buch über ihre Gründungen (*Fundaciones*). Unbeeindruckt von Inquisitoren, die ihr weitere spirituelle Schriften und Gedichte in der Volkssprache verboten, kämpfte sie für eine neue Freiheit der Frauen und der Laien in der Kirche. Populär wurde Teresas Wort, dass sich Gott überall finden lasse, »auch mitten unter den Kochtöpfen«. Teresa rät ihren Schwestern: »Tue deinem Leib öfter etwas Gutes, damit deine Seele Lust hat, in ihm zu wohnen!« Das Lied »Nada de turba« dagegen stammt von ihrem Freund Johannes vom Kreuz. In einem Lied hört Teresa Christus zur Geliebten sprechen:

*Und wenn dein Sehnen mich nicht findet,*
*dann such nicht dort und such nicht hier!*
*Gedenke, was dich im Tiefsten bindet,*
*und Seele, suche dich in mir!*

# 28 Rabindranath Tagore
## Bengalische Renaissance

Als erster Asiate 1913 mit dem Nobelpreis für Literatur ausgezeichnet, wird der indische Universalgelehrte bis heute mit weisen Kurztexten in Kalendern und Zeitschriften zitiert. Rabīndranāth Ṭhākur kam 1861 in Kalkutta zur Welt. Das 14. Kind eines hinduistischen Brahmanen leitete literarisch die »bengalische Renaissance« seiner Heimat ein und machte sich auch als Sozialreformer einen Namen.

Mit 17 sandte ihn seine Familie zum Jura-Studium nach England. Er studierte in London jedoch lieber Literatur, weshalb der enttäuschte Vater ihn nach Indien zurückrief. Die Begegnung von östlicher und westlicher Welt sah »Rabi« später als größte Chance der gegenwärtigen Epoche. 22-jährig wurde der Reisefreudige mit der zehnjährigen Bhabatarini Devi verheiratet, mit der er fünf Kinder hatte. Seine Dramen, Gedichte und Lieder machten ihn bald in ganz Indien bekannt. Sie griffen den konservativen Hinduismus an und kämpften auch gegen die Kinderehe. Ab 1890 Verwalter der familiären Güter, entdeckte Rabindranath die Kraft des naturnahen Dorflebens. Zugleich setzte er sich für die Entwicklung der Landregion ein, die zu Banken, Schulen, Krankenhäusern und Verkehrsmitteln kam. Ab 1901 weckten Unruhen den gefeierten Dichter politisch: Ein Protestlied gegen eine Teilung Bengalens durch die Engländer machte ihn zum Anführer einer Großdemonstration. Der Tod seiner jungen Frau, zweier erkrankter Kinder und seines Vaters führten zum Rückzug auf die Landgüter, literarischem Schaffen und dem Aufbau eines hinduistischen Schulsystems. Während einer langen Reise mit seinem Sohn durch England und die USA übersetzte der Lyriker 1912 erste Gedichte, die ihn im Westen schnell bekannt machten. Seine Gedichtsammlung *Gitanjali* trug ihm bereits 1913 den Nobelpreis ein, und Europa feierte den Geehrten als fernöstlichen Mystiker. In den folgenden Jahren erschienen 20 Werke in Englisch und 1921 auch eine achtbändige deutsche Sammelausgabe. Auf Weltreisen warb der Dichter für die Begegnung westlichen und östlichen Denkens, bis der Zweite Weltkrieg eine Abkehr von Europa provozierte. Der große Denker starb 1941 in seinem Geburtshaus, nachdem er sich in seinen letzten Jahren auch der Malerei zugewandt hatte. Berühmt bleibt Tagore für Aphorismen und Kurzgedichte, deren erfrischende Kraft auch ins Heute spricht. Eine kleine Auswahl sei hier zitiert:

*Der Glaube ist der Vogel, der das Tageslicht spürt, bevor der Morgen dämmert.*

*Nicht der Boden ist das Vaterland, sondern die Menschen darauf.*

*Allein sein zu müssen, ist schwer – allein sein zu können, ist schön.*

*Wenn ihr einen Stein werft, wird er euch von hinten treffen,*
*denn die Erde ist rund.*

*Wer Gutes tut, klopft ans Tor; wer liebt, findet es offen.*

*In jedem neugeborenen Kind sagt Gott uns,*
*dass er weiter an uns Menschen glaubt.*

*In der Stärke der Waffen zeigt sich die Schwäche des Menschen.*

*Die Welt liebte den Menschen, als er lächelte.*
*Sie fing an, ihn zu fürchten, als er lachte.*

*Dumme rennen, Kluge warten, – Weise gehen durch den Garten.*

# 29 Madeleine Delbrêl
*Alltagsmystik mitten in Paris*

Der Erste Weltkrieg machte die junge Französin zur Atheistin, der
Zweite Weltkrieg die engagierte Christin zur staatlichen Sozialarbeiterin und das kommunistische Ivry bei Paris ließ sie zur Alltagsmystike-
rin werden. Madeleine Delbrêl ermutigt zu christlich engagiertem Leben in einer nachchristlichen Welt und zu gemeinsamem Einsatz mit
Areligiösen für eine menschenfreundliche Gesellschaft.

1904 von einer katholischen Industriellentochter und einem anti-
klerikalen Eisenbahner geboren, wechselt die Südfranzösin in den ersten neun Lebensjahren neunmal den Wohnort. Privatunterricht statt
Schulbesuch fördert Madeleines literarische und musikalische Talente.
1916 zieht die Familie nach Paris, wo die Jugendliche erschüttert vom
»großen Krieg« ihren christlichen Glauben ablegt. Ab 1920 studiert sie
an der Sorbonne Kunst, Geschichte und Philosophie, verlobt sich mit
dem Katholiken Jean Maydieu und verliert den Freund 1924, als er in
den Dominikanerorden eintritt. Madeleine möchte in den Karmel eintreten, ist aber durch Erblindung des Vaters jahrelang familiär gefördert und wird schriftstellerisch tätig. 1933 zieht sie mit zwei Gefährtinnen in die Industrievorstadt Ivry, um hier gemeinsam nach den

evangelischen Räten zu leben und eine kirchliche Sozialstation zu führen. Die Freundschaft zu Kommunisten lässt die drei Frauen Lenins Schriften lesen, wobei sie sich gegen Klassenkampf und für ein sozial-evangelisches Leben als Schwestern auf der Straße entscheiden.

Im Zweiten Weltkrieg übernimmt Madeleine die staatlichen Sozialdienste der Region, verlässt das Rathaus Ivry jedoch 1946, um sich der Gästebegleitung im Haus der Gemeinschaft zu widmen. Als Freundin der neuen »Mission de France«, die Arbeiterpriester und Laien gemeinsam mit Arbeitern, Streikenden, Alleinerziehenden und Arbeitslosen für ihre Rechte kämpfen lässt, reist Madeleine mehrmals zu Papst Pius XII. nach Rom, der die Mission ablehnt. Ihr Buch *Ville marxiste, terre de mission* (deutscher Titel: Auftrag des Christen in einer Welt ohne Gott) lässt sie ab 1957 viele Vorträge halten und führt sie 1959 nach Genf in den Weltkirchenrat. Von Erzbischof Victor Sartre in die Konzilsvorbereitung einbezogen, stirbt Madeleine 1964 während des Zweiten Vatikanischen Konzils. Einige Perlen der Weisheit aus ihrer kontemplativen Aktion im Großstadtleben:

*Ertrage nicht, sondern trage! Wenn die Menschen um dich herum einmal genau so unerträglich sind wie du dir selbst.*

*Halte nicht die anderen für empfindlich, nur dich für empfindsam!*

*Schaue nicht auf Menschen, um sie zu richten, sondern um für sie zu beten.*

*Du bist noch nicht am Ziel: zwinge die anderen nicht, es zu sein!*

*Der Gleichmütige schweigt, wenn er darf, damit er reden kann, wenn er muss.*

*Wenn du an das Ende der Welt gehst, findest du die Spuren Gottes; steigst du auf den Grund deiner Seele, findest du ihn auch dort.*

*Beten heißt nicht begabt, sondern da sein.*

# 30 Thich Nhat Hanh
*Apostel der Gewaltlosigkeit*

Der Vietnamese Thích Nhất Hạnh fand wie viele östliche Gurus ab den 1960er Jahren auch im Westen Anhängerschaft, und als einer der wenigen behält er seine weiße Weste bis zu seinem Tod. Der Zen-Buddhist lebt, was er predigt. Im Zentrum seiner Arbeit steht die Übersetzung der buddhistischen Lehre in die heutige Zeit. Wer zum Buddhismus konvertieren will, wird ermutigt, vielmehr die Schätze der eigenen Kultur zu entdecken. Der Guru entwickelte Achtsamkeitsübungen, die helfen, im Hier und Jetzt anzukommen und das »Intersein« zu erfahren. Der Begriff, englisch interbeing, spricht das Verwobensein sämtlicher Dinge an: Menschen sind mehr als das, was sie direkt erfahren, denken und fühlen. Durch die gegenseitigen Abhängigkeiten sind sie auch die Blumen und Bäume um sie herum, der Himmel und die Wolken über ihnen, Flüchtende in Not, die unbeliebte Nachbarin.

1942 wird der 16-Jährige in Hue ordiniert. Sein Interesse gilt von Anfang an über die Strömungen des Buddhismus hinaus auch westlichen Philosophien und Religionen. Nur sieben Jahre später hat Hanh bereits ein buddhistisches Institut in Saigon mitbegründet. Über die nächsten Jahre lebt er in verschiedenen Gemeinschaften und schreibt Artikel, die in mehrere Sprachen übersetzt werden. 1961 erhält er ein Forschungsstipendium der Princeton-Universität von New Jersey für vergleichende Religionswissenschaften. Bis 1964 hält er Vorlesungen an der Columbia Universität in New York.

Der Vietnamkrieg bewegt Hanh dazu, in seine Heimat zurückzukehren. Er begründet die »Vereinigte Buddhistische Kirche Vietnams« mit, die beide Hauptströmungen des Buddhismus, Theravada und Mahayana, pflegt. Aus der Kirche geht eine Gruppierung aus Mönchen und Laien hervor, die unter Einsatz ihres Lebens in zerbombten Dörfern Schulen und Krankenhäuser bauen. Thich Nhat Hanh gründet zudem den Intersein-Orden, dessen Mitglieder sich in Friedensprojekten und sozial engagieren. Diese Aktivitäten lassen ihn auf dem Schirm der CIA auftauchen. Im Kampf gegen den Krieg sucht sich der

Vietnamese Verbündete: 1965 schreibt er einen öffentlichen Brief an Martin Luther King (→ 41); die beiden Aktivisten treffen sich im Jahr darauf, und ein weiteres Jahr später schlägt King den »Apostel des Friedens und der Gewaltlosigkeit« für den Friedensnobelpreis vor. Ebenfalls 1966 besucht Thich Nhat Hanh Papst Paul VI., der daraufhin als Zeichen gegen den Krieg einen Botschafter nach Vietnam entsendet. Ende der 1960er Jahre gibt es auch in Frankreich eine »Vereinigte Buddhistische Kirche«.

Thich Nhat Hanh muss im Exil bleiben, bis ihm die vietnamesische Regierung 2016 seine endgültige Heimkehr in das Kloster seiner Jugend erlaubt. Bis dahin hat er in Europa weitere Gemeinschaften und Institute gegründet, hält Vorträge und veröffentlicht Bücher, die es auf die Bestsellerlisten schaffen. Immer wieder spricht er sich öffentlich für den Schutz von Mensch und Umwelt aus. 1982 entsteht in Südfrankreich das Praxiszentrum »Plum Village«, wo noch heute Tausende aus aller Welt hinströmen, um während Tagen oder Wochen zu meditieren. Von einer Hirnblutung im Jahr 2014 erholt sich Thich Nhat Hanh so weit, dass er 2018 nach Vietnam zurückkehren kann – in den Tempel seiner Ordination. Hier stirbt er hochbetagt am 22. Januar 2022, genau um Mitternacht. Mönche und Nonnen aus seiner Schule führen seine Arbeit weiter. Eine Meditation lässt Übende sprechen: »Ich atme ein und weiß: Ich lebe. Ich atme aus und lächle dem Leben zu.«

# III
# Prophetie und Visionen

# 31 Debora

*Prophetin am Berg Tabor*

Unter Israels Propheten gab es Frauen. Eine Prophetin der Frühzeit erinnert an Jeanne d'Arc (→ 101), indem sie die mutlosen Stämme Israels zum Befreiungskampf antrieb. Ein Lied im Buch Richter (Ri 5) erinnert an ihr leidenschaftliches Wirken und an weitere tatkräftige Frauen:

> [7] *Still war's bei den Bauern, ja still in Israel, bis du, Debora, aufstandest, bis du aufstandest, eine Mutter in Israel.* [8] *Man erwählte sich neue Götter; es gab kein Brot in den Toren. Es war kein Schild noch Speer unter vierzigtausend in Israel zu sehen ...* [10] *Die ihr auf weißen Eselinnen reitet, die ihr auf Teppichen sitzt und die ihr auf dem Wege geht: Singet!* [11] *Horch, wie sie jubeln zwischen den Tränkrinnen! Da sage man von der Gerechtigkeit des* HERRN, *von der Gerechtigkeit an seinen Bauern in Israel, als des* HERRN *Volk herabzog zu den Toren.* [12] *Auf, auf, Debora! Auf, auf und singe ein Lied! Mach dich auf, Barak, und fange, die dich fingen ...*
>
> [16] *Warum saßest du zwischen den Sattelkörben, zu hören bei den Herden das Flötenspiel? An Rubens Bächen überlegten sie lange.* [17] *Gilead blieb jenseits des Jordans. Und warum dient Dan auf fremden Schiffen? Asser saß am Ufer des Meeres und blieb ruhig an seinen Buchten.* [18] *Sebulons Volk aber wagte sein Leben in den Tod, Naftali auch auf der Höhe des Gefildes.*
>
> [20] *Vom Himmel her kämpften die Sterne ...*
>
> [24] *Gepriesen sei unter den Frauen Jaël, die Frau Hebers, des Keniters; gepriesen sei sie im Zelt unter den Frauen!* (Lutherbibel 1984)

Das arabische Dorf Daburyya erinnert noch heute acht Kilometer östlich von Nazaret mit seinem Namen und einer Moschee an das Wirken der Prophetin, deren Name hebräisch »Biene« bedeutet. Ihre Zeit wird im 12. Jahrhundert vor der Zeitenwende vermutet. Debora ist die einzige Richterin in Israels Frühzeit: eine Frau, die als prophetische Führerin an Mose erinnert, in Rama wirkend Samuel vorausgeht (1 Sam 7)

---

und unter einem Baum richtend auch auf König Saul vorausweist (1 Sam 22). Nach 20 Jahren Unterdrückung durch Kanaanäer soll sie am Fuß des Berges Tabor die Mutigsten unter Israels Stämmen zum Befreiungskampf gegen das hochgerüstete Heer Siseras angetrieben haben (Ri 4–5). Debora wird ausdrücklich als Frau, Ehefrau und Mutter, Richterin, Sängerin und militärische Führerin in Erinnerung gehalten. Neben der später wirkenden Hulda ist sie die einzige Prophetin mit einem öffentlichen Amt.

Das Debora-Lied spricht die schlechten Zustände in Israel an, die Prophetin bäumt sich gegen eine 20-jährige Unterdrückung auf und führt durch den Befreiungskampf zu 40 Jahren Frieden im Land. Die Historizität der Debora-Schlacht wird heute kontrovers diskutiert, ebenso das Alter der biblischen Überlieferung. Während sie einige Bibelwissenschaftler in die vorstaatliche Zeit Israels datieren, wollen andere die Texte in die frühe Königszeit verorten und späte Datierungen favorisieren eine Entstehungszeit nach dem Babylonischen Exil. In der jüdischen Geschichte preist Flavius Josephus Debora als wahre Prophetin mit starker Führungskraft. Der Talmud reiht sie unter die sieben Prophetinnen Israels. Rabbiner verschiedener Epochen tun sich mit ihrem öffentlichen Wirken sichtlich schwer. Unter den Kirchenvätern ermutigt Ambrosius von Mailand Frauen mit Blick auf Debora, in den Gemeinden Leitungsfunktionen zu übernehmen. Im heutigen Dorf Daburyya sehen islamische Bürgerinnen und Bewohner den Unterdrücker inzwischen israelische Uniformen tragen.

# 32 Amos
*Viehzüchter und Prophet*

Der volle Name *Amasjah* bedeutet »der von Gott Getragene«. Er ist Israels ältester Schriftprophet: der erste, dessen Worte in Buchform überliefert sind. Von seinen Schülern gesammelt und von späteren Generationen erweitert, fand das »Buch Amos« in der Sammlung der Zwölf Propheten Aufnahme in die hebräische Bibel. Es stellt den Gottesmann als »Viehzüchter aus Tekoa« vor, der zur Zeit der Könige Usija von Juda und Jerobeam II. von Israel ein Jahr lang auftrat. Wirken und ältester Kern der Botschaft werden um 760 vC. datiert. Der Herkunftsort Tekoa könnte am Westrand der Wüste Juda (Am 1) oder aber unweit von Jericho liegen, wo es auch Großvieh und Maulbeerfeigen gab (Am 7). Der Mahner trat im Nordreich Israel auf. Sein wacher Blick auf Gesellschaft, Politik und Religion verband sich mit fünf Visionen. Sie erkannten nicht nur das Zerstörerische in der Machtpolitik der umliegenden Völker, sondern sahen auch Israel in eine Katastrophe schlittern. Die Gründe dazu fand der Prophet in sozialer Ungerechtigkeit, wirtschaftlicher Habgier und Korruption, Versagen der Justiz, religiöser Vermessenheit und militärischen Strategien. Reichen und Mächtigen, die auf Kosten der Machtlosen lebten, rief Amos zu (Am 5):

*10 Weh euch! Ihr hasst jeden, der in der Gerichtsversammlung die Wahrheit sagt und das Unrecht anprangert! 11-12 Ihr beutet die Armen aus und verlangt von ihnen hohe Abgaben an Korn. Ihr verfolgt ehrbare Bürger, nehmt Bestechungsgelder an und verweigert den Schutzlosen ihr Recht. Aber die Strafe lässt nicht auf sich warten: Ihr werdet eure neuen Häuser aus behauenen Steinen nicht bewohnen und den Wein aus euren jungen Weinbergen nicht trinken. ... 16 Weil ihr das Recht mit Füßen tretet, kündigt der HERR, der Gott und Herrscher der ganzen Welt, euch an: ›Auf allen Plätzen wird man Trauerlieder hören, in allen Gassen Weherufe ... 17 Selbst die Weinberge, in denen sonst Freude und Jubel herrschten, werden erfüllt sein von Klagegeschrei ... Das sage ich, der HERR!‹* (Gute Nachricht Bibel)

Der jüdische Gott ist kein Verbündeter der Privilegierten, sondern Freund und Anwalt der Kleinen. 2700 Jahre nach Amos fasst die lateinamerikanische Kirche diese Überzeugung in ihre »vorrangige Option für die Armen«. Wenig zimperlich nennt der Prophet luxusliebende Frauen der Führungsschicht »gut ernährte und schöne Kühe, die hemmungslos saufen« (Am 4,1). Sie würden fortgetrieben werden wie ihre Männer, die »sich auf Polsterbetten aus Elfenbein räkeln, zartes Lammfleisch essen, zur Harfe grölen, den Wein kübelweise trinken und Parfüms verschwenden« (vgl. Am 6,4–6). Heute sieht Papst Franziskus in der Gleichgültigkeit Wohlhabender gegenüber vielfältigen Nöten im Land eine in Europa verbreitete Sünde.

Amos sieht über Israel hinaus alle Völker von Gottes Geist geleitet (Am 9). Diese weiten Hoffnungshorizonte verbinden sich mit drastischer Kultkritik an der eigenen Religion. Echte Gottverbundenheit erweist sich im Einsatz für eine menschliche und gerechte Welt (Am 5):

> [21] Der HERR sagt: ›Ich hasse eure Feste und kann eure Feiern nicht ausstehen. [22] Eure Brandopfer und Speiseopfer sind mir zuwider; das gemästete Vieh, das ihr für das Opfermahl schlachtet, kann ich nicht mehr sehen. [23] Hört auf mit dem Geplärr eurer Lieder! Euer Harfengeklimper ist mir lästig! [24] Sorgt lieber dafür, dass jeder zu seinem Recht kommt! Recht und Gerechtigkeit sollen das Land erfüllen wie ein Strom, der nie austrocknet.‹ (Gute Nachricht Bibel)

# 33 Pythia von Delphi
## Griechenlands Orakel

Das Leben kennt schicksalsschwere Entscheidungen: Darf ich einen mächtigen Gegner herausfordern? Wähle ich die richtige Partnerin? Vertraue ich einem weisen Ratgeber? Welcher Sohn führt mein Werk weiter? Gelingt eine gefährliche Reise? – Oft würden Menschen in Schicksalsfragen vieles geben, könnten sie die Antwort im Voraus erhalten. Im antiken Griechenland bot sich Ratsuchenden die Möglichkeit, das Orakel von Delphi zu befragen. Jeden siebten Tag des Monats, Winter ausgenommen, gab eine Priesterin Antwort auf existenzielle Fragen. Sie tat es im engen Raum eines Apollotempels und unter geheimnisvollen Umständen.

Delphi liegt am Abhang des Parnass-Gebirges in Zentralgriechenland und bildet nach Überzeugung der Hellenen die Mitte der Welt. Zeus soll von beiden Enden der Erde gleichzeitig Adler losgeschickt haben, die sich hier trafen. An der Stelle entstand zunächst ein Heiligtum der Erdgöttin Gaia, das später an Apollo überging, den Gott des Lichtes, der Musik, Dichtung und Weisheit. Im Streit der Götter musste Apollo hier auch die gefiederte Pythonschlange der Gaia erschlagen, die wahrsagerische Kräfte besaß. Von ihr bekam die leitende Priesterin des späteren Heiligtums jeweils den Namen »Pythia«.

Während nahezu 1000 Jahren pilgerten Mächtige und einfache Leute mit sorgenvollen Fragen nach Delphi. Dort erwartete sie eine gebildete Priesterschaft mit Pythia an ihrer Spitze. Im berühmten Orakel von Delphi glaubten die Hellenen und ihre Nachbarn, die Botschaft Apollos zu hören, der durch eine Frau sprach. Lange Zeit wurde dazu ein Mädchen aus der Umgebung ausgewählt. Sie musste Jungfrau bleiben, im Tempelbezirk leben und Ratsuchenden Licht in ihre Fragen bringen. Um Sprecherin der Gottheit zu sein, verbrachte die Priesterin die Orakeltage in einem geschlossenen Raum des Tempels, auf einem dreibeinigen Sitz über einer Erdspalte, die Ethylen-Dämpfe aus der Tiefe verströmte. Diese oder Methangase versetzten Pythia in Trance. Einfache Leute durften nur Fragen stellen, die mit Ja oder Nein zu beantworten waren. Dazu griff Pythia in ein Gefäß mit schwarzen und weißen Bohnen: schwarz bedeutete ein Nein und weiß ein Ja. Begüterte durften eine ausführliche Antwort erwarten. Um Apollos Gunst zu erfragen und zu gewinnen, goss ein Priester vor dem Orakeltag eisgekühltes Wasser über eine junge Ziege: schüttelte sie sich, wurde sie auf dem Apolloaltar geopfert, doch blieb sie ruhig, fiel der Orakeltag aus und Ratsuchende mussten einen Monat warten. Vor ihrem Einsatz badete Pythia nackt in der Quelle Kastalia, um kultisch rein zu sein.

Viele legendäre Orakelsprüche aus Delphi sind vermutlich nicht historisch. Zu den berühmtesten gehört die Weissagung an König Laios von Theben, sein Sohn werde ihn töten und seine Gattin heiraten, worauf er den neugeborenen Ödipus aussetzte, der später unwissentlich den eigenen Vater umbrachte. Für die Klugheit der Pythia spricht die Antwort an den kleinasiatischen Großkönig Krösus, der das Orakel vor seinem Angriff gegen den Perser Kyros II. befragte: »Wenn du den Halys überschreitest, wirst du ein großes Reich zerstören.« Krösus überschritt den Grenzfluss, verlor die Schlacht, und sein eigenes Reich Lydien ging unter. Historisch sind zwei Inschriften am Tempeleingang von Delphi: Die philosophischen Ratschläge »Erkenne dich selbst« und »Alles mit Maß« zeigen an, wo größere Weisheit als die von Orakeln liegt! Delphis Apollotempel und seine Wahrsagerin wurden bis zum Jahr 391 nC. besucht, als Kaiser Theodosius das Christentum als Staatsreligion durchsetzte und alle »heidnischen Kultorte« schließen ließ.

# 34 Vergilius Maro
*Vision eines Friedensreiches*

Oft sind Prophetien oder Weissagungen nicht eindeutig zu lesen, wie das Beispiel des Orakels von Delphi (→ 33) zeigt. Ähnlich wie die Antworten der Priesterin Pythia lässt auch visionäre Poesie Spielraum für Interpretationen. Der römische Dichter Publius Vergilius Maro wurde bis ins 20. Jahrhundert als »Vor-Prophet« der Geburt Jesu gefeiert. Doch was hat der klassische Poet in seinem Lied von der neuen Friedenszeit gesagt – und gemeint?

Um 70 vC. in Mantua als Sohn eines Töpfers geboren, bekam der brillante Dichter und Epiker die letzten Bürgerkriege der römischen Republik als Zeitzeuge mit: den Krieg zwischen Caesar und Pompeius, die Ermordung Caesars in Rom, den Kampf zwischen Antonius und Octavian gegen die Caesarmörder sowie den Krieg zwischen den Siegern, der im Jahr 30 vC. mit dem Suizid von Antonius und Kleopatra VII. in Ägypten endete.

Vergil war ein entschiedener »Republikaner«. Caesars Griff nach der Alleinherrschaft missbilligte er ebenso wie er den Tyrannenmörder Brutus aus der Königszeit und den gleichnamigen Caesar-Attentäter feierte. Vergil erlebte in seinen letzten Jahren den Aufstieg des neuen Herrschers Octavian, dem der Senat Roms den Ehrentitel »Augustus« verlieh. Der Dichter starb 19 vC. in Brindisi an einem Fieber, auf der Rückreise aus dem Orient, auf der er Augustus begleitet hatte.

Lateinklassen aller Zeiten lesen das Epos »Aeneis«. Es umfasst 10.000 Verse und begleitet den Helden aus dem brennenden Troja nach Latium, wo er zum Stammvater der Römer wird. Als Prophetie faszinierte die christliche Tradition das vierte von zehn Hirtengedichten *(Eclogae)*, das in der Geburt eines Knaben den Beginn einer großen Friedenszeit ankündigt (Ec IV, 5–23):

> *Großartig setzt der Lauf ganz neuer Geschlechter ein!*
> *Schon kehren wieder die Jungfrau und Saturns Regierung:*
> *Neue Geburten kommen bald schon vom hohen Himmel.*
> *Dem Knaben, dessen Geburt die eiserne Ära beendet*
> *und der ganzen Welt eine goldene Zeit beschert,*
> *wende dich zu, keusche Lucina! Nun regiert dein Apollo!*
> *Mit deinem Konsulat setzt diese glanzvolle Zeit ein,*
> *Pollio, und es folgen so großartige Monate.*
> *Unter deiner Führung werden die Spuren unserer Gräuel*
> *und die Ängste ohne Ende von der weiten Erde entfernt.*
> *Er wird göttliches Leben empfangen und die Gottheiten*
> *mit Helden zusammen sehen und sich selbst bei diesen.*
> *Die Welt regiert er befriedet mit väterlichen Tugenden.*
> *Doch spendet dir, Knabe, die naturbelassene Erde*
> *erste Geschenke, mit Narden der wuchernde Efeu*
> *und Sumpfbohnen mit lachendem Akanthus vermischt.*
> *Von selbst trotten zum Stall die Ziegen mit vollem Euter*
> *und die Rinder fürchten die gewaltigen Löwen nicht.*
> *Sogar die Wiege wird dir liebliche Blumen spenden.*
> (Übersetzung Niklaus Kuster)

Christliche Leser deuteten die Motive Jungfrau, Knabe, Friedensherrscher, Wiege und göttliches Leben auf Jesu Geburt hin. Vergil hat aber eine andere Gestalt der Weihnachtsgeschichte im Blick: Augustus, der damals noch versprach, die alte Republik in vollem Glanz wiederherzustellen. Es überrascht, welch freudige Hoffnung der neue Machthaber im Republikaner weckte. Die Prophetie erfüllte sich in der lang dauernden »Pax Augusta«. Das Lied selbst atmet – überzeitlich gültig – die Hoffnung, dass Kriege enden und dass Mensch und Tiere Politiker im Dienst des Friedens und die Fülle des Lebens erfahren.

# 35 Vibia Perpetua
## Visionärin in der Arena

In der Bibliothek der frühen Kirche sind Textzeugnisse von Christinnen rar. Umso kostbarer sind die Visionen einer jungen Mutter, die die Gemeinde im nordafrikanischen Karthago aufschrieb. Der überlieferte Passionsbericht schildert den grausamen Tod, den die 22-jährige Perpetua zusammen mit ihrer jungen Sklavin Felicitas in der Arena erlitt. Beide Frauen waren seit kurzem Mutter, und beide begegneten einander in der Gruppe der Taufbewerbenden als Geschwister. Sie kamen in den Verfolgungen von 203 nC. im städtischen Amphitheater ums Leben. Perpetua, die als gebildete Frau dem Haus vorstand, sah ihrer Taufe entgegen, als sie angezeigt und verhaftet wurde. Ihr Katechet Saturus folgte freiwillig in den Kerker. In den vorangehenden Monaten hatten sich die Taufbewerber mit dem Credo der christlichen Gemeinde, ihrem anspruchsvollen Ethos und ihrer Gebetskultur vertraut gemacht. Tertullian, der zur Zeit Perpetuas in Karthago lebte, schildert letztere wie folgt:

*Wir geben dem Gebet einen Rhythmus im Tag und beten wenigstens dreimal Gott an, dem in drei Personen als Vater, Sohn und Heiliger Geist unser Dank gebührt. Dies geschieht gemäß dem Brauch Israels und zusätzlich zum Pflichtgebet, das wir selbstverständlich bei Anbruch von Tag und Nacht verrichten. Für Gläubige ziemt es sich zudem nicht, eine Speise zu genießen oder ein Bad zu nehmen, ohne ein Gebet vorausgehen zu lassen. Denn Erfrischung und Nahrung für die Seele sollen der des Leibes vorangehen, weil das Himmlische früher war als das Irdische. Wenn Glaubensgeschwister in dein Haus getreten sind, so sollst du sie nicht ohne ein Gebet entlassen.* (de oratione)

Perpetua wurde in tagelanger Kerkerhaft von Angehörigen gedrängt, Christus aus Liebe zu ihrem kleinen Sohn zu verleugnen. Dasselbe erhoffte sich ihr Vater, als er das Kind in die Gerichtsverhandlung brachte. Die Mutter wurde von Visionen im Gefängnis jedoch darin bestärkt, ihren Glaubensweg weiterzugehen. Sie vertraute ihr Kind der eigenen Mutter an und trat der Staatsmacht in souveräner Klarheit entgegen.

Ihr und Felicitas' gemeinsamer Tod in der Arena wühlte das Publikum auf, und anstelle der abschreckenden Wirkung gewann die junge Religion Anhänger hinzu. Perpetuas kraftvolle Visionen im Kerker werden heute auch tiefenpsychologisch gedeutet.

*Ich betete und es wurde mir Folgendes gezeigt: Ich sah eine eiserne Leiter von erstaunlicher Länge. Sie reichte bis zum Himmel und war so schmal, dass immer nur einzelne hinaufsteigen konnten ... Unter der Leiter lag ein gewaltig großer Drache, der den Aufsteigenden auflauerte und sie vom Aufstieg abzuschrecken suchte. Unser Katechet Saturus stieg zuerst hinauf, er, der sich unsertwegen freiwillig gestellt hatte ... Er kam bis an die Spitze der Leiter, wandte sich um und sagte zu mir: ›Perpetua, ich warte auf dich; doch sieh zu, dass dich der Drache nicht beißt!‹ Und ich entgegnete: ›Er wird mir nicht schaden! Im Namen Jesu Christi!‹ Ich trat ihm auf den Kopf, als sei dieser die erste Sprosse. Ich stieg weiter hinauf, und oben sah ich einen weit ausgedehnten Garten. In seiner Mitte saß ein weißhaariger Mann im Gewand eines Hirten. Er war groß und molk die Schafe und viele Tausende in weißen Kleidern umstanden ihn. Er erhob sein Haupt, sah mich an und sagte zu mir: ›Willkommen, Tochter!‹* (Perpetuas 1. Vision).

# 36  Hildegard von Bingen
## Begründerin der deutschen Mystik

Als die Edelfreien Hildebert und Mechtild in Rheinhessen 1098 mit Hildegard das zehnte Kind bekommen, bestimmen sie es für ein religiöses Leben. 14-jährig wird es mit seiner Lehrerin Jutta von Sponheim und einer Gefährtin in eine Rekluse der Benediktiner vom Disibodenberg eingeschlossen. Weitere Frauen treten ein, und die Mönchsabtei wird zum Doppelkloster. Nach Juttas Tod 1136 wird Hildegard zur Vorsteherin der Frauenklause gewählt. Sie lockert asketische Speisevorschriften ihrer Gemeinschaft und kürzt die langen Gottesdienstzeiten. Dies führt zu offenen Auseinandersetzungen mit dem Abt, die sich zuspitzen, als Hildegard ihrer schnell wachsenden Gemeinschaft ein eigenes Kloster bauen will. Sie setzt sich durch und baut auf dem Rupertsberg über dem Bingener Rhein eine Nonnenabtei.

Hildegard trifft ihre Entscheidungen aufgrund von Visionen, die sie zunächst für sich behält. In einem Brief an den Zisterzienser Bernhard von Clairvaux bittet sie ihn um seine Einschätzung. Dieser zeigt sich tief beeindruckt. Ab 1141 notiert sie, wie in einer Vision angewiesen, ihre Erfahrungen. Nach sechs Jahren ist das Werk *Scivias* (»Wisse die Wege«) vollendet. Papst Eugen III. persönlich erlaubt ihr, die Visionen zu veröffentlichen. *Scivias* sieht das Gottesbild untrennbar mit dem Menschen- und Weltbild verwoben. Zwei weitere Hauptwerke entstehen mit dem *Liber vitae meritorum* (»Buch der Lebensverdienste«) und dem *Liber divinorum operum* (»Buch der göttlichen Werke«). Mit ihrer theologischen Lehre beschreitet Hildegard ungewöhnliche Wege: Gott ist dem Menschen in Liebe verbunden, Welt und Körper sind keine Folgen eines Sündenfalls, sondern Ausdruck der Schönheit Gottes. So steht im drittgenannten Werk: »Wie die Schöpfung das Gewand von Gottes Weisheit ist, so kleidet auch der Leib die Seele.«

Der Erfolg des Klosters Rupertsberg, das auch wirtschaftlich blüht, ruft kritische Stimmen auf den Plan. Leiterinnen anderer Gemeinschaften sowie Geistliche greifen Hildegard an: Ihre Nonnen lebten zu luxuriös, und nur adlige Töchter könnten in Rupertsberg eintreten. Tatsächlich wächst die Gemeinschaft derart, dass die Äbtissin 1165 auf der anderen Rheinseite ein Tochterkloster gründet, das auch Nichtadeligen offensteht.

Hildegard ist die erste Nonne, die öffentlich predigt. Vier Predigtreisen führen sie auch im hohen Alter noch in die großen Städte Mainz, Trier oder Köln sowie ins obere Maingebiet und nach Alemannien. Sie schreibt ermutigende und kritische Briefe an Kaiser Friedrich Barbarossa und verfasst zwei Werke über die Natur- und Heilkunde, die nicht erhalten sind. Die moderne Hildegardmedizin stützt sich auf reiches Wissen aus der mittelalterlichen Klostermedizin, das aber von Hildegards Theologie abweicht. Als authentisch gelten jedoch 77 liturgische Gesänge ihrer *Symphonie der Harmonie der himmlischen Erscheinungen*. Hildegards *Ordo virtutum*, ein geistliches Spiel, enthält ebenfalls Hymnen, Antiphonen und weitere Gesänge.

Im 82. Lebensjahr stirbt Hildegard. Postmoderne Versuche, ihre Erscheinungen mit einer schweren Migräne zu erklären, ändern nichts an ihren außergewöhnlichen Leistungen, die ihre Kraft und Klarheit aus den Visionen schöpften. Ihre Visionen von der Harmonie sowie der Ganzheit der Schöpfung und des Menschen in ihrer Mitte sprechen eindringlich in eine Zeit, in der Klimawandel und Raubbau an der Erde die junge Generation weltweit alarmieren. Im Jahr 2012 erhob Papst Benedikt XVI. Hildegard von Bingen, seit Jahrhunderten als »Prophetissa Theutoniae« oder »Prophetin vom Rhein« verehrt, offiziell zur Kirchenlehrerin.

## 37 Raimund Llull
*Brückenbauer zwischen Religionen*

Als das Abendland noch »Heilige Kriege« führte, brachte Mallorca einen Pionier des interreligiösen Dialogs hervor, dessen Werke bis heute gelesen werden. Ramón (Raimund) Llull wurde 1232 in Palma geboren, das mit der islamischen Insel seit drei Jahren wieder unter christlicher Herrschaft stand. Der katalanische Rittersohn heiratete 1257 Blanca Picany, eine Verwandte von König Jakob dem Eroberer, wurde Hofbeamter und bekam mit seiner Frau zwei Kinder. Nach sechs Jahren stürzte eine mystische Vision den Lebemann in eine Krise. Zunächst pilgerte er zu Fuß nach Rocamadour in Frankreich und Santiago de Compostela, kaufte sich dann einen maurischen Sklaven und studierte bei ihm islamische Philosophie, Mathematik, Astronomie und Theologie. Als der Sklave sich nach neun Jahren erhängte, verließ Ramón seine Familie endgültig, zog sich auf Mallorca in eine Höhle auf dem Berg Randa zurück und erlebte hier seine Erleuchtung. Ab 1274 widmete sich der Mystiker dem Dialog zwischen christlicher und islamischer Welt. Er gründete auf Mallorca eine Franziskaner-Schule für arabische Sprache und islamische Kultur, reiste zum Papst und zum französischen König, in die Türkei und nach Jerusalem, und sammelte eigene Erfahrungen mit christlich-islamischem Dialog in Tunesien. Als Llull 1316 starb, hinterließ er 250 Werke. Als Prophet verehrt, fand er sein Grab in der Franziskanerkirche Basilica Sant Francesc in Palma.

Wie sehr Religionen einander spirituell bereichern können, zeigen zwei Werke Llulls eindrücklich auf. Sein Roman *Blanquerna*, 1283 in Montpellier verfasst, schildert das Familienleben der Hauptfigur, dessen Eltern die Kunst und Schönheit einer Ehe veranschaulichen. Der Sohn wird Mönch in einem Kloster, das neu aufblüht, dann Bischof in einer Diözese, die er erneuert, und Papst, der nach einer mutigen Kirchenreform zurücktritt, um Einsiedler zu werden. Das fünfte Buch schildert dessen Kontemplation: 365 Perlen einer Freundschaftsmystik, die vieles mit islamischen Sufis teilt. Am 277. Tag sagt Llull als Freund vom geliebten Christus und der Liebe – Gottes Geisteskraft:

> *Der Geliebte und die Liebe kamen den Freund besuchen, der schlief. Der Geliebte rief seinen Freund und die Liebe weckte ihn auf. Der Freund folgte der Liebe und antwortete dem Geliebten.*

Im Buch vom *Ungläubigen und den drei Weisen* schildert Llull seine Vision vom interreligiösen Dialog erzählerisch. Ein großer Philosoph ohne Religion verzweifelt in einem fernen Land, als das Ende seines Lebens naht. Er macht sich auf die Suche nach Hoffnung und trifft auf drei Weise, einen Juden, einen Christen und einen Muslim. Sie legen ihm ihren Glauben dar, deren Hoffnung und Liebe stärker als der Tod sind. Dabei zeigen sich viele Gemeinsamkeiten und Unterschiede, freundschaftliches Zusammenspiel und Rivalität zugleich. Das Herz des Heiden beginnt im Kreis der drei Weisen zu brennen. Gottesfreundschaft erwacht, und er will den Weisen mitteilen, welche Religion ihn am tiefsten überzeugt. Die Pointe des Buches überrascht:

> *Die drei Weisen erhoben sich jedoch, nahmen freundlich Abschied und sagten: ›Wenn du in unserer Gegenwart bekennst, welche Religion du bevorzugst, verlieren wir ein vorzügliches Mittel, die Wahrheit zu suchen!‹ Nach diesen Worten kehrten die drei Weisen in die Stadt zurück ... und beschlossen, zusammen durch die Welt zu ziehen, um den Namen Gottes zu preisen, bis sie vereint seien im selben Glauben.*

# 38 Theodor Herzl
## Pionier eines jüdischen Staates

»Wenn ihr wollt, ist es kein Märchen«: 1902 geschrieben, erfüllt sich dieser Satz aus dem utopischen Roman *Altneuland* Theodor Herzls ein halbes Jahrhundert später mit der Gründung des Staates Israel. David Ben-Gurion verliest 1948 die Unabhängigkeitserklärung Israels unter einem Bild Theodor Herzls, und der Gründungsort nennt sich nach dem hebräischen Titel des Romans: Tel-Aviv. »Tel« bezeichnet einen alten Siedlungshügel und *Aviv* ist das hebräische Wort für Frühling: Neues Leben blüht auf zerfallenen Ruinen. »Altneuland« beschreibt einen idealen Judenstaat, der durch Rückwanderung jüdischer Gruppen aus aller Welt in Palästina entstehen kann und dessen politische, gesellschaftliche und kulturelle Ordnung auch die arabische Bevölkerung im Land begrüßen dürfte: Aus dem osmanisch-türkischen Reich entlassen, würden die Palästinenser mit den jüdischen Einwanderern einen freien Staat mit verheißungsvoller Zukunft aufbauen.

Menschliche Visionen haben ihre Vorgeschichte: Benjamin Herzl Tivadar kam 1860 in einer religiös aufgeklärten jüdischen Familie im ungarischen Pest zur Welt. Er durchlief die jüdische Grundschule, die städtische Realschule und das evangelische Gymnasium, promovierte 1884 in Wien in Rechtswissenschaft, arbeitete kurz in einer Anwaltspraxis in Salzburg und erkannte, dass jüdische Juristen und Beamte schlechte Berufschancen hatten. Herzl wurde daraufhin Journalist, arbeitete für die namhafte Tageszeitung »Neue deutsche Presse« und heiratete 1889 die Jüdin Julia Naschauer, mit der er trotz unglücklicher Ehe drei Kinder hatte. Angesichts zunehmender Judenfeindlichkeit suchte der junge Publizist nach Lösungswegen für seine über Europa verstreute Volksgemeinschaft. Als Student trat er wegen antisemitischer Ausfälle aus der Burschenschaft Albia aus. Als Korrespondent in Paris erlebte er 1894 die Dreyfus-Affäre und erschrak über die massenhaften Rufe »Tod den Juden« in den Straßen. Wahlerfolge von Antisemiten in Wien veranlassten ihn bereits 1893, einen Verein zu gründen und die Massenkonversion von Juden vor dem Stephansdom zu propagieren. Schließlich bekannte Herzl 1894 im Roman *Das neue*

---

*Ghetto*, dass weder Assimiliation noch Konversion die europäische »Judenfrage« lösen würde.

Herzl stellte sich daraufhin an die Spitze des politischen Zionismus: Nur eine Rückkehr nach Palästina und der Aufbau eines eigenen Staates würde dem Antisemitismus in ganz Europa wirksam begegnen. Das Werk *Der Judenstaat* (1896) erschien deutsch, englisch, französisch, russisch und hebräisch. Die Vision erntete scharfe Kritik sowohl von orthodoxen als auch von assimilierten Juden. In München verspottete der Literaturwissenschaftler Anton Bettelheim den »Faschingstraum eines durch den Judenrausch verkaterten Feuilletonisten«. Herzl reiste unbeirrt durch Europa, um für seinen Traum zu werben: Er traf den Sultan in Istanbul, den deutschen Kaiser in Jerusalem, den italienischen König, den Papst in Rom und den britischen Kolonialminister in London, der ihm einen Judenstaat in Uganda vorschlug. 1897 trat der Erste Zionistenkongress in Basel zusammen.

*Fasse ich den Baseler Kongress in ein Wort zusammen …, so ist es dieses: in Basel habe ich den Judenstaat gegründet. Wenn ich das heute laut sagte, würde mir ein universales Gelächter antworten. Vielleicht in fünf Jahren, jedenfalls in fünfzig wird es jeder einsehen.*

Herzl erlag 1904 einer Lungenentzündung. Der Wunsch, dass sein Sarg einmal in einen jüdischen Staat in Israel übertragen werde, erfüllte sich 1949. Jerusalem ehrt Benjamin Seev Herzl als »Prophet des Staates« auf Mount Herzl.

# 39 Martin Buber
*Ich und Du*

*Es gibt kein Ich an sich, sondern nur das Ich des Grundworts Ich – Du und das Ich des Grundworts Ich – Es. Wenn der Mensch Ich spricht, meint er eins von beiden.*

Prophetie und Visionen

Der Mensch entsteht aus einem Miteinander, und er lebt und reift von der Zeugung bis zum Tod in Beziehungen. Der jüdische Religionsphilosoph Martin Buber vertieft diese Grundwahrheit in zahlreichen Schriften. Dabei unterscheiden sich zwischenmenschliche Beziehungen (Ich – Du) fundamental von Beziehungen des Menschen zu Welt und Dingen. Bubers Werke offenbaren auch eine tief spirituelle Dimension, die sich sowohl von der Weisheit der osteuropäischen Chassidim wie der Wesensmystik des Dominikaners Meister Eckhart nährt. Auch Religion ist grundlegend eine Frage der Beziehung: »Die verlängerten Linien menschlicher Beziehungen schneiden sich im ewigen Du.«

Martin Mordechai Buber kam 1878 in Wien zur Welt und wuchs nach der Trennung seiner Eltern bei seinen Großeltern in der Ukraine auf. Er besuchte dort das Gymnasium Lemberg (Lwiw) und studierte danach Philosophie, Psychologie und Germanistik an den Universitäten Wien, Leipzig und Zürich. 1899 heiratete er die Katholikin Paula Winkler, mit der er zwei Kinder großzog. 1901 übertrug ihm Theodor Herzl die Redaktion des zionistischen Organs »Die Welt«. 1908 wurde Buber Gründungsmitglied des Sozialistischen Bundes. 20 Jahre später zog er nach Berlin, wo 1923 sein Hauptwerk *Ich und Du* erschien und er sich an eine Neuübersetzung der hebräischen Bibel ins Deutsche machte. Von 1924 bis 1933 lehrte der Philosoph an der Goethe-Universität zu Frankfurt am Main, die bis heute mit einer Martin Buber-Professur an ihren berühmten Lehrer erinnert. 1938 floh Buber nach Jerusalem und lehrte dort bis 1951 an der Hebräischen Universität Anthropologie und Soziologie. 1953 in Frankfurt mit dem Friedenspreis des deutschen Buchhandels ausgezeichnet, setzte Buber als Israeli versöhnliche Zeichen gegenüber seiner alten Heimat. Bleibendes Engagement für die deutschsprachigen Juden zeigt seine Mitarbeit im jüdischen Monatsmagazin »Der Aufbau« und in der Gründung des Leo Beck-Instituts in New York, einer bedeutsamen Forschungsstelle für die jüdische Geschichte in Mitteleuropa. 1958 starb seine Frau Paula, Martin Buber verschied sieben Jahre später in Jerusalem.

Der Freund und Sammler chassidischer Weisheiten orthodoxer Juden in Osteuropa wurde im Laufe seines Lebens ein Brückenbauer: zwischen strenggläubigen und aufgeklärten Juden, zwischen westlicher Welt und Israel sowie auch zwischen einwandernden Zionisten und Palästinensern im Land. Die eindringliche Forderung, dass der Staat Israel auf gute Beziehungen zu den Arabern gründe, trug ihm viele Feinde ein. Politisch vertrat Buber einen religiösen Sozialismus. Noch zu Lebzeiten gab er seine Schriften in drei Sammelbänden heraus: *Schriften zur Philosophie, Schriften zur Bibel* und *Schriften zum Chassidismus*. Die aktuell erscheinende *Werkausgabe* ist auf 21 Bände angelegt.

*Ein Rabbi fragte seine Schüler: Einer kauft sich im Winter einen Pelz, ein anderer kauft Brennholz. Was ist der Unterschied zwischen ihnen? Die Antwort: Jener will nur sich, dieser auch anderen Wärme spenden.*

# 40 Khalil Gibran
## Maler und Poet

Als Khalil Gibran am 6. Januar 1883 in Bischarri im heutigen Nordlibanon geboren wird, ist die Stadt Teil des Osmanischen Reichs. Khalils Familie ist maronitisch und gehört der aramäischen Kirche an. Der Junge ist zwölf Jahre alt, als seine Mutter mit den Kindern in die USA auswandert. Khalil kehrt drei Jahre später für die höhere Schulbildung zum Vater zurück. Der Jugendliche beschäftigt sich im Libanon mit arabischer und französischer Literatur und gründet ein Magazin für Poesie. Nach einer langen Europareise kehrt Gibran 19-jährig in die USA zurück, verliert da jedoch in kürzester Zeit zwei Geschwister und die Mutter.

Er findet Freunde, die sein Talent erkennen, ihn finanziell unterstützen und künstlerisch fördern. Gibrans Bilder verkaufen sich gut, doch zerstört ein Atelierfeuer 1903 sein gesamtes Portfolio. Der Künstler arbeitet weiter, schreibt eine wöchentliche Kolumne für eine arabisch-sprachige New Yorker Zeitung und veröffentlicht ein erstes Buch auf Arabisch. Im Ersten Weltkrieg ermutigt Gibran die Muslime und Christen seiner Heimat, gemeinsam für die Unabhängigkeit vom Osmanischen Reich zu kämpfen und organisiert zudem humanitäre Hilfe für die zahlreichen Hungernden der Region.

1918 erscheint in New York mit *The Madmann* (»Der Narr«) das erste englischsprachige Buch. Es erzählt in poetischen Farben, die zu Gibrans Markenzeichen werden, wie ein Narr aus tiefem Schlaf erwacht und feststellt, dass seine sieben selbstgemachten Masken aus sieben Leben gestohlen worden sind. Nun muss er unverhüllt leben und entdeckt dabei Narrenfreiheit: die Wahrheit sagen zu dürfen, ohne Strafe fürchten zu müssen.

Mit dem Büchlein *Der Prophet* gelingt Gibran 1923 weltweit der Durchbruch. Über zwei Jahrzehnte hat er an dem Buch geschrieben. Illustriert durch seine eigenen Zeichnungen wird es im Lauf der Zeit in über 40 Sprachen übersetzt und millionenfach verkauft. In fast 100 Jahren war das Werk nie vergriffen. Noch heute berührt die tiefe Weisheit, die aus den einfachen Sätzen strahlt:

Der Prophet Al-Mustafa erwartet das Schiff, das ihn aus der Stadt Orphalese in seine Heimat zurückbringen soll. Ein letztes Mal bitten ihn die Bewohner der Stadt, zu ihnen zu sprechen – und Al-Mustafa spricht, etwa über die Liebe:

*Wenn ihr liebt, sollt ihr nicht sagen: Gott ist in meinem Herzen, sondern: Ich bin im Herzen Gottes. Und denkt nicht, ihr könntet den Lauf der Liebe lenken, denn die Liebe, wenn sie euch würdig findet, lenkt euren Lauf.*

Über das Geben sagt Al-Mustafa:

*Wenn ihr von eurem Besitz gebt, gebt ihr wenig. Erst wenn ihr von euch selber gebt, gebt ihr wahrhaft.*
*Ihr sagt oft: Ich würde geben, aber nur jenen, die es verdienen. Die Bäume in euren Gärten reden nicht so, und auch nicht die Herden auf euren Weiden. Sie geben, damit sie leben können, denn zurückhalten würde bedeuten zu sterben.*

Al-Mustafa erscheint sowohl den christlichen als auch den muslimischen Lesern einer ihrer eigenen Propheten zu sein. Das kommt nicht von ungefähr: Lebenslang versucht der überzeugte Christ Gibran, Orient und Okzident auch religiös auszusöhnen und zusammenzuführen. Christliche Mystik inspiriert ihn ebenso wie der islamische

Sufismus. Den massiven Erfolg seines Hauptwerks kann Gibran nicht lange genießen. Schwache Gesundheit und steigender Alkoholkonsum führen 1931 zum frühen Tod. 48-jährig wird er in seinem Geburtsort beigesetzt. – Über den Tod aber lässt er Al-Mustafa sagen:

*Wie sollt ihr das Geheimnis des Todes finden, wenn ihr es nicht im Herzen des Lebens sucht? ... Leben und Tod sind eins, so wie der Fluss und das Meer eins sind.*

# 41 Martin Luther King
## Vom Traum zum Nobelpreis

Als Martin Luther King am 4. April 1968 auf dem Balkon eines Motels in Memphis erschossen wird, schlagen in den ganzen USA die Wogen hoch. In über 100 Städten brechen Krawalle aus, und auch Washington wird von schweren Unruhen erschüttert. Insgesamt kommen 39 Menschen ums Leben, 2.600 werden verletzt, 21.000 verhaftet. Mit seiner Witwe marschieren 35.000 Demonstranten nur Tage nach dem Attentat friedlich in seinem Gedenken. Martin Luther King war der Hoffnungsträger der friedlichen Bürgerrechtsbewegung in den USA, die der schwarzen Bevölkerung endlich Gleichberechtigung erringen wollte.

King wurde am 15. Januar 1929 in Atlanta im Südstaat Georgia geboren und vorerst auf den Namen Michael King Junior getauft. Nach einer Europareise änderte sein Vater, beeindruckt vom großen deutschen Reformator, den Vornamen in Martin Luther. Die tiefreligiöse Familie war überzeugt antirassistisch. Die strikte Segregation im Süden der USA bedeutete, dass Schwarze nicht dieselben Restaurants, höheren Bildungseinrichtungen, Busabteile, ja selbst Toiletten, Wasserspender und vieles mehr benutzen durften. Der junge King war ein geborener Redner. Schon als Kind amtete er als Hilfsprediger in der Gemeinde der Eltern. Er studierte Soziologie und Theologie und wurde Pfarrer in Montgomery, Alabama. Er heiratete und wurde Vater von vier Kindern. Der junge Pastor war 26 Jahre alt, als sich Rosa Parks in seinem Wohnort weigerte, ihren Sitzplatz im Bus für einen Weißen zu räumen, worauf die Polizei sie verhaftete. Unter Kings Ägide bewegten die Schwarzen Montgomerys fortan die Welt, indem sie sich selbst bewegten. Sie boykottierten die öffentlichen Verkehrsmittel und gingen zu Fuß. Nach 381 Tagen wurde die Rassentrennung in Bussen und Zügen abgeschafft. King intensivierte seine Bemühungen für die Bürgerrechtsbewegung, gab seine Pfarrstelle auf und zog zurück nach Atlanta, ins Haus der Eltern. Er organisierte Protestaktionen und wurde mehrfach verhaftet, jedoch unter Einwirkung Präsident John F. Kennedys wieder freigelassen. Am »Marsch auf Washington« zogen im Sommer 1963 eine Viertelmillion Menschen zum Lincoln Memorial. Hier hielt King seine berühmte Rede, die Sängerin Mahalia Jackson neben ihm auf dem Podium. Von ihr ermutigt, begann er eine spontane Rede, die tiefen Glauben, eine friedenspolitische Vision und die Musikalität eines Darstellers mit rhetorischer Kraft verband:

*Ich habe einen Traum, dass eines Tages in den roten Hügel Georgias die Söhne früherer Sklaven und die Söhne früherer Sklavenhalter fähig sind, sich zusammen an den Tisch der Geschwisterlichkeit zu setzen ... Ich habe einen Traum, dass eines Tages in Alabama, wo heute die Rassisten regieren, kleine schwarze Buben und Mädchen Hand in Hand mit kleinen weißen Buben und Mädchen gehen, als Schwester und Bruder.*

Die Bürgerrechtsbewegung weitete sich derart aus, dass das FBI sie bespitzelte. 1964 erhielt King den Friedensnobelpreis, kurz nachdem der »Civil Rights Act« in den USA die Rassentrennung aufhob und der schwarzen Bevölkerung den Zugang zu den Wahlen erleichterte.

James Earl Ray, für den Mord an King zu 99 Jahren Haft verurteilt, widerrief später sein Geständnis, ohne dass das Verfahren je neu aufgerollt wurde. Zahlreiche Verschwörungstheorien ranken sich weiterhin um den gewaltsamen Tod des gewaltlosen Menschenrechtsaktivisten. An seiner Beerdigung in Atlanta nehmen 50.000 Menschen teil. Auf Dr. Kings Grabstein stehen die letzten Worte seiner berühmtesten Rede:

*Endlich frei! Endlich frei!*
*Dank sei Gott dem Allmächtigen, ich bin endlich frei!*

# 42 Hans Küng
*Prophet des Weltethos*

»Kein Weltfriede ohne Religionsfriede«: Auf diese Kernaussage gründet der Schweizer Theologe, Priester und Autor Hans Küng 1989 sein *Projekt Weltethos.* Das Buch wird zum Bestseller und landet auf dem Tisch des Unternehmers Graf Karl Konrad von der Groeben, der 1995 die finanziellen Grundlagen für eine Stiftung bereitstellt. Diese widmet sich seither der interkulturellen und interreligiösen Forschung, dem Dialog und damit der Friedensarbeit zwischen Religionen und Völkern. Bis 2013 steht Küng der Stiftung selbst vor. Er lädt zahlreiche Gastredner von Format ein – unter ihnen Helmut Schmidt und Desmond Tutu (→ 13).

Schon zuvor ist der Katholik Küng publizistisch vielseitig tätig. Papst Johannes XXIII. beruft ihn als Konzilstheologen des Zweiten Vatikanischen Konzils von 1962 bis 1965 – gemeinsam mit Joseph Ratzinger, dem späteren Papst Benedikt XVI. Der Professor an der Universität Tübingen setzt sich im Aufbruch nach dem Konzil leidenschaftlich für eine moderne Kirche ein, kritisiert unerschrocken den absolutistischen Wahrheitsanspruch und die starren hierarchischen Strukturen der katholischen Kirche. Er schreibt über ihre Frauenfeindlichkeit und forderte die Abschaffung des Pflichtzölibats. Seit den 1980er Jahren weht dem kritischen Denker Küng aus Rom eine steife Brise entgegen. Die unverblümten Forderungen nach einer moderneren Kirche bringen dem Theologen unter Johannes Paul II. ein Lehrverbot ein. Küng beschreibt die bitteren Erfahrungen 2015 in seinem Buch über die *Sieben Päpste* seines Lebens.

1928 im schweizerischen Sursee als Sohn eines Schuhhändlers geboren, studiert Küng zunächst Philosophie und dann Theologie in Rom an der päpstlichen Universität Gregoriana. Als Mitglied des *Collegium Germanicum* erlebt der junge Student vor Ort das Pontifikat unter Papst Pius XII. mit. Der papsttreue und glühend fromme Katholik aber wird bald nachdenklich und kritisch, nicht zuletzt, als er den rigiden Umgang des Vatikans mit den französischen Arbeiterpriestern miterlebt, deren Einsatz für die Fabrikarbeiter verboten wird. Küng lässt sich nach dem Studium zum Priester weihen und arbeitet als Seelsorger in Luzern, bevor er ab 1960, noch vor seiner Habilitierung, als Professor an der Eberhard Karls-Universität in Tübingen Fundamentaltheologie lehrt. Das von den deutschen Bischöfen 1979 auf Druck aus Rom hin erlassene Lehrverbot setzt eine tiefe Zäsur. Fortan wirkt Küng als fakultätsfreier Professor in Tübingen, doziert Ökumenische Theologie und leitet ab 1980 bis zur Emeritierung 1996 das Institut für Ökumenische Forschung. Dem Einsatz für die Verständigung zwischen den christlichen Konfessionen folgt bald das engagierte Auftreten für den Dialog zwischen verschiedenen Religionen und Weltansichten. 1990 stellt Küng sein *Projekt Weltethos* in einem Buch vor. Die gleichnamige Stiftung leitete er als erster Präsident von 1995 bis 2013.

Nach langen Jahren der Ausgrenzung durch den Vatikan ermöglicht 2005 eine informelle Audienz bei Papst Benedikt XVI. eine erste Wiederannäherung. Weltweit erhielt Küng indes für sein Engagement viel Zuspruch: 2001 sprach er als Pionier im Dialog der Kulturen vor der UN-Vollversammlung. Er erhielt 16 Ehrendoktorwürden, zahlreiche Auszeichnungen und Ehrenbürgerschaften. Hans Küng wirkte mit dem Alter stiller, aber verstummte nicht. Er starb 93-jährig im April 2021 in Tübingen.

# 43 Leonardo Boff
## *Politische Gottes- und Weltliebe*

Der bekannteste Befreiungstheologe Südamerikas kam 1938 als Sohn von Immigranten aus dem Veneto im südlichsten Brasilien zur Welt. 21-jährig in den Franziskanerorden eingetreten, studierte der begabte Bruder in Petrópolis und promovierte 1970 in Deutschland bei Karl Rahner und Joseph Ratzinger über *Die Kirche als Sakrament im Horizont der Welterfahrung*. Fortan lehrte Boff in Petrópolis und wurde als Gastprofessor in die USA und nach Europa eingeladen. Zugleich redigierte der sprachgewandte Dogmatiker die internationale Zeitschrift »Concilium« bis 1995. Ein erster Konflikt mit dem Vatikan trug dem

Befreiungstheologen 1985/86 ein Jahr »Bußschweigen« ein. Ein zweiter Eingriff in seine Lehrfreiheit provozierte 1992 seinen Austritt aus dem Franziskanerorden und den Wechsel in die philosophische Fakultät, wo er künftig Ethik lehrte. Mit Marcia Maria Monteiro de Miranda in Partnerschaft lebend, wirkt Boff weiter als Referent und Autor. Seit 2013 beglückt ihn auch die Kirchenleitung in Rom, die mit Papst Franziskus den Geist der argentinischen Befreiungstheologie in die ganze Weltkirche trägt. Sein eigenes Buch über den Papst titelt nach zwei ersten Jahren in der deutschen Ausgabe *Franziskus von Rom und Franz von Assisi – Ein neuer Frühling für die Kirche.*

Zum prominentesten Vertreter der Befreiungstheologie wurde Boff als Redaktor der brasilianischen Kirchenzeitschrift und Koordinator der Buchreihe »Theologie der Befreiung«. Als Ethikprofessor, Redner, Schriftsteller und Begleiter kirchlicher Basisbewegungen setzt er den Akzent seit 1993 auf den Kampf für Menschenrechte und eine ganzheitliche Ökologie. Viele der über 60 Bücher über theologisch-philosophische sowie anthropologische und spirituelle Themen sind in die Weltsprachen übersetzt. 2010 preist Boff in *Franz von Assisi und die Liebe Gottes zu den Armen* – im Herzen weiterhin zutiefst franziskanisch – den Poverello (→ 20) als Prophet des 21. Jahrhunderts, der das verlorene Zusammenspiel von Gott, Mensch und Kosmos wiederherstellt:

*Ein Christentum schimmert auf, in dem ... Leidenschaft und Tanz, Herz und Poesie den Ton angeben. Mit derselben Zärtlichkeit umarmt Franz den Sultan Melek-el-Kamel 1219 in Damiette im ägyptischen Nildelta, den Leprosen, der ihn im Spoletotal vom Rande des Weges aus anfleht, und den Wolf, der die Bürgerinnen und Bürger der Stadt Gubbio in Schrecken versetzt ... Franziskus setzt die Quellen des Herzens und die Ströme des Eros frei ..., die Fähigkeit zur Begeisterung, zum Staunen über alles Schöne und zum Genießen ... Kraft des Herzens nähern wir uns den Dingen, mit Gefühl und Sympathie. Es geht darum, dass wir mit ihnen zusammen-leben, zusammen-fühlen, zusammen-teilen und uns ihnen mitteilen ... In der Moderne steht der Mensch über den Dingen und will sie besitzen und beherrschen; Franz indessen weiß sich in Gemeinschaft mit ihnen, will sie lieben und mit ihnen als seinen Brüdern und*

*Schwestern zu Hause zusammenleben ... Kosmische Demokratie wird zu menschlicher und geistiger Demokratie, die ihrerseits ein Auge darauf hat, dass auch die Ärmsten und Marginalisiertesten mit in das Geschehen hineingenommen werden. So wird die Ökologie (die Wissenschaft vom einträchtigen Leben im gemeinsamen planetarischen Haus) zur Öko-sophie (Weisheit vom wohlwollenden Zusammenleben aller Wesen).*

# 44 Abdolkarim Sorusch
## *»Luther des Islam«*

Auch wenn die Bezeichnung »Martin Luther des Iran« als Vergleich hinkt: Abdolkarim Sorusch ist einer der großen Reformdenker im modernen Islam. 1945 als Husain Dabbagh geboren, wuchs der spätere Doktor der Chemie in einem Iran des Übergangs auf. Die Nachkriegszeit machte das Land zu einem Schauplatz des Kampfes zwischen kapitalistischen West- und kommunistischen Ostmächten. Mit den USA im Rücken regierte Schah Reza Pahlewi autokratisch mit eiserner Faust. In diese Zeit fällt Soruschs Schulzeit an einem privaten Gymnasium, das die Religion zwar ins Zentrum stellt, aber wissenschaftlich aufgeschlossen unterrichtet. Sorusch entdeckt bald nebst der Chemie und der Pharmakologie eine zweite Liebe: die zur persischen Poesie, wovon es ihm Rumi (→ 22) besonders angetan hat. Seine dritte Liebe gilt der Philosophie und der Religion. Auch mit Musik beschäftigt er sich vertieft. Ein Nachdiplomstudium in England lässt ihn bald zu einem bekannten und beliebten Redner in muslimischen Studentenkreisen werden. Er wird zur respektierten intellektuellen Persönlichkeit. Mit 34, kurz nach dem Sturz des Schahs, kehrt er in seine iranische Heimat zurück, deren islamische Revolution er gespannt verfolgt hat.

Doch der hoffungsvolle Aktivismus, der durch den islamischen Umsturz beflügelt ist, kippt bald in nachdenkliche Kritik. Sein freier Geist und die eigene Meinung, die er mit ungebrochenem Mut kundtut, handeln ihm in den 1990er Jahren massiven Ärger ein. Sorusch, auch im Iran zutiefst respektierter Theologe und Universitätsprofessor, aus dessen Radiovorlesungen ganze Bücher entstehen, wird nun zensiert, drangsaliert und beruflich ruiniert. Auch seine Familie erleidet Schikanen. Stein des Anstoßes ist die Kritik am Klerus, die den Denker zur persona non grata macht: In seinen Augen ist ein islamischer Staat mit einer islamischen Regierung sinnlos, wenn sich diese klerikale Regierung an ihrer Macht berauscht und bereichert. Demokratie, die auf Pluralismus und Toleranz basiert, ist für Sorusch nicht verhandelbar: Politische Rechte wie Gerechtigkeit und Freiheit sind außerreligiös. Sie sind die Voraussetzung für wahren Glauben, der sich nicht verordnen lässt. Den Islam seiner Heimat sieht er an zwei Hauptproblemen kranken: Die Religion wird ideologisiert und der Aspekt der Justiz übermäßig gewichtet – zulasten der Ethik, der Theologie und der Spiritualität. Es ist nicht die gesetzliche Verpflichtung, die den Glauben lebendig hält, sondern der freiwillige Liebesdienst. Gott ist für Sorusch kein strenger Gesetzgeber, sondern ein dem Menschen wohlgesonnener Liebender und Geliebter. Soll die Religion am Leben bleiben, wird ihr weder das westliche Modell totaler Abkehr helfen noch das der iranischen Kleriker, in dem die Wahrheit in krampfhaft rückwärtsgerichtetem Denken erstickt wird. Die Kritik und Feindseligkeit konservativer Geistlicher schreckt Sorusch weder in seiner Spiritualität noch in seiner intellektuellen Auseinandersetzung mit dem Koran. Auch wenn man die Religion im Sinn einer göttlichen Offenbarung nicht ändern kann, so kann und soll man doch unbedingt das Verständnis von ihr ändern: »Es liegt an Gott, eine Religion zu offenbaren, aber an uns, sie zu verstehen und umzusetzen.«

Sorusch ist verheiratet und hat eine Tochter. Seit 2000 lehrt er an Universitäten in den USA, unter anderem in Harvard, Yale und Princeton und hält Vorlesungen zu Rumi, Politischer Philosophie und Religionsgeschichte. 2005 führte ihn das amerikanische »Time Magazine« als einer der 100 einflussreichsten Menschen der Welt; das britische Magazin »Prospect« nannte ihn 2008 gar den siebteinflussreichsten Intellektuellen unter den Lebenden.

# 45 Ed Husain
## Vom Islamisten zum Aufklärer

Mohammed Husain wird 1974 in Ost-London geboren, in eine aus Bangladesh und Indien stammende Familie. »Ich hatte nicht einen einzigen weißen britischen Freund als Jugendlicher«, erinnert sich Husain später an das eigentliche Ghetto, in dem er aufgewachsen ist. »Nicht ein Nicht-Muslim war unter meinen Freunden.« Hin und her geschleudert zwischen der Sufi-Tradition seines Elternhauses, der Ablehnung durch die britische Mehrheitsbevölkerung und den humanistischen Lehrerinnen und Lehrern, die immer wieder betonen: »Eure und unsere Heimat ist hier, in Großbritannien«, gibt der unsichere junge Mann schließlich den Verlockungen der einfachen Lösungen nach. Immer öfter verbringt er seine Zeit mit radikalen jungen Muslimen, unter anderem auch mit der Gruppe »Hizb ut-Tahrir«, die Europa, Amerika und Israel Feindschaft geschworen hat und ein globales Kalifat errichten will. Husain und seine neuen Freunde sehen im Westen und seinen Kulturen alles Böse verkörpert. Sich selbst nehmen sie als die Guten wahr, die im Endzeitkampf zwischen den beiden Mächten siegen müssen. Die übliche Dschihad- und Märtyrerromantik hält ihn volle fünf Jahre lang in ihrem Bann.

Doch Ed (kurz für Mohammed) hört den Weckruf, als ein junger christlicher Student, ein nigerianischer Brite, von einem extremistischen Muslim ermordet wird. Kann Gott das wollen? Husain kommt zum Schluss, dass Gruppen wie Hizb ut-Tahrir den Nährboden für solche Verbrechen geschaffen haben. In dieser Zeit lernt er eine junge Muslima kennen – seine spätere Frau –, deren liebevoller Gott ein ganz anderer ist als der, den die Extremisten preisen. Husain liest, er studiert, er vergleicht: Traditionen, Schulen, Philosophien. Er nähert sich dem sufistisch geprägten Islam seiner Eltern wieder an. Dass seine Schwester nur um Minuten den Londoner Anschlägen vom 7. Juli 2005 entrinnt, mag ein weiterer Anstoß in die neue Denkrichtung gewesen sein. »Im Koran gibt es eine Stelle: ›Sprich die Wahrheit, auch wenn es dir zum Nachteil ist‹«, sagt er zu seinem 2007 erschienenen Aussteigerbuch *The Islamist*. Nachteile hat er vielfältig zu befürchten: Mitgliedschaft in einer extremistischen Gruppe ist juristisch kein

Kavaliersdelikt. Dann sind da noch die früheren Freunde, die traditionell wenig zimperlich mit Aussteigern umgehen. Doch allem und allen zum Trotz beschreibt Husain seinen Weg in die Szene – und auch jenen aus ihr hinaus. Das ist ihm heute das größte Anliegen: Junge Menschen vor diesem Umfeld zu bewahren oder aus ihm hinauszuführen – und für ein friedliches Miteinander zu gewinnen. Er ist Mitbegründer der Quillam-Stiftung; hier erarbeiten Aussteiger aus der islamischen Extremistenszene Strategien, die der Radikalisierung junger Menschen entgegenwirken sollen. Davor arbeitete Husain in ähnlicher Funktion unter anderem für den »Council on Foreign Relations« in New York und die britische »Tony Blair Faith Foundation«.

2018 hat Husain mit *The House of Islam* (deutscher Titel: Weltoffen aus Tradition) ein zweites Buch nachgelegt und 2021 mit *Among the Mosques* ein drittes. Darin zeichnet er die Entwicklung des globalen Islam nach und betrachtet diese mit kritischem Auge. Zugleich weckt er Verständnis für Probleme, die sich nur durch die abendländische Brille betrachtet kaum verstehen lassen. Dabei bleibt Husain immer aufrichtiger Muslim, zeitgenössisch, kritisch, gläubig und offen. Die Bücher ernteten international viel Lob.

# 46 Khola Maryam Hübsch
## *Sich den Glauben nicht nehmen lassen*

Khola Maryam Hübsch ist Tochter einer Inderin und eines zum Islam konvertierten Deutschen. Sie ist 1980 in Frankfurt am Main geboren und wächst als deutsche Muslima auf. Ihre Eloquenz und ihre Bezugnahme auf typisch Deutsches – in einem Buch etwa zitiert sie Goethe – und ihre gleichzeitig dezidiert islamische Haltung machen sie zu einer einzigartigen Erscheinung in der deutschen Medienwelt. Dabei scheut die Autorin nicht davor zurück, auch unbequeme Positionen zu beziehen, etwa wenn sie das Recht verteidigt, ein Kopftuch zu tragen, und darauf hinweist, dass strukturelle Frauenbenachteiligung nicht in erster Linie das Problem des Islams, sondern der Gesellschaft ganz allgemein sei. Unermüdlich stellt sie sich Anfeindungen, wenn sie in Talk-Shows Stellung zu islamistischem Terror beziehen muss, und setzt sich entschlossen, aber freundlich für einen gewaltfreien und friedvollen Islam ein.

Hübsch ist Feministin, Journalistin, Bloggerin, Sprecherin, Autorin. Sie ist Ehefrau und Mutter, sie verteidigt den Pluralismus, die Menschenrechte, Toleranz und die Demokratie – und führt den Koran jeweils als Grundlage für ihr Gesellschaftsverständnis an. Dabei plädiert sie für eine Reform »nicht des Islams als Lehre, aber der Muslime«, wie sie in einem Fernsehinterview erklärte.

Es gelte, die verschiedenen Lesarten des Islams zu unterscheiden: Wer etwa ein Interesse daran hat, die Unterdrückung der Frau einzufordern, werde den Islam – oder welche Religion auch immer – stets unter diesem Gesichtspunkt studieren, und diese Lesart sei derzeit sehr verbreitet. Dabei gelte es, Religion und Kultur stets auseinanderzuhalten. Der Islam habe ursprünglich die Frauen aus der Rolle der Handelsware und des Eigentums befreit und ihnen, »spektakulär für die damalige Zeit«, zum ersten Mal eigene Rechte gegeben. Dieser Geist der Befreiung ist nach Hübschs Ansicht in Vergessenheit geraten.

*Wir haben heute eine reaktionäre Entwicklung, auch in der islamischen Welt. Wir müssen zurückgehen und uns fragen: Was war der Geist dieser Weltreligion?*

Hübsch tritt für eine andere Lesart des Korans ein: vernunftorientiert, geschlechtergerecht, ganzheitlich. Sie plädiert für mehr geschichtliche Auseinandersetzung und eine innerislamische Aufklärung.

In ihrer Gesellschaftskritik knöpft sie sich sowohl die islamistischen Scharfmacher vor als auch die undifferenzierte Medienberichterstattung und voreingenommene Islamkritik. Letztere und die Islamisten lägen in ihrer Lesart des Korans oft sehr nah beieinander, indem sie Suren, aus dem Zusammenhang gerissen, für ihre Zwecke missbrauchten.

Khola Maryam Hübsch gehört zur Ahmadiyya-Gemeinschaft, die sich als Reformbewegung versteht, in vielen orthodox-islamischen Ländern aber abgelehnt und zum Teil sogar aktiv verfolgt wird. Sie studierte Publizistik, Psychologie und Germanistik. Während vieler Jahre war sie Beauftragte für den interreligiösen Dialog der Lajna Imaillah, der Frauenorganisation der Ahmadiyya-Bewegung Deutschland. 2015 saß sie als Sachverständige im Ausschuss für Menschenrechte und humanitäre Hilfe des Deutschen Bundestages.

In ihrem Buch *Rebellion der Sehnsucht* spricht sie weniger vom Islam und seiner Beziehung zur westlichen Kultur, setzt sich vielmehr mit ihrem eigenen Glaubensleben auseinander und hält dazu fest:

*Für mich ist Religion keine Duftkerze, sondern das lebensnotwendige Licht, nach dem ich mich ernsthaft auf die Suche machen muss.*

# IV
## Lichtvolle Schattenfrauen

# 47 Dina
## Tochter neben Stammesvätern

Ihre Brüder bleiben unvergesslich: Die zwölf Stämme Israels sind nach ihnen benannt. Das Buch Genesis führt dabei in eine urgeschichtliche Patchwort-Familie. Von den zwölf Söhnen Jakobs stammen sechs von seiner Frau Lea, zwei weitere von deren Magd Silpa und die jüngsten zwei von Leas Schwester Rahel, deren Magd Bilha dem Stammvater zuvor ebenfalls zwei Söhne geboren hat. Ein Vater, vier Mütter, zwölf Söhne und eine Tochter! Diese war in der legendären Urfamilie wohl nicht die einzige, doch findet einzig sie Interesse – und dies in tragischer Weise (Gen 30–34).

Die Tatsache, dass keine weiteren Schwestern erwähnt werden, wie auch Dinas Schicksal halten patriarchalen Kulturen den Spiegel vor. Sie lehren Frauen, einen Mann glücklich zu machen und ihm Kinder zu gebären. Weibliche Autonomie ist dabei nicht von Vorteil. Dina, eine Tochter Leas, macht sich in der biblischen Erzählung auf den Weg, um »Töchter des Landes kennenzulernen«. Mit ihrer aus Haran eingewanderten Nomadensippe unterwegs und unter vielen Brüdern aufgewachsen, sucht sie Freundinnen unter den Einheimischen. Der biblische Erzähler schildert drastisch die Gefahren weiblicher Alleingänge und Eigeninitiativen. Dina fällt in der nahen Siedlung dem Kanaaniter Sichem auf. Der unbeherrschte Sohn des Fürsten entführt und vergewaltigt die junge Frau. Da diese jedoch sein Herz rührt und er sie liebgewinnt, setzt er alles daran, die schöne Fremde zu heiraten. Ihre Brüder erlauben dies jedoch nur zögerlich und unter der Bedingung, dass sich alle Männer der gleichnamigen Stadt Sichem – dem heutigen Nablus – beschneiden lassen. Ihr Fürst Hamor veranlasst die Beschneidungsaktion, und die Hochzeit findet statt. Da viele Beschnittene jedoch an Wundfieber erkranken, nutzen Dinas Vollbrüder Simeon und Levi deren Schwäche aus. Drei Tage nach der Hochzeit wird Sichem überfallen, alle männlichen Bewohner getötet, die Stadt zerstört und »Dinas Schmach getilgt«. Die Bibel schweigt über ihr weiteres Geschick. Das Jubiläumsbuch stilisiert Dina später zur einzigen Tochter Jakobs und Zwillingsschwester Sebulons, datiert die Vergewaltigung in ihr zwölftes Lebensjahr und ihren frühen Tod kurz nach Josefs Verkauf nach Ägypten (Jub 28–34).

Dina ist gleich mehrfach männlicher Dominanz und Gewalt ausgesetzt: Als junge Frau vergewaltigt und durch ein Arrangement zwischen dem Täter, dessen Vater und ihren Brüdern verheiratet, erlebt sie den Missbrauch dieser Ehe zu einem Massenmord, verübt durch ihre hinterlistigen Brüder, die sie ungefragt wieder in die eigene Sippe zurückführen. Die alte Nomadengeschichte muss nicht historisch sein. Sie diente der Abgrenzung der eigenen Religion vor anderen Kulturen, warnte Frauen vor selbstbestimmten Wegen und vereinnahmte den eigenen Glauben für eine gewalttätige Abwehr des Fremden. Umso mutiger spricht Dina weit über ihre patriarchale Zeit hinaus: Indem sie »zu den Töchtern des Landes geht«, plädiert ihr Tun gegen ängstliche Abgrenzung und Fremdenfeindlichkeit – und ist zugleich ein Plädoyer für weibliche Autonomie und Eigeninitiative.

Wer heute auf dem »Gospel Trail« von Nazaret nach Kafarnaum pilgert, kommt bei Arbel am Eingang zum Taubental an Dinas Grab vorbei: eine blau bemalte Felsplatte mitten in einer Bergwiese. Am Talausgang liegt Magdala, Heimat Marias (→ 52), die als Apostelin mit einem männlichen Zwölferkreis unterwegs war und ihrerseits in der entstehenden christlichen Religion zunehmend Zurücksetzung erfahren sollte: wie so viele ihrer jüdischen und christlichen Glaubensschwestern.

# 48 Hatschepsut
## *Die vergessene Pharaonin*

In 3000 Jahren wurde Ägypten von 30 Königsdynastien regiert. Nach dem Tod Kleopatras VII. um 30 vC. degradierte Kaiser Augustus eine der ältesten Hochkulturen zur Provinz des römischen Reiches. Unter glanzvollen Pharaonen entstanden ab 2700 vC. Pyramiden, und Amenophis IV. Echnathon begründete um 1350 vC. die erste fassbare monotheistische Religion. (Israel wird seine Religion, die einzig El/Jahwe verehrt, später in eine nomadische Urzeit zurückprojizieren und als älter datieren.) Es sind fast ausnahmslos Männer, die am Nil regieren. Ägyptens erste Königin ist Nofrusobet, die um 1750 vC. vier Jahre lang herrschte, 400 Jahre vor »Nofretete«, die in Inschriften Neferneferuaton genannt wird und nur ein Jahr regierte. Zwischen diesen beiden Frauen findet sich eine glanzvolle Pharaonin, deren Nachfolger sie aus der Liste der Könige zu streichen suchten.

Hatschepsut regierte das Neue Reich in der 18. Dynastie zwei Jahrzehnte lang. Anfänglich übernahm sie den Thron für den unmündigen Stiefsohn, schickte den Jugendlichen dann ins ferne Memphis und krönte sich zur Alleinherrscherin. Thutmosis III. folgte der Stiefmutter erst nach deren Tod 1458 vC., beendete die Friedenszeit und brachte dem Reich mit Feldzügen bis Kleinasien seine größte Ausdehnung. Der Name der Pharaonin bedeutet »Die erste der Damen, die Amun umarmt«. Amun ist der Fruchtbarkeitsgott in Altägypten. Als Tochter von Pharao Thutmosis I. wurde Hatschepsut mit ihrem Halbbruder Thutmosis II. verheiratet, mit dem sie zwei Töchter hatte. Ihr kränklicher Gatte zeugte den männlichen Thronfolger mit seiner Nebenfrau Isis, starb jedoch, als Thutmosis III. erst dreijährig war.

Zunächst stellvertretend herrschend, ließ Hatschepsut sich schließlich zur Pharaonin krönen, nachdem sie folgende Geschichte ihrer Geburt verbreiten ließ. Sie sagt über ihre Mutter Ahmose:

*Amun-Re hatte in Theben eine wunderschöne Frau gesehen. Deshalb schickte er (den Mondgott) Thot, um mehr über sie zu erfahren. Nach dessen Bericht ging Amun nach Theben und nahm die Gestalt des Gatten an. Er fand die Schöne schlafend, doch erwachte sie vom Duft des Gottes. Amun-Re verliebte sich in sie, kam ihr näher, und Königin Ahmose erkannte in ihm die göttliche Gestalt des Amun-Re. Sie erfreute sich, küsste ihn und sprach: ›Wahrlich, es ist herrlich, dein Angesicht zu sehen, das als Glanz meinen Gatten umgibt.‹ Amun-Re antwortete: ›Der Name meiner Tochter, die ich Dir in den Leib gelegt habe, soll Hatschepsut lauten. Sie wird das hohe Amt des Königs ausüben im ganzen Land.‹*

Unter der Pharaonin erlebte Ägypten wirtschaftlichen Aufschwung und eine kulturelle Hochblüte. Auf Reliefs sind Expeditionen ins »Goldland« Punt dargestellt, das am südlichen Roten Meer lag: Es lieferte Elfenbein,

Edelsteine, feine Hölzer, Öle und Affen als Haustiere. Hatschepsuts schönstes Bauwerk bleibt ihr Totentempel von Deir el-Bahari, eines der kreativsten Beispiele altägyptischer Tempelarchitektur mit prachtvollen Terrassen und Säulenhöfen. Untersuchungen an einem erhaltenen Zahn legen die Vermutung nahe, dass die Pharaonin mit etwa 45 Jahren an Diabetes starb. Spätere Pharaonen versuchten die Erinnerung an die Herrscherin zu löschen, indem sie alle Inschriften mit ihrem Namen auf Statuen und Reliefs zerstören ließen. Die moderne Geschichtsschreibung vergisst jedoch nicht, dass in der männlichen Erbfolge der Könige eine Pharaonin auftrat, die 20 Jahre als »Gottesgemahlin« regierte und Ägypten eine lange Friedenszeit bescherte.

# 49 Judit
*Biblische »femme fatale«*

Zahllose Frauen tragen weltweit ihren Namen – auch in den häufigen Formen von Edith, Judy, Jutta und Giuditta. Herrscherinnen, Denkerinnen und Künstlerinnen waren nach ihr benannt. Der junge Kapitän Francis Drake entkam mit der Galeone Judith der spanischen Silberflotte. Ein Asteroid und ein Antarktisgletscher erhielten ihren Namen. Künstler wie Sandro Botticelli, Lukas Cranach, Michelangelo, Caravaggio, Artemisia Gentileschi (→ 67) und Gustav Klimt widmeten der biblischen Heldin dramatische Bilder. Wer war diese Heldin – und was macht eine Frau unsterblich, die vielleicht gar nie gelebt hat?

Wenigen Frauen kommt die Ehre zu, dass eine Buchreligion eine Schrift nach ihnen benennt. Das biblische Buch Judit schaffte es zwar nicht in den Kanon der hebräischen Bibel, fand jedoch Aufnahme in die katholische Sammlung des Alten oder Ersten Testaments. Um 100 vC. in Griechisch verfasst, verbreitete sich die Geschichte auch in der jüdischen Tradition, und Martin Luther zählte sie zu den »nützlich und gut« zu lesenden Büchern.

Das Buch Judit führt in die Weltstadt Ninive und das Großreich des assyrischen Königs Nebukadnezzar, den es »Nabuchodonosor« nennt.

Dieser unterwirft die Meder im Osten und fordert dann von allen Völkern zwischen Persien und Ägypten die bedingungslose Unterwerfung. Holofernes, der Stellvertreter des Machtherrschers, zieht als Feldherr gegen Westen, zerstört alle Heiligtümer und verlangt von aller Welt die religiöse Verehrung des göttlichen Assyrerkönigs. Als das gigantische Heer in Galiläa eintrifft, entscheidet sich Israel als einziges Volk zum bewaffneten Widerstand, da es trotz höchster Gefährdung seinen Gott Jahwe nicht verraten kann.

Um gegen Jerusalem vorzustoßen, den kürzlich neu geweihten Tempel zu zerstören und das rebellische Volk mit einem Strafgericht zu schlagen, belagert Holofernes in der Darstellung des Juditbuches die strategische Schlüsselstadt Betulia – deren Lage und Name fiktiv sind. Der Belagerungsring um die Bergstadt zieht sich enger, ihre Bevölkerung verzweifelt und der Widerstand droht einzubrechen. Da entschließt sich die tiefgläubige junge Witwe Judit zu einer mutigen Befreiungsaktion (Jdt 8–16). Von atemberaubender Schönheit, begibt sie sich mit einer Gefährtin ins Lager des Feindes und täuscht vor, die Hebräer verraten zu wollen. Der feindliche Feldherr lässt sich von Judits sex appeal bezirzen und lädt zu einem Fest in sein Zelt. Als sich die Gäste zu später Stunde verabschieden, um Holofernes mit der Schönen allein zu lassen, sinkt der Feldherr auf sein Lager: In seiner Vorfreude hat er sich betrunken, so dass Judit ihm nun mit dem Schwert den Kopf abschlagen kann. Kopflos wie sein Führer, flieht das Heer tags darauf und wird von Israel besiegt. Weibliches Gottvertrauen und listige Schönheit trotzen protzenden Männern und militärischem Machtrausch. Der Name Judit bedeutet »Frau aus Juda«. Ihr Credo bekennt einen Gott, der Kriegstreiber verurteilt und Kriege beendet (Jdt 9,7–8):

*Denen, die auf ihre große Zahl vertrauen und auf ihre Wagen, Spieße, Pfeile und Lanzen pochen, aber nicht wissen, dass du selbst, Herr, unser Gott, es bist, der den Kriegen wehrt von Anfang an, und dass du mit Recht ›Herr‹ heißt, geschehe dasselbe wie dem Heer der Ägypter: die Tiefe des Meeres hielt sie fest!* (Lutherbibel 1984)

Dass weder Krieg noch Gewalt, sondern nur Friede und Gerechtigkeit sich auf Gott berufen dürfen, haben alle bedeutenden Religionen der Welt 2011 in Assisi gemeinsam bekannt.

## 50 Waschti
*Frauenstreik im alten Persien*

Die Reise ins antike Perserreich beginnt in der modernen Welt. 1991 fand der erste nationale Frauenstreik der Schweiz statt, an dem eine halbe Million Frauen »gegen Vergewaltigung und Gewalt, für das Recht auf Selbstbestimmung über ihren Körper ... und gegen männlich geprägte Modelle im Bereich von Wissen und Politik etc.« demonstrierten; 2019 wurde er zum zweiten Mal durchgeführt. In Spanien streikten 2018 sechs Millionen Frauen gegen wirtschaftliche Diskrimination. Kaum im Amt, provozierte Donald Trump in den USA einen nationalen »Women's March«.

Protest gegen männliche Dominanz reicht Jahrtausende zurück. Als frühe Widerständische findet die Gattin des persischen Großkönigs den Respekt des biblischen Buches Ester. Die Geschichte spielt am Hof von Xerxes I. in Susa, dem heutigen Susch im Südwesten des Iran. Der mächtige Großkönig, der 485–465 vC. regiert, demonstriert seinen Reichtum mit einem Fest von 180 Tagen und Paraden. Dieser Festzeit mit den Großen des Reiches folgt ein siebentägiges Volksfest in den Gärten der Residenz. Auf dessen finalem Höhepunkt kündigt der Herrscher, der über einen großen Harem verfügt, den Auftritt seiner Hauptfrau an. Ihr Name Vašti bedeutet vedisch »die Begehrte« und wašti bedeutet neupersisch »ersehnte Schönheit«. Waschti feiert als Königin mit den Frauen ein eigenes Fest in privaten Räumen. Xerxes I. verspricht den Männern eine atemberaubende Erscheinung. Doch die Demonstration königlicher Macht und Pracht gerät unerwartet zum Fiasko für den Herrschers. Die Königin weigert sich zu erscheinen! Sie lässt sich nicht auf ihr Äußeres reduzieren und zur Marionette männlicher Verfügungsgewalt degradieren. Niemand im

Perserreich widersetzt sich ungestraft Xerxes I., dessen Herrschaft sich von Libyen bis Westindien erstreckt. Doch Waschti überrascht den Gatten selbstbewusst und risikobereit. Die offene Provokation im Kreis der Großen und des Volkes hat Sprengkraft. Sichtlich verstört, beruft Xerxes den Rat der Weisen ein. Diese fürchten nicht nur um Xerxes' persönliches Ansehen, sondern sehen männliche Autorität insgesamt in Frage gestellt. Das Buch Ester schreibt tief beeindruckt über diesen Konflikt und seine Zeichenwirkung (Est 1,10–18):

*Am siebten Tage befahl der König weinselig und bester Laune den sieben Kämmerern, ... die Königin Waschti mit glänzender Krone zu holen, um dem Volk und den Fürsten ihre Schönheit zu zeigen. Sie war tatsächlich sehr schön. Doch die Königin weigerte sich zu kommen, wie der König durch seine Kämmerer geboten hatte. Da wurde der Herrscher zornig und sein Grimm glühte. Er sprach zu den Weisen ... Wie soll man nach dem Gesetz mit der Königin Waschti verfahren, die nicht tut, was der König ihr geboten hat? Da sprach Memuchan vor dem König und den Fürsten: Die Königin Waschti hat sich nicht allein an dem König verfehlt, sondern auch an allen Fürsten und an allen Völkern in allen Ländern ... Denn diese Tat der Königin wird allen Frauen bekannt werden, sodass sie ihre Männer verachten und sagen: Der König gebot der Königin Waschti, vor ihn zu kommen; aber sie weigerte sich. Dann werden sich die Fürstinnen in Persien und Medien ebenso verhalten gegenüber allen Fürsten des Königs, wenn sie von dieser Tat der Königin hören; und es wird reichlich Verachtung und Zorn geben.*

Xerxes verstößt daraufhin die Königin, um jeden weiteren Widerstand von Frauen in seinem riesigen Reich zu unterdrücken. Ein Erlass verkündet und begründet Waschtis Absetzung damit, dass »alle Frauen ihre Männer bei Hoch und Niedrig in Ehren halten« müssen und weiterhin »ein jeder Mann der Herr in seinem Hause sei« (Est 1,22).

# 51 Hua Mulan
*Mehr als eine Disneyfigur*

Die Ballade von Hua Mulan, manchmal Fa Mulan oder mit anderen Nachnamen genannt, singt ein *Yuefu*, ein chinesisches Volksgedicht aus dem 5. oder 6. Jahrhundert. Die Heldin des Lieds dürfte rund 100 Jahre vor der Entstehung des Lieds gelebt haben. Sie zieht anstelle ihres Vaters in Männerkleidern in den Krieg, um feindliche Nordstämme vom Reich fernzuhalten, dient zwölf Jahre unentdeckt als Mann und holt sich so viele Verdienste, dass sie es bis in den Rang eines Generals schafft. Am Ende des Gedichts nimmt ihre stolze Familie sie wieder in Empfang. Die Ballade schließt mit einer Betrachtung über die Geschlechter:

> *Die Pfoten der Rammler hüpfen und treten, die Augen der Häsin sind milchig und trüb; aber wenn zwei Hasen Seite an Seite nah am Boden rennen – wer kann da schon sagen, welcher das Männchen und welcher das Weibchen ist?*

Mulan – der Name bedeutet Magnolie – entstammt einem guten Haus. Zu Beginn des Gedichts sitzt sie am Webstuhl, bei einer typisch weiblichen Arbeit, und seufzt. Außer ihrem Seufzen ist nichts zu hören, nicht einmal Webgeräusche. Doch es ist nicht etwa eine heimliche Liebe, die das Mädchen bedrückt. Vielmehr ist es das Aufgebot des bereits in die Jahre gekommenen und kranken Vaters. Dass er in den Krieg ziehen muss, will Mulan auf keinen Fall zulassen. Da es keinen erwachsenen Sohn gibt, der an seiner Statt gehen könnte, zieht die Tochter los. Auf dem Markt des Ostens kauft sie ein feuriges Pferd, auf dem Markt des Westens einen Sattel, auf dem Markt des Südens das Zaumzeug, auf dem Markt des Nordens die lange Peitsche. In der Morgendämmerung verlässt sie ihre Familie. Die Rufe der Eltern nach ihr gehen im Rauschen des Gelben Flusses unter. Sie verlässt dessen Lauf und zieht zum Schwarzen Berg. Auch hier hört sie nicht das Rufen des Elternhauses, sondern nur das Wiehern der wilden Pferde. Zehntausend Meilen zieht sie mit dem Heer umher und kämpft in zahlreichen Schlachten. Auf dem Heimweg kommt sie zum »Sohn des Himmels«, zum Khan, dem Kaiser. Mulan verzichtet auf alle Ehrungen und Posten. Stattdessen wünscht sie sich ein flinkes Tier, das sie schnell nach Hause bringt. Ihre Eltern, die ältere Schwester und der kleine Bruder erfahren von ihrer baldigen Heimkunft und bereiten ein Fest vor. Als Mulan ankommt, spricht sie selbst im Gedicht: »Ich gehe in mein Ostzimmer und setze mich auf das Bett im Westzimmer.« Sie legt die Soldatenkleider ab. Wieder als Frau gewandet, geschminkt und mit Blumen im Haar zeigt sie sich den verblüfften Kameraden, die 12 Jahre lang nicht gemerkt haben, dass sie im Krieg unter weiblicher Führung kämpften. Damit reiht sich Mulan in die Reihe asiatischer Frauenfiguren in der Mitte des ersten Jahrtausends, die für mehr Gleichberechtigung und für das weibliche Potenzial stehen. Außerdem greift das Gedicht das Bild der menschlichen Ehre und Weisheit auf, die in weiblicher und männlicher Gestalt daherkommen können und manchmal auch zwischen den Polen mäandern.

Berühmt wurde die Ballade von Mulan im Westen vor allem durch den gleichnamigen Disney-Zeichentrickfilm aus dem Jahr 1998. Das westliche Genre verlangt eine Prise Romantik – Mulan verliebt sich in ihren Befehlshaber – Slapstick und Comedy. Mulan zur Seite stehen ein kleiner tollpatschiger Drache und eine naseweise Grille sowie die dünkelhafte Ahnengruppe, die sie als Geister beeinflussen. 2020 erschien von Disney eine nicht komödiantische Neuauflage des Films mit Schauspielern und Liu Yifei in der Titelrolle. Zhao Wei verkörpert Mulan in einem chinesischen Monumentalfilm von 2009, der das romantische Element zwar beibehält, aber wesentlich weniger süß ausfällt. Weiter hat die Kriegerin in Ost und West zahlreiche Ballette, Opern, Musicals und andere Aufführungen inspiriert, die aus dem lyrischen Stoff entstanden sind.

# 52 Maria von Magdala
## *Jesu Freundin und Apostelin der Apostel*

Keine andere Frau der Jesus-Geschichte beschäftigt auch moderne Buchautoren und Regisseure derart wie die Jüngerin aus Magdala. 2018 widmet ihr der Australier Garth Davis eine Filmbiographie, die zum Kinohit wird. Dan Brown leitet im Roman »Sakrileg« (2004) aus frühchristlichen Texten voreilig eine sexuelle Beziehung Mirjams mit Jesus samt Nachkommenschaft ab. – Doch wer war die Frau, die in allen Evangelien an erster Stelle der Jüngerinnen genannt wird?

Mirjam, so ihr hebräischer Name, stammte aus der reichen galiläischen Hafenstadt, die heute in Migdal ausgegraben ist. Alles deutet darauf hin, dass sie unverheiratet zur Gruppe um den Rabbi aus Nazaret stieß. Sie folgte ihm und wurde in Jerusalem die wichtigste Zeugin von Kreuzigung, Grablegung und Auferstehung Jesu. Frühchristliche Schriften sprechen von der Lieblingsjüngerin Jesu. Im Mittelalter malen Legenden ihr weiteres Leben aus, da die Bibel selbst sie nur noch unter den Frauen sieht, die in Jerusalem mit den Aposteln auf Pfingsten warten. In der berühmten »Legenda aurea« gelangt sie als Glaubensbotin nach Südfrankreich und vollendet ihr Leben als Eremitin in den Bergen nördlich von Marseille, wohin bald Pilgernde aus ganz Europa strömen. Nach den Evangelisten Matthäus, Markus und Johannes erscheint der Auferstandene zuerst Maria aus dem Jüngerkreis. Zuvor hatte sie sich mit anderen Gefährtinnen bei der Kreuzigung nach Golgota gewagt und als Anhängerin des Verurteilten ihr eigenes Leben riskiert. Der Osterbericht des Johannes stilisiert Maria von Magdala mit Motiven der alttestamentlichen Liebeslieder zur Freundin Jesu. Auf dieses Bild tiefer Freundschaft gestützt, suchten griechische Texte früher Christen – in koptischen Nag-Hammadi-Texten des 4. Jahrhunderts überliefert – besondere Offenbarungen abzuleiten. Die apokryphen Evangelien nach Maria und Thomas sind jedoch asketische Texte, die von geistiger Nähe und nicht sexueller Beziehung sprechen.

Dass die mittelalterliche Tradition Maria als »Apostelin der Apostel« ehrte und Papst Franziskus ihr Fest 2017 liturgisch dem der Apostel gleichstellte, wurzelt im Johannesbericht. Der Autor webt geschickt

Motive aus dem »Lied der Lieder« in seine Darstellung (Joh 20,1.11–18). Auch in den biblischen Liebesliedern findet die Freundin keine Ruhe, eilt nachts durch die Stadt, trifft auf Wächter, die ihr nicht weiterhelfen, und findet »ihn, dem meine Seele liebt«, im Garten – um ihn festzuhalten und nicht mehr loszulassen:

*Am ersten Tag der Woche kam Maria von Magdala frühmorgens, als es noch dunkel war, zum Grab und sah, dass der Stein vom Grab weggenommen war ... Weinend beugte sie sich in die Grabkammer hinein und sah da zwei Engel in weißen Gewändern sitzen ... Sie sagten zu ihr: Frau, warum weinst du? Sie antwortete: Man hat meinen Herrn weggenommen und ich weiß nicht, wohin man ihn gelegt hat. Dann wandte sie sich um und sah Jesus dastehen, ohne ihn zu erkennen. Er sagte zu ihr: Frau, warum weinst du? Wen suchst du? Sie meinte, es sei der Gärtner ... Jesus sagte zu ihr: Maria! Da wandte sie sich ihm zu und sagte: Rabbuni!, das heißt: mein Meister. Jesus sagte zu ihr: Halte mich nicht zurück, denn ich bin noch nicht zum Vater hinaufgegangen. Geh aber zu meinen Brüdern und sag ihnen: Ich gehe hinauf zu meinem Vater und zu eurem Vater, zu meinem Gott und zu eurem Gott. Maria ging zu den Jüngern und verkündete ihnen: Ich habe den Herrn gesehen. (Joh 20,1–18, Einheitsübersetzung)*

# 53 Lydia von Philippi
## Europas erste Christin

Große Frauen bleiben oft über Jahrtausende oder für immer im Schatten der Geschichte. Dass dies für die erste Europäerin, die sich nach biblischer Darstellung taufen ließ, nicht zutrifft, verdanken wir dem Evangelisten Lukas. Seine Apostelgeschichte erzählt, wie Paulus von Kleinasien über den Bosporus nach Europa übersetzt. In der mazedonischen Hafenstadt Philippi trifft er am Sabbat draußen am Flussufer auf einen Kreis betender Jüdinnen. Unter ihnen findet sich eine Purpurhändlerin, die hellhörig wird, den Missionar und seinen Gefährten

Silas in ihr Haus aufnimmt und sich schließlich taufen lässt (Apg 16,11–15). Ihr Handel mit dem Luxusgut Purpurstoff lässt sie zur vermögenden Kaufleuteschicht gehören. Tatsächlich kann sie in der Folge auch die entstehende christliche Gemeinde in ihrem Haus versammeln (Apg 16,40). Lukas schreibt nur wenig Persönliches über diese Frau:

*Eine gottesfürchtige Frau mit Namen Lydia, eine Purpurhändlerin aus der Stadt Thyatira, hörte zu; der tat der Herr das Herz auf, sodass sie darauf Acht hatte, was von Paulus geredet wurde. Als sie aber mit ihrem Hause getauft war, bat sie uns und sprach: Wenn ihr anerkennt, dass ich an den Herrn glaube, so kommt in mein Haus und bleibt da. Und sie nötigte uns.*

Die Aussagen sind ebenso kurz wie dicht: Lydia selbst ist keine Jüdin, sondern als »Gottesfürchtige« eine Sympathisantin für die jüdische Religion. Deshalb heiligt sie den Sabbat mit und gesellt sich zu den betenden Frauen am Fluss. Lukas nennt nicht den eigentlichen Namen, sondern ihren Rufnamen: die »Lydierin«, die Frau aus Lydien! Sie ist aus einem heute türkischen Gebiet an der Ostküste der Ägäis eingewandert, aus dem heutigen Akhisar. Das antike Thyatira war eine bedeutende Handelsstadt im Lykostal. Einige Forscher vermuten, dass Lydia früher eine Sklavin war, da man solche auch als Freigelassene oft nach ihrer Herkunft benannte. Andere bezweifeln diese These: Während Purpurschneckenfischer und Purpurfärber eine schmutzige Arbeit ausführten, verkehrten Purpurhändlerinnen mit reichen Kunden aus der führenden Schicht. Einkauf, Transport, Lagerung und Verkauf von Purpurstoffen erforderten Geld, Räumlichkeiten und gute Kontakte zur Oberschicht, die sich dieses Statussymbol leisten konnte. Der Rufname »Lydierin« kann sich daher auch von einem hörbaren sprachlichen Akzent her oder aber mit selbstbewusstem Stolz auf die Textilkunst ihrer Heimat erklären.

Dass Lydia eine Sympathisantin des Judentums ist, zeichnet sie in einer multikulturellen Handelsstadt als Suchende aus. In Philippi treffen damals griechische, römische, mazedonische und orientalische Kulte aufeinander. Fasziniert von der Weite, die Paulus und Silas in den jüdischen Glauben bringen, nimmt Lydia die beiden in ihr Haus auf.

Gemeinsame Schritte führen zur Taufe ihres Hauses, d. h. der Familie. Lukas weiß, dass sich schon bald die Glaubensgeschwister in ihrem Haus versammeln werden. Für die Tatsache, dass Paulus Lydias Name im Brief an die Gemeinde in Philippi nicht nennt, gibt es drei Erklärungen: Entweder der Apostel schreibt ihren eigentlichen Namen, der dann Syntyche oder Euodia (Phil 4,2–3) lautet, oder die Gemeindegründerin wird unter den »Episkopoi« (Bischöfinnen) und Diakoninnen mit gegrüßt (Phil 1,1), oder aber die Händlerin hat Philippi aus beruflichen Gründen unterdessen wieder verlassen. Die »erste Christin in Europa« – möglicherweise eine Bischöfin? Die katholische Kirche ist herausgefordert. Die griechisch-orthodoxe Kirche feiert Lydia als Heilige.

# 54 Yeshe Dawa – Tara
## Als Frau auf dem Weg zur Erleuchtung

Die Geschichte Taras ist die Antwort auf die Frage, ob Frauen überhaupt zur Erleuchtung fähig sind. Waren von Beginn an auch Frauen in der Gefolgschaft des Buddha Shakyamuni, dem erleuchteten Prinzen Siddharta, nahm im Verlauf der Jahrhunderte der Zweifel überhand. In der zweiten Hälfte des ersten Jahrtausends unserer Zeitrechnung ist man überzeugt: Frauen beten am besten um eine Wiedergeburt als Mann, damit sie ein Buddha werden können. Als die Prinzessin Yeshe Dawa lebt, gibt es längst keine Nonnenorden mehr. Erst gibt sich die Prinzessin in ihrer spirituellen Sehnsucht damit zufrieden, die Mönche großzügig zu unterstützen. Doch bald studiert sie selbst die Lehren des Buddha, das »Dharma«. Mit ihrer Weisheit beeindruckt sie alle, und auch die Mönche, die ihre Unterstützung genossen haben, machen ihr ein vermeintliches Kompliment: Eine Frau, die so tiefe Einsichten gewonnen hat, tue gut daran, im nächsten Leben als Mann wiedergeboren zu werden, damit sie ihr volles Potenzial ausschöpfen könne! Da stampft Yeshe Dawa, deren Name »Mond des ursprünglichen Bewusstseins« bedeutet, mit dem Fuß auf den Boden und sagt:

*Es gibt keinen Mann, es gibt keine Frau, es gibt kein Selbst, kein Bewusst-sein. Diese Idee von männlich und weiblich ist vollkommen leer und irre-führend. Alle wollen die Erleuchtung erlangen und anderen dabei helfen, aber niemand will es in einem weiblichen Körper tun.*

Sie gelobt, von nun an immer als Frau wiedergeboren zu werden, bis alle Wesen Erleuchtung erlangt haben, um so allen beizustehen. Yeshe Dawa übt und meditiert weiter und erlangt Erleuchtung als *Arya Tara*, die »Edle Befreierin«.

Die Überlieferung stammt aus der Zeit nach dem 6. Jahrhundert. In diese Epoche fallen auch die ersten Darstellungen der Tara. Zuweilen wird sie als indische Prinzessin im alten Indien angesiedelt, doch häufiger setzt man schon damals Yeshe Dawas Lebenszeit Millionen Jahre früher an. Damit verschafft sich die Legende Freiheit von ge-nauen Umständen und Fakten. Viel wichtiger für die Spiritualität der Frauen jener Zeit ist es, dass ihnen die Legende eine mächtige Hinter-tür öffnet, durch die sie den Weg des Dharma wieder betreten können. Die Erzählung erinnert auffällig an die Legende der Guanyin (→ 17). Das ist kein Zufall – ihr liegt nicht nur die gleiche Problematik der spi-rituell abgewerteten Frau zugrunde, sondern auch die gleiche Lösung: Mitgefühl ist feminin genug, dass man es auch weiblich darstellen kann. Der (männliche) Buddha des Mitgefühls, Avalokitesvara, erhält daher neue, weibliche Unterformen wie Guanyin und Tara. Letztere hat nebst der legendären Prinzessin Yeshe Dawa auch eine mystische Entstehungsgeschichte: Angesichts des Leids in der Welt vergoss Ava-lokitesvara eine Träne, und aus dieser Träne wurde Tara geboren. Sie selbst kann wiederum 21 verschiedene Formen annehmen. Besonders populär und beliebt – erst im Gebiet des Himalaya, später auch im Westen – sind die weiße und grüne Tara. Erstere ist vor allem mit dem Aspekt des langen Lebens und der Schönheit des Jenseits verbunden. Die grüne Tara wiederum ist als aktive Dimension des Mitgefühls Ret-terin in der Not und damit Adressatin zahlreicher Stoßgebete. Vielen der verschiedenen Taras sind wiederum historische Frauen zugeord-net, die sich um den Buddhismus besonders verdient gemacht haben und in denen sich die jeweilige Tara manifestiert haben soll. Übrigens: Nicht alle Tara-Darstellungen sind friedlich lächelnd. Die furchterregenden Gestalten, die der indischen Göttin Khali ähneln, zerstören die Dämonen der Verblendung.

# 55 Theodora
*Wüstenmutter in Ägypten*

Kurz nach 350 sterben sowohl der Mönchsvater Antonius wie auch der erste Klostergründer Pachomius in Ägypten. Der Erste gilt als Urtyp der Einsiedler und der »vita eremitica«, Letzterer als Pionier der »vita coenobitica« oder des klösterlichen Gemeinschaftslebens. Während im Niltal zahlreiche Großklöster entstanden, bevölkerte sich das Nildelta und die Sketiswüste mit Einsiedeleien. Die Weisheit der Wüstenväter, die auf sich allein gestellt oder mit wenigen Schülern außerhalb der Siedlungen lebten, fasziniert auch moderne Menschen. Viele dagegen hören erstaunt, dass es auch Wüstenmütter gab: spirituell mutige Frauen, die sich in Klausen zurückzogen. Grabungen haben solche in der Form von ebenso schlichten wie praktischen Eremitagen rekonstruieren lassen: von einer Außenmauer geschützte Gevierte, mit Empfangsraum und Sprechzimmer bei der Pforte, Sodbrunnen, Garten und Dattelpalmen für die Selbstversorgung, eine beheizbare Wohnzelle aus Steinen und Lehm für sich und ein, zwei Schülerinnen und einer Toilette in einer Ecke der Schutzmauer.

Wie groß der Anteil der Eremitinnen unter den Wüstenasketen war, bleibt unbekannt. Von sechs bekannten Wüstenmüttern sind Weisheiten überliefert. Die Hälfte davon, 68 Sprüche und kurze Lehren, stammen von Theodora. Sie lebte im 4. Jahrhundert in der Nähe von Alexandrien. Die Überlieferung besagt, dass sie als junge Frau in der Diokletianischen Verfolgung – wie viele andere angeklagten Christinnen – zur Prostitution verurteilt worden, jedoch in den Kleidern eines christlichen Soldaten geflohen sei. Ihre Themen und Sprüche bezeugen eine gute theologische Bildung und eine geistliche Mutterschaft, die die Eremitin möglicherweise zur »Amma« (Äbtissin) einer kleinen Frauengemeinschaft werden ließ.

In der Sammlung des »Meterikon« finden sich auch Ansätze einer Gemeinschaftsregel für Schwestern, die Theodora zugeschrieben werden:

*3. Wenn ihr euch von allen Leidenschaften befreien wollt, dann versucht, der Mutter aller Sünden zu entkommen: der Selbstsucht.*

*9. Stillschweigen und Gebet sind die besten Werkzeuge der Tugend: Sie reinigen den Verstand und schärfen ihn.*

*20. Fasten und Nachtwachen, Stille und Schweigen, Enthaltsamkeit und Umkehr, Psalmensingen und das Lesen der Heiligen Schrift beruhigen die hochmütige Seele und ordnen ihr den Leib unter.*

*29. Wir, liebe Mütter und Schwestern, die wir als Gottesfreundinnen leben, werden nicht dem Bild der Dämonen, sondern dem der Engel gleich gestaltet ... Wie könnt ihr euch in dieser Welt retten, wenn ihr mit weltlich Gesinnten und insbesondere mit Männern umgeben seid? ... Unser Herr Jesus Christus selber sagt uns: ›Liebt nicht die Welt und was in ihr ist!‹*

Moderne Menschen, die nicht zur Weltflucht berufen sind, könnten folgende Ratschläge inspirieren:

*Amma Theodora sprach: Wer andere lehrt, der und dem muss die Freude am Herrschen fremd sein, Ruhmsucht fern, Stolz weit weg! Er oder sie falle nicht auf Schmeicheleien herein, lasse sich nicht durch Geschenke blenden, erliege nicht der Esslust, werde nicht vom Zorn mitgerissen. Wer andere lehrt, muss großherzig sein, respektvoll, demütig, einsichtig und geduldig, einfühlsam und die Seelen liebend.*

*Theodora sagte auch: Habt Acht, meine Schwestern, dass ihr euren Nahrungsverzicht nicht durch langes Schlafen ausfüllt, denn das wäre ein Unsinn. Unsere Tugend soll immer mit der Gabe der Unterscheidung (discretio) verbunden sein.*

# 56 Radegund von Thüringen
*Helle Wege in dunkler Zeit*

Wer kennt die Frau, die wie ein heller Stern in den Wirren der Völkerwanderungszeit aufleuchtet? Sie ist die letzte, die vom alten Geschlecht der Thüringer Könige übrigblieb. Radegund kam um 518 als Tochter König Berchthars in Mitteldeutschland zur Welt. Am Hof ihres Onkels erzogen, wurde sie durch dessen gotische Frau Amalberga, einer Nichte Theodorichs, mit dem christlichen Glauben vertraut. In Amalbergas Sohn Amalafried verliebt, erlebte die Prinzessin einen ersten Schicksalschlag: Die von Westen vordringenden Franken besiegten Thüringen in einer vernichtenden Schlacht an der Unstrut, und der siegreiche König Chlothar I. verschleppte Radegund mit ihrem Bruder an die Somme (Chrodechild → 97). Nach dem Tod seiner Hauptfrau zwang der Machtherrscher seine junge thüringische Geisel 536 zur Ehe mit ihm. Die Königin fiel in Soissons in der ihr eigenen sozialen Sensibilität auf. Als der Frankenkönig zwei Jahrzehnte später ihren Bruder umbringen ließ, um den Aufständischen in Thüringen die letzte Hoffnung auf einen eigenen König zu rauben, verweigerte Radegund ihrem Ehemann das gemeinsame Lager und Leben. Um ihr Schicksal in die eigene Hand zu nehmen, verlangte sie vom Bischof Medard von Noyon, er solle sie zur Diakonin weihen. Dies würde sie im kirchlichen Dienst dem Zugriff ihres Gatten entziehen. Die Königin setzte sich gegen das ängstliche Zögern des Bischofs durch, wechselte 555 nC. nach Tours in die Stadt des fränkischen Nationalheiligen Martin, gründete hier ein Männerkloster und kurz darauf für Frauen das Heiligkreuz-Kloster von Saix bei Poitiers.

Beeindruckt von der Entschlossenheit seiner Frau, die nun als Schwester in ihrem offenen Kloster Arme speiste, badete und kleidete, unterstützte König Chlothar die beiden Gründungen. Radegund wandte sich 569 an das Kaiserpaar in Byzanz mit der Bitte, für ihre Gemeinschaft Reliquien des Kreuzes Jesu vom Bosporus an die Loire zu senden. Politisch selbstbewusst und umsichtig sicherte die Leiterin ihr Kloster gegen die Einmischung von Bischöfen und weltlich Mächtigen ab. Sie verpflichtete ihre Gründung dazu auf die Nonnenregel des

Caesarius von Arles und übertrug das Äbtissinnenamt ihrer Jugendfreundin Agnes.

Eine Christus-Vision führte zur Abkehr von strenger Askese. Ein junger Mann fragt die alternde Nonne: »Warum suchst du mich unter so vielen Tränen und Seufzern ..., der ich doch immer bei dir bin?« (Vita der Baudovinia). Als sich nach Chlothars Tod 561 seine Söhne Charibert, Guntram, Chilperich und Sigibert untereinander zerstritten, intervenierte Radegund als Stiefmutter schlichtend. König Sigibert I. rief 567 den Dichter Venantius Fortunatus aus Ravenna an den Hof von Poitiers. Der Wanderpoet gründete mit seiner »Zwillingsschwester Radegund« einen literarischen Zirkel und verband in seinen Liedern antike Kultur mit christlicher Kraft. Radegund, die 587 starb, wird als erste germanische Heilige verehrt: »durch Gebet, Fasten und gute Werke trat sie so leuchtend hervor, dass sie einen großen Namen unter dem fränkischen Volk gewann«, schrieb Gregor von Tours in seiner »Historia Francorum« (III 7). Radegunds dramatisches Leben und ihr ebenso mutiges wie versöhnliches Wirken zeigen, welche Kraft christliche Friedensliebe in der germanischen Welt des Kampfes entwickeln konnte.

## 57 Marozia von Rom
*Senatrix und »Pornokratin«*

Die Geschichte einer »Päpstin Johanna« hat sich durch Erfolgsromane, Kino und Fernsehen in vielen Köpfen eingeprägt. Sie spielt in Roms dunkelstem Zeitalter: Das Frankenreich, das West- und Südeuropa einte, hatte sich aufgespalten. Die Dynastie der Karolingerkönige starb aus. Von Osten kommend, plünderten ungarische Horden und von Süden islamische Sarazenen Städte und Klöster. In Rom kämpften Adelsclans um den Papstthron. Neue Petrusnachfolger starben oft schon nach Monaten gewaltsam. Die Erzählung von einer Päpstin, die in diesem Chaos an die Macht kommt, ist eine spätere Legende. Doch gibt es reale Frauen in Rom, die damals Geschichte schreiben. Berühmt wird

Maria, Tochter des Senators Theophylakt. Das Volk nannte sie Marozia, »Mariechen«. Ihre Geschichte inspiriert die Genderforschung!

Der Geschichtsschreiber Luitprand von Cremona schimpft im 10. Jahrhundert die junge Adelige eine »Hure« und schwärzt ihr Bild ein: »Marozia war schön wie eine Göttin und lüstern wie eine Hündin, lebte im Schlafzimmer des Papstes und verließ den Lateranpalast nie.« Um 892 geboren, wurde die 15-Jährige die Geliebte Papst Sergius' III. (dem die Päpstin des Romans auf den Thron folgt). Römischen Clans waren alle Mittel recht, sich am Papsthof mehr Einfluss zu verschaffen. Kurz vor Sergius' Tod 911 heiratete die Römerin Herzog Alberich von Spoleto. Er adoptierte den Jungen, mit dem Marozia schwanger war: Johannes, wohl Sohn des Sergius. Drei Jahre später verbündete sich der Herzog mit dem neuen Papst Johannes X. und schlug mit ihm die Sarazenen südlich von Rom vernichtend. Zum Dank dafür erhielt er den Titel eines Konsuls von Rom, starb jedoch 924 durch ein Attentat. Zwei Jahre später ließ sich Marozia von Guido, Markgraf der Toskana, ehelichen: ein Gegner des Papstes. Die neue Gräfin stürmte 926 den Papstpalast, inhaftierte Johannes X. und steckte ihn in den Kerker, wo man ihn bald darauf stranguliert fand. Graf Guido übernahm die Macht in Rom und Marozia setzte in rascher Folge drei Päpste ein. Leo VI. und Stefan VII. regierten nur kurz. Ihnen folgte 931 der 20-jährige erste Sohn Marozias: Er behielt seinen Taufnamen und nannte sich Johannes XI. Faktisch leitete die Mutter fortan die römische Kirche. Im selben Jahr starb Graf Guido, und die Witwe heiratete dessen Bruder: Hugo von der Provence trug den Titel des *Rex Italiae* (König Italiens). Marozia erreichte damit den Gipfel ihrer Macht. Als Papstmutter trieb sie die Kaiserkrönung ihres Gatten voran, ein Vorrecht, das dem Papst zustand. Doch Hugos arrogantes Auftreten brachte die Römer gegen ihn auf. Marozias zweiter Sohn, der neue Herzog Alberich II. von Spoleto, unterstützte einen Volksaufstand, vertrieb König Hugo aus Rom, ließ die Mutter in ein Kloster sperren und setzte seinen päpstlichen Halbbruder im Lateran fest. Alberich II. herrschte fortan 22 Jahre über Mittelitalien. Seine Mutter starb nach wenigen Jahren im Kloster, ebenso Johannes XI. in seinem Palast, den er kaum mehr verlassen konnte.

Wenn der Historiker Cesare Baronio im 16. Jahrhundert über Marozias »Pornokratie« klagt, verkennt er, dass es der Römerin nicht um

Hurerei und eigene Macht ging. Sie diente als junge Frau in chaotischer Zeit ihrer Familie, Roms mächtigstem Clan, und half ihr, den Papst mit Spoleto zu verbünden, die Sarazenen zu vertreiben und die Ungarn fernzuhalten. Nach dem Tod der Eltern führte sie die Bündnispolitik eigenständig fort, band die Toskana an Rom, verhandelte mit Byzanz und gewann den König Italiens. Marozia verdankte den einzigartigen Aufstieg zur Schutzherrin Roms ihrer Familie, setzte sich als »senatrix Romanorum« für ihre Stadt ein und stürzte durch Familienzwist: im Kampf zwischen ihrem Sohn und ihrem neuen Gatten, in dem sich ihr Papstsohn ebenso schwach erwies wie zuvor unter ihrer mütterlichen Kontrolle.

## 58 Sei Shonagon
### Hofdame – Dichterin – Zeitzeugin

Ihr gefielen schwarze Pferde, die da und dort kleine weiße Flecken haben, und Katzen, die auf dem Rücken ganz schwarz und am Bauch vollkommen weiß sind. Fächerrippen bevorzugte sie aus Magnolienholz, aber nur in Rot, Rotlila oder Fischgrün. Gleichzeitig fern und nah waren für sie das Paradies, Seewege und Menschen, die einander lieben. Außerdem fiel ihr auf, dass violette Stoffe und Glyzinienblüten bei Licht schlecht zur Geltung kommen, ebenso Rot bei Mondlicht.

Die Autorin Sei Shonagon lebte vor über 1000 Jahren am kaiserlichen Hof Japans und hinterließ nicht nur Listen ihrer Lieblingsdinge und größten Abneigungen, sondern auch Essays über das Leben bei Hof, über die Liebe, Rituale, Politik, Philosophie und alltägliche Zwischenmenschlichkeiten. Ihr weltberühmtes *Kopfkissenbuch*, das vor wenigen Jahren erstmals ins Deutsche übersetzt wurde, ist jedoch nicht das geheime Tagebuch einer gelangweilten Hofdame. Sei Shonagon begründete mit ihren Miszellen vielmehr ein neues Literaturgenre in Japan. Dieses gehört nicht nur fest zum Kanon der japanischen Literatur, sondern fand auch Eingang in die Weltliteratur. Das *Kopfkissenbuch* mit seinen Gedichten, Listen und Erzählungen ist durchdrungen von

Poesie und Sehnsucht, sprüht zugleich von klugem Witz und erlaubt von oberflächlichem Tratsch bis zu tragischen Ereignissen am Kaiserhof Einblicke in Shonagons Alltag und in den ihrer Zeitgenossinnen und Zeitgenossen. Die wache Beobachterin schreibt zuweilen scharfzüngig über die Schwächen anderer, übt aber ebenso Selbstkritik. Sie nimmt ihre Umgebung mit sinnlicher Aufmerksamkeit und klarem Blick wahr. Dadurch erwachen Menschen aus einer fernen Zeit und einer fernen Kultur literarisch derart emotional und echt zum Leben, dass damalige und aktuelle Räume zusammenzufallen scheinen.

Geboren wurde Sei Shonagon, deren Geburtsname unbekannt ist, im Jahr 966 als jüngstes von vermutlich sieben Kindern. Die enge Beziehung zu ihrem Vater, dem Dichter Motosuke, hat wohl entscheidenden Einfluss auf die gute Ausbildung des Mädchens. Sie soll sich schon in jungen Jahren fundierte Kenntnisse in chinesischer Literatur angeeignet haben, die in Japan großen Anklang fand. Mit etwa 15 Jahren wird sie verheiratet, aber die Ehe hält nicht lange. Mit 20 Jahren ist sie als Zofe im Dienst des Kanzlers, bevor sie erneut heiratet und 992 eine Tochter zur Welt bringt, die später ebenfalls Hofdame werden soll. Schon bald darauf wird Shonagon in den Dienst der Kaiserin berufen. Hier sammelt sie Eindrücke und Notizen, die sie später im *Kopfkissenbuch* verarbeitet. Das geistreiche Werk ist gleichzeitig Gedichtsammlung, Reportage, Zeitdokument und vor allem eine Hommage an die Kaiserin Sadako. Der Titel des literarischen Werkes geht auf ein japanisches Wortspiel zurück. Den großen Teil des Buches verfasst Sei Shonagon, als sie aus politischen Gründen den Hof für eine Weile verlässt, bevor sie wieder in Sadakos Dienste zurückkehrt. Vermutlich brachte sie die Schrift um das Jahr 1000 gezielt in Umlauf, um ihre Talente damit öffentlich bekannt zu machen und sich so weitere Berufsoptionen offen zu halten. Die gern verwendete Bezeichnung »Tagebuch« ist daher unzutreffend.

Später verliert sich die Spur der selbstbewussten Autorin. Wo Sei Shonagon nach ihrer Karriere bei Hof lebte und wo sie gestorben ist, weiß niemand.

# 59 Klara von Assisi
*Spiegel des Lichts*

Am Morgen nach Palmsonntag 1211 ist im Haus des adligen Offreduc-cio-Clans an Assisis Domplatz die Hölle los: Die älteste Tochter von Fa-varone und Ortulana ist verschwunden. In der Nacht hat die 17-jährige Klara (italienisch Chiara) die Stadt verlassen und sich den Brüdern um Franziskus (→ 20) angeschlossen. Kurz davor war schon Klaras Vetter Rufino zur neuartigen Bruderschaft gestoßen, die vor den Stadttoren mit den Ärmsten lebt und als »fraternitas« alle Standesunterschiede aufhebt. Dass nun eine junge Frau im besten Heiratsalter ihren Stand und ihre Privilegien aufgibt, ist unerhört. Noch in der Fluchtnacht hat Klara sich von Franziskus in der Ebene Assisis die Haare schneiden lassen und das Büßerinnen-Gewand angezogen, um Christus »arm zu umarmen«. Die schutzlosen Brüder bringen die Entflohene in einer sicheren Benediktinerinnen-Abtei unter, wo sie ihrer tobenden Familie erfolgreich widersteht. Als der Clan klein begibt, verlässt Klara den temporären Zufluchtsort, da ihr keine Karriere hinter hohen Klausur-mauern vorschwebt. Franziskus begleitet sie nach Ostern zu einer Gruppe von Waldschwestern, die den späteren Beginen ähnlich Erfah-rungen religiösen Lebens ohne Tradition und vorgegebene Strukturen sammeln. Als hier ihre jüngere Schwester Agnes und ihre Freundin Pacifica dazustoßen, hat Franziskus die zündende Idee: Die kleine Landkirche San Damiano unweit vor Assisis Stadttor wird das Zuhause einer neuen Gemeinschaft. Klaras Anziehungskraft bringt arme und reiche Menschen aus der Stadt und der Region an ihre Pforte, wo Hil-fesuchende Rat erhalten. In den folgenden Jahren wächst die Gemein-schaft auf 50 Schwestern an. Auch Klaras zweite leibliche Schwester Beatrice und ihre Mutter treten ein.

Klaras Ruf verbreitet sich über Italien und in ganz Europa. Im Pro-zess der Heiligsprechung werden zahlreiche Menschen bezeugen, dass Klara bereits als Jugendliche mit Hingabe betet und sich mit derselben Hingabe um die Armen in der Stadt kümmert. Nicht nur die Reste soll man den Bettlern schicken: Solidarität teilt aus dem eignen Teller! Die junge Adelstochter trägt unter ihrem edlen Gewand ein raues Hemd aus dem Wolltuch, das auch die Mägde tragen. Es ist die Bewegung um Franziskus und ihre Freundschaft mit ihm, die Klara nach ihrer Flucht zu einem innovativen weiblichen Weg der Christusnachfolge inspirieren. Beide werden noch heute oft in einem Atemzug genannt und gehören auch untrennbar und ergänzend zueinander – der Wanderbruder, der nach dem Vorbild Jesu umherzieht, und die sesshafte Schwester, die nach dem Modell von Marta und Maria von Betanien ein schwesterliches Haus führt. Klaras Zeugnis steht auch für sich. Sie ist die erste Frau in der Kirchengeschichte, die eine eigene Ordensregel verfasst. Klara und ihre Schwestern vernetzen sich mit ähnlichen Frauengemeinschaften in den Königsstädten Prag, Reims und Burgos. Als Verbündete schreibt Agnes von Prag Geschichte. Auch der Schwester des böhmischen Königs gelingt es, sich evangelische Armut als »Privileg« päpstlich verbriefen zu lassen. Von päpstlicher Klausur will Klara nichts wissen. Erst nach ihrem Tod werden ihre Schwestern sich in das große neue Klausurkloster einschließen lassen, das in Assisi ihren Namen trägt. Klara stirbt 1253, 27 Jahre nach dem Tod von Franziskus. Nach Jahrzehnten der Krankheit lauten ihre letzten Worte: »Gepriesen seist du, Herr, dass du mich geschaffen hast.«

# 60 Katharina von Bora
## Weit mehr als »die Lutherin«

Als die frühere Zisterzienserin 26-jährig den Reformator 1525 heiratete, zog sie in das verwahrloste leere Kloster der Augustinereremiten ein. Ihr künftiger Gatte lebte dort mit einem Klosterknecht und schlief abgemagert auf verfaulten Strohsäcken. Dem großen Aufräumen und dem öffentlichen Fest ging die private Trauungszeremonie voraus. Teil des Rituals war, dass der 42-jährige Bibelprofessor und die einstige Nonne vor Stadtpfarrer und Trauzeugen die Ehe zu vollziehen hatten und den Bund dadurch gültig machten.

Katharinas Weg steht illustrativ für viele Frauen am Morgen der Reformation: 1499 unweit von Leipzig geboren, wird das Kind nach dem Tod seiner Mutter und neuer Heirat des Vaters in das Benediktinerinnenkloster Breda gesteckt. Mit neun Jahren erreicht sie den Wechsel zu den Zisterzienserinnen von Nimbschen im Tal der Mulde, das von einer Tante geleitet wird. Die junge Nonne erhält eine vielseitige Ausbildung sowohl handwerklicher und landwirtschaftlicher wie literarischer Art. Sie wird mit diesem Wissen später in Wittenbergs »Lutherhaus« zur Unternehmerin werden. Ab 1519 gelangen Lutherschriften ins Kloster, 1521 auch seine Kritik an den Mönchsgelübden. In der Osternacht 1523 fliehen zwölf jüngere Nonnen mit Hilfe des Bierlieferanten aus der Abtei. Drei der Flüchtigen können zu ihren Familien zurückkehren, die anderen werden vom Fluchthelfer Leonhard Koppe nach Wittenberg gebracht. Magister Luther verheiratet sie in patriarchaler Manier mit Pfarrern. Katharina verweigert mehrere Eheprojekte und wohnt zwei Jahre im Haus des Apothekers, Künstlers und Bürgermeisters Lucas Cranach. Als der Reformator sich über die wählerische Adelstochter beschwert, lässt sie ihm durch Philipp Melanchthon ausrichten, dass ein ihr gefälliger Partner er selbst wäre. Tatsächlich kommt es nach einigem Zögern im Juni 1525 zur Hochzeit. Luthers Feinde malen sich darauf in ganz Europa aus, wie »der lüsterne Mönch die entlaufene Nonne in sein Lotterbett legt«.

Katharina wird zur Baumeisterin und schafft im »Schwarzen Kloster« familiären Wohnraum: mit Rohrleitungen und Öfen, Großküche, Räumen für Gäste, Hörsaal und Studentenbuden, Lagerkellern und Annexbauten für die landwirtschaftliche Eigenversorgung. Die Unternehmerin sieht sich bald in sieben Ämtern gefordert:

*Ich bin erstens Ackerbürgerin, zweitens Bäuerin, drittens Köchin, viertens Kuhmagd, fünftens Gärtnerin, sechstens Winzerin und Almosengeberin an alle Bettler in Wittenberg, siebentens aber bin ich die Doktorissa, die sich ihres berühmten Gatten würdig zeigen und mit [seinen] 200 Gulden Jahresgehalt viele Gäste bewirten soll.*

Katharina verschweigt bescheiden, dass sie auch die erste Leserin von Luthers Schriften ist, seine erste Gesprächspartnerin und damit ideell auch Mitautorin.

Giordano Bruno schreibt bewundernd, die bald sechsfache Mutter habe Besucher aus ganz Europa beherbergt: »Italiener, Franzosen, Spanier, Portugiesen, Briten und Schotten, aber auch Polen und Ungarn, ja vom Balkan und vom Kaukasus kommen sie, weil hier die Weisheit sich ein Haus gebaut und der Tisch gedeckt ist zum Mahl.« Die Meisterin erweitert die ökonomische Basis durch Schafe, Schweine und Kühe, legt einen Fischteich an und baut Hopfen an. »Herr Käthe«, wie Luther seine energische Frau auch nannte, überlebt den Reformator um sechs Jahre: Sie stirbt kurz vor Weihnachten 1552 auf der Flucht vor der Pest an den Folgen eines Kutschenunfalls in der sächsischen Residenzstadt Torgau.

# 61 Sacajawea
*Indigene an der Wiege der USA*

Im Auftrag Präsident Thomas Jeffersons erforschte 1805/06 eine große Expedition unter Meriwether Lewis und William Clark den neu erworbenen Staat Louisiana und stieß dabei bis an die Pazifikküste vor. Das 100-Jahr-Jubiläum dieser Forschungsreise bot der Frauenrechtsaktivistin Eva Emery Dye Anlass, die Expeditionspapiere nach vergessenen wichtigen Frauen zu durchforschen. Und sie wurde tatsächlich fündig: Sacajawea war zurück in aller Munde, nachdem jahrzehntelang niemand mehr über sie gesprochen hatte. Als Dolmetscherin, Kontaktperson, Friedenssymbol und Naturexpertin war die Indianerin maßgeblich am Erfolg der Lewis-und-Clark-Expedition beteiligt.

Vermutlich um 1788 in Idaho als Angehörige der Shoshonen geboren, wurde Sacajawea im Alter von etwa 10 Jahren vom Stamm der Hidatsa entführt. Gemeinsam mit der jungen »Otterfrau« wurde »Vogelfrau«, so lässt sich der Name Sacajawea übersetzen, als Gattinnen an den französischen Pelztierjäger Toussaint Charbonneau verkauft. Als Clark und Lewis mit ihrer Entourage zu den Hidatsa stießen, engagierten sie Charbonneau als Übersetzer für die Reise durch Louisiana. Auch für Sacajawea, eben erst Mutter geworden, fanden sie Verwendung. Mit dem Säugling Jean Baptiste auf dem Rücken, zog sie mit der Expedition los und entpuppte sich bald als unentbehrlich. Mehrere Tagebücher und Aufzeichnungen von Expeditionsteilnehmern erwähnen sie lobend: Sacajawea war klug und mutig, wusste Bescheid über Tiere und Pflanzen, verhandelte mit den Shoshonen, als sie deren Gebiet betraten, und entdeckte dabei, dass ihr Bruder unterdessen Häuptling einer Abteilung ist. Dieser Bruder verschaffte der Forschergruppe unter anderem lebenswichtige Pferde. Sacajawea tauchte nach wichtigen Gegenständen, als das Boot im Missouri River kenterte, während ihr Mann Charbonneau offenbar untätig blieb. Sie bestand darauf, die Gruppe nach der Winterpause an die Pazifikküste zu begleiten und opferte dort ihren Gürtel, damit ihn Lewis und Clark gegen zwei Otterfelle eintauschen konnten. Schließlich wirkte ihre bloße Anwesenheit wie ein Passepartout für die Europäer: Die Eingeborenen sahen die Expedition als friedlich an, wenn sie Sacajawea und ihren Sohn erblickten, nahmen doch an ihren Kriegszügen grundsätzlich weder Frauen noch Kinder teil. Nach der Expedition lebten Charbonneau und Sacajawea wieder bei den Hidatsa. Später lud Clark die junge Frau mit ihrem Sohn, den er auf der Reise liebgewonnen hatte, nach St. Louis in Missouri ein. Er schenkte ihr ein Stück Land, wo sie ihre Tochter Lisette gebar. Als Sacajawea im Dezember 1812 verstarb, adoptierte Clark die Kinder. Lisette soll früh verstorben sein, während Jean Baptiste als gebildeter Mann auch mehrere Jahre in Europa verbrachte und danach als Führer, Dolmetscher und Bergmann arbeitete. Frauenforscherinnen, die sich kurz nach 1900 auf Sacajaweas Spuren machten, sehen die Biographie anders enden: Die Shoshonin soll ihre Kinder bei Clark in Missouri gelassen haben und in den Norden zurückgekehrt sein. Im Shoshonen-Reservat Wind River erinnerte man sich damals an die berühmte Frau, die hoch verehrt fast 100 Jahre alt geworden sein soll.

Sacajawea ist eine doppelte Schlüsselfigur für die *Natives* in Amerikas Norden: Einerseits ermöglichte sie das Gelingen der Expedition, in deren Gefolge sich weiße Siedler weiter im Land ausbreiten konnten, andererseits steht sie für die Idee einer gemischten neuen Nation. Mit ihrer Würdigung wird der Anteil der amerikanischen Urvölker an der modernen Welt anerkannt. Die Versprechen aber, die man ihrem Stamm und anderen »Natives« im Gegenzug für ihre Hilfe und Unterstützung gemacht hat, sind noch immer nicht eingelöst.

# V
# Kunst und Kultur

# 62 Sappho
## Griechenlands erste Dichterin

Auf die größte Lyrikerin des Altertums geht der moderne Begriff *lesbisch* zurück. Allerdings hat Sappho als Person wohl nichts mit der sexuellen Veranlagung zu tun, die in der westlichen Welt nach 2000 Jahren sozialer Ächtung erst heute wieder vor Diskriminierung geschützt wird. Die griechische Dichterin lebte im späten 7. Jahrhundert vC. auf der Insel Lesbos. Um 620 in Mytilene geboren, feierte sie die erotische Liebe in zahlreichen Gedichten. Seit der Renaissance deuten Interpreten Sapphos feine Liebe auf Frauen bezogen. Daher wird weibliche Homosexualität als sapphisch oder lesbisch bezeichnet.

Der lateinische Dichter Horaz liebte Sapphos ausdrucksstarke Poesie derart, dass er von ihr die vierzeilige sapphische Strophe mit ihrem rhythmischen Versmaß übernahm. Catull erwähnte die griechische Lyrikerin der Frühzeit namentlich in eigenen Gedichten. Die Griechin dichtete Hymnen auf Gottheiten, Lieder für Hochzeiten und Liebesgedichte, die im Altertum einst mit 12.000 Versen in neun Bücher gesammelt wurden. Heute sind aus diesem literarischen Schatz nur noch Zitate bei anderen Autoren und Fragmente auf Papyrusfunden überliefert, insgesamt 200 Bruchstücke. Das folgende Kurzgedicht, im Original aus ionischen Kurzversen gefügt, lässt sich ins sapphische Versmaß übertragen, das auch der deutsche Dichter Friedrich Gottlieb Klopstock liebte:

| | |
|---|---|
| Δέδυκε μὲν ἀ σελάννα | *Niederging das Siebengestirn und mit ihm* |
| καὶ Πληΐαδες/μέσαι δὲ | *sank der Mond so schweigsam und klar ins Dunkel:* |
| νύκτες, παρὰ δ ἔρχετ ὥρα | *Halb verflossen, Nacht, siehst du einsam liegend* |
| ἔγω δὲ μόνα κατεύδω | *wach mich in Sehnsucht.* |

Das Gedicht entfaltet in aller Kürze ein Thema, das in verschiedenen Kulturen klassisch wird: eine Liebende findet nachts allein auf ihrem Lager keine Ruhe, blickt zu den Sternen und sehnt sich nach dem geliebten Du. Das Thema findet sich auch in den Liebesliedern der heb-

räischen Bibel und klingt leise in Johannes' christlicher Ostererzäh-
lung an (Joh 20, Maria von Magdala → 52).

Sappho verließ ihre Heimatinsel in jungen Jahren und zog mit ihrer
Familie nach Sizilien, da Tyrannen auf Lesbos Parteienkämpfe provozier-
ten. Nach einem Jahrzehnt zurück in der Ägäis, widmete sich die Dichte-
rin ab 591 vC. der Bildung aristokratischer Mädchen, denen sie vorneh-
mes Verhalten, Eleganz, die Pflege innerer und äußerer Schönheit,
Poesie, Singen und Tanzen sowie die Kunst des Verführens und der
Liebe beibrachte. Die ihr zugeschriebene Homoerotik ist im kulturellen
Kontext des alten Griechenlands zu deuten, das gleichgeschlechtliche Beziehungen unabhängig von der Neigung kultivierte. Sappho hatte drei
Brüder, von denen sich Charaxos als Kaufmann auf einer Reise nach
Ägypten unsterblich in eine Dirne verliebte. Die Dichterin kommentiert
dessen Entwicklung: Er sei zum Mann geworden und hätte die Familie
von viel Kummer befreit. Sie selbst schien mit Kerkylas von der Insel An-
dros verheiratet zu sein und eine Tochter namens Kleïs zu haben, der sie
zärtliche Verse widmete. Von ihrem Zeitgenossen Solon (→ 94) wird
überliefert, ihn hätte in alten Tagen ein Gedicht Sapphos derart verzau-
bert, dass er es auswendig lernen und damit sterben wollte. Plato wurde
ein Epigramm zugeschrieben: »Manche meinen, es gäbe neun Musen.
Wie kurzsichtig! Siehe da: es gibt eine zehnte, Sappho von Lesbos!«
(Pseudo-Plato, Epigramm 16). Ihr Tod wird um 570 vC. vermutet.

## 63 Vitruvius
*Von der Kunst der Architektur*

Was Menschen bauen, soll sowohl beständig wie auch nützlich und zudem schön sein. Diese drei Ansprüche an die Architektur stellt der antike Baumeister Marcus Vitruvius Pollio in reifen Jahren: Der Bürger
des alten Rom ist ein Lehrer der Baukunst, der das Abendland wie kein
anderer Architekt prägen sollte.

Kurz vor 80 vC. als freier römischer Bürger im süditalischen Kam-
panien geboren, trat der gebildete und erfahrene Ingenieur in den

Dienst des Feldherrn Gaius Iulius Caesar, als der gefeierte Eroberer Galliens nach Italien zurückkehrte und im Jahr 49 vC. zum Staatsstreich schritt. Vitruv begleitete dessen Truppen im Bürgerkrieg bis Griechenland und Ägypten und war dabei für die Konstruktion von Kampfmaschinen zuständig. Nach Caesars Ermordung unterstützte er den neuen Machthaber Octavian, der den genialen Techniker erst um 33 vC. aus dem Heer entließ.

Mit einer Pension des Kaisers konnte sich der Veteran eingehenden Forschungen widmen. In den Zwanzigerjahren des ersten vorchristlichen Jahrhunderts entstanden seine zehn Bücher *Über die Architektur.* Sie handeln von den Grundbegriffen und der Ausbildung des Architekten, Städteplanung, Baumaterialien, der unterschiedlichen Baukunst bei Tempeln, öffentlichen und privaten Gebäuden, der Farbenkunde für den Innenausbau, Wasserversorgung, Uhren- und Maschinenbau. Vitruv, selbst Ingenieur und Architekt in einer Person, verlangt von einem Baumeister sowohl handwerkliches Können wie umfassendes Wissen. Die Hauptstadt Rom der frühen Kaiserzeit verdankt dem vielseitigen Architekten über neue Bauformen hinaus eine effizientere Wasserversorgung. Der unermüdliche Forscher entdeckte auch das Zusammenspiel zwischen Klang und Luft. Er beschrieb als erster die Ausbreitung von Tönen durch bewegte Luft und die Wellennatur des Schalls. Als Techniker schuf Vitruv neben Kriegsgeräten für das zivile Leben Wasserräder, Baumaschinen und Zeitmessinstrumente. Auch das moderne Denken in Modulen und Modellen geht auf ihn zurück. Er starb um 15 vC.

Nach dem Zusammenbruch des Römischen Reiches fand die antike Baukunst durch Vitruvs theoretische Grundlagenwerke in die germanische Welt. Die Schreibstuben und Klosterschulen der Benediktiner verbreiteten die zehn Bücher *De architectura* zur Zeit Karls des Großen, studierten sie und ließen ihr Wissen in die karolingische Renaissance einfließen. In der klassischen Renaissance der frühen Neuzeit bewies Leonardo da Vinci (→ 84) mit seiner berühmten Zeichnung vom »vitruvianischen Menschen« die Lehre des antiken Meisters, dass sich der aufrechtstehende Mensch in seinen perfekten Proportionen harmonisch zugleich in die vollendete geometrische Form des Kreises wie auch jene des Quadrates einfügt.

Dass Bauwerke sowohl außen wie innen dauerhaft, praktisch und ästhetisch zugleich sein sollen, bleibt das gültige Vermächtnis des antiken Meisters an alle, die auch heute Häuser planen oder im Straßen- und Städtebau tätig sind.

# 64 Moses Maimonides
*Jüdisches Glaubensbekenntnis*

Mosche ben Maimon ist der prägendste jüdische Gelehrte seit der Zerstörung des Tempels. Um 1136 im südspanischen Córdoba geboren, wuchs er in der größten Stadt des Abendlandes auf, in der sich islamische und jüdische Kultur gegenseitig bereicherten. Sein Vater, ein Rabbiner und Richter, führte den Sohn in jüdisches Recht und Theologie ein. Maurische Gelehrte unterwiesen ihn in Naturwissenschaften und griechisch-arabischer Philosophie. 1148 floh die Familie aus Andalusien nach Nordspanien, als die Almohaden im Süden einen intoleranten Islam etablierten. Möglicherweise verbrachte der junge Moses auch eine Zeit in der Provence, bevor sich die Familie um 1160 im marokkanischen Fès niederließ. Maimonides bildete sich hier bei islamischen Ärzten in Medizin aus. 1165 reiste die Familie nach Jerusalem und ließ sich schließlich in Fustat bei Kairo nieder. Bruder David versorgte die Familie als Juwelenhändler, bis ihn ein Schiffsunglück 1170 aus dem Leben riss. Moses eröffnete darauf eine Arztpraxis, die Patienten jeden Glaubens empfing:

*Wenn ich nach Mittag vom Palast des Sultans zurückkehre, finde ich ein volles Vorzimmer vor, gefüllt mit Juden wie Nichtjuden, Adeligen und Bürgerlichen, Freunden und Feinden, eine bunt gemischte Menge, die auf mich wartet. Ich steige von meinem Reittier, wasche mir die Hände und widme mich meinen Patienten. Ich bitte sie, ein leichtes Mahl mit mir zu teilen, das einzige, das ich innerhalb von 24 Stunden verzehre. Dann untersuche ich sie, schreibe Rezepte und gebe ihnen Anweisungen für die verschiedenen Krankheiten. Die Patienten kommen und gehen bis Son-*

*nenuntergang, bisweilen bis zur späten Nacht. Dann bin ich oft so müde, dass ich kaum noch zu sprechen vermag.*

Der jüdische Arzt hatte derart Erfolg, dass selbst Sultan Saladin und sein Sohn Ali al-Afdal Nur zu seinen Patienten zählten. Zugleich leitete Moses die jüdische Gemeinde in Kairo. Seine erste Frau starb früh, seine zweite Gattin war Schwester eines königlichen Sekretärs, der Maimonides' eigene Schwester ehelichte. Im ganzen jüdischen Orient gelesen wurden die Hauptwerke des jüdischen Rechtsgelehrten: sein *Kommentar der Mischna*, seine 14-bändige Neuordnung der rabbinischen Gesetzesauslegung und seine Religionsphilosophie *Führer der Unschlüssigen*. Letztere verbreitete sich in einer lateinischen Version auch in Europa. Als Moses 1204 in Kairo starb, rief die jüdische Gemeinde in Jerusalem ein Trauerfasten aus. Sein Leib wurde wunschgemäß in Tiberias bestattet, wo sich sein Grab bis heute befindet.

Zu Maimonides' Vermächtnis gehören auch die 13 Glaubenssätze im Mischna-Kommentar. Sie wurden zu einem »jüdischen Credo«, das mit dem islamischen und christlichen Credo in den Dialog treten konnte. Die ersten Sätze widmen sich dem Schöpfer, weitere den Propheten, der Tora, dem noch erwarteten Messias und der Auferstehung der Toten.

*Ich glaube mit ganzem Glauben, dass der Schöpfer, gelobt sei sein Name, jegliche Kreatur schafft und lenkt und dass er allein der Urheber alles dessen ist, was geschah, geschieht und geschehen wird;*
*einzig ist und ... dass er allein unser Gott war, ist und sein wird;*
*unkörperlich ist ... und dass ihm auch keine Gestalt beigelegt werden kann;*
*Anfang und Ende ist;*
*allein es ist, dem Anbetung gebührt.*

## 65 Dante Alighieri
*Vater der italienischen Sprache*

Überall in Italien trifft man auf ihn, in Marmor auf Plätzen, geprägt auf Münzen oder Briefmarken, gemalt in Öl, mit ernster Miene, konzentriert, in einen Mantel gehüllt, die rote Kapuze ins Gesicht gezogen, von Lorbeer gekrönt. Dabei war der Nationaldichter Italiens und Vater der italienischen Sprache kein Kind von Traurigkeit. Seine *Commedia* ist bis heute Schulstoff, und nicht wenige Italienerinnen und Italiener zitieren ihre Lieblingspassagen aus dem Stegreif.

Dante ist 35 Jahre alt, als er sich an das Epos seines Lebens wagt. Das Werk beginnt wie die Midlife-Crisis, mit der die *Commedia* zuweilen in Verbindung gebracht wird: mit einem Mann, der sich »in der Hälfte des Weges seines Lebens« plötzlich in »dunkler Wildnis« wiederfindet. Seine Reise gleicht einem Reifeprozess, nachdem der Mensch Selbsterkenntnis und einen neuen Blick auf Welt und Leben gewinnt. Der vermutlich erste Ich-Erzähler in der Geschichte der Poesie, dem Autor auffallend ähnlich, betritt das Jenseits und durchläuft die verschiedenen Kreise von Hölle, Fegefeuer und Paradies. Hier sieht er schließlich die verlorene Geliebte Beatrice wieder. Auch ihr liegt eine reale Gestalt mit demselben Namen zugrunde, deren frühen Tod Dante aufrichtig betrauerte. Geführt wird der Poet auf dieser Reise zuerst vom eigenen großen Idol, dem römisch-klassischen Dichter Vergil (→ 34). Gesang um Gesang durchschreiten sie gemeinsam die verschiedenen Ebenen der Hölle und des Fegefeuers, wo sie historische Persönlichkeiten antreffen, die – aus postmoderner Warte nicht immer verdient – ihre Qualen in Verdammnis erdulden. Der politisch aktive Dante schreckt nicht davor zurück, auch jüngst verstorbene unliebsame Zeitgenossen in die Hölle zu stoßen. Im Paradies übernehmen Beatrice und Bernhard von Clairvaux die Führung und geleiten den Erzähler bis vor die Madonna, die dem Besucher einen Blick auf Gott gewährt.

Dante schafft mit der *Commedia*, wie er sein Werk schlicht nennt – den Zusatz »divina« erhält »Die *göttliche* Komödie« erst später –, dichterisch ein Werk für die Ewigkeit. Es fängt dabei auch den Stand der Wissenschaften, der Theologie und Philosophie seiner Zeit gekonnt ein. Zudem läutet Dante damit eine neue Ära ein: War davor das Italienische weitgehend eine gesprochene Sprache, und Dichtung meist in Latein verbreitet, legt Dante hier ein gehobenes, anspruchsvolles Werk in der Sprache des Volkes vor. Es wurde derart prägend, dass sich Dantes florentinischer Dialekt zur nationalen Standardsprache entwickelte.

1265 in Florenz geboren, ist Dante außergewöhnlich gebildet. Auf der Seite der kaisertreuen Guelfen kämpft er gegen die papsttreuen Ghibellinen und übernimmt politische Ämter in Florenz. Nach Unruhen im Sommer 1300 wird Dante mit weiteren Politikern der Stadt verwiesen, später in Abwesenheit zu einer Geldstrafe verurteilt und von allen öffentlichen Ämtern ausgeschlossen. Da er die Strafe nicht bezahlt und Florenz fernbleibt, wird er unter Todesstrafe lebenslang verbannt. 1315 schlägt er eine Rückkehr gegen Geld aus. Vermutlich hält er sich zeitweise in Verona und Treviso auf. 1321 erkrankt er auf einer Venedigreise und stirbt kurz darauf. Sein Grab befindet sich in Ravenna, seinem letzten Wohnort.

An seiner *Commedia* schreibt er bis kurz vor seinem Tod über zehn Jahre lang. Nebst ihr sind zahlreiche Gedichte in verschiedenen Werken überliefert sowie eine Art Autobiographie, die *Vita Nova*. Das philosophische Werk *Convivio* bleibt unvollendet. Hinzu kommen Bücher über die Volkssprache (*De vulgari eloquentia*) und Naturwissenschaftliches sowie Briefe.

# 66 William Shakespeare
## Zeilen für die Ewigkeit

War er es oder war er es nicht? War er einer oder war er viele? Immer wieder tauchen Gerüchte und Verschwörungstheorien zu einem der weltweit berühmtesten Dichter auf. Glaubt man ihnen, standen hinter den zahlreichen Werken Shakespeares mehrere Personen, Dichter, Adlige oder eine ganze Gruppe von Autoren. Heutige Literaturwissenschaftler erklären diese Theorien damit, dass die Moderne einem einzelnen Menschen so viel Talent und Genius, wie es sich in Shakespeares

Werken findet, nicht zutraut. In der modernen Forschung gibt es kaum Zweifel am Können des Mannes, der 1564 in Stratford-upon-Avon auf den Namen William Shakespeare getauft wird. 38 Dramen – Tragödien, Komödien, über Krieg und Liebe, Historisches oder Fantasievolles – erfreuen bereits seine Zeitgenossen. Die großen Hits seiner Zeit sind aber die Gedichte: verschiedene Epen und 154 Sonette, von denen sich auch die satirischen besonderer Beliebtheit erfreuten und noch immer begeistern. Nach seiner 1582 erfolgten Eheschließung mit der acht Jahre älteren Anne Hathaway verliert sich die Spur des Dichters für ein knappes Jahrzehnt – die sogenannten »verlorenen Jahre«. Ein erstes Zeugnis macht ihn 1592 in London wieder fassbar, wo seine Karriere nun steil einsetzt. Shakespeare ist finanziell an seiner Schauspieltruppe beteiligt, für die er schreibt und in der er kleinere Rollen selbst übernimmt. Daneben ist er Teilhaber an zwei Theatern. Eines, das Globe Theater, kann man heute in London als Nachbau besuchen. Das Original stand nach seiner bewegtesten Ära lange leer, wurde dann abgerissen und durch Mietshäuser ersetzt.

Shakespeares Werk ist Ausdruck und Katalysator des Goldenen Zeitalters Englands: Sein Werk blüht, weil Wirtschaft und Kunst florieren. Kultur und Sprache blühen, weil sein Werk gedeiht. Der Dichter erfindet neue Wörter und macht sie populär. Zahlreiche Ausdrücke sind in seinen Werken zum ersten Mal belegt. Er vermag es, seine Figuren in der Gossensprache ebenso glaubwürdig schwadronieren zu lassen, wie sie als Adlige überzeugen. Es verwundert daher nicht, dass die beliebtesten Zitate zu geflügelten Worten wurden: »Ein Pferd, ein Pferd! Mein Königreich für ein Pferd!«, lässt er Richard III. in der gleichnamigen Tragödie rufen. Julia schwärmt: »Oh Romeo, Romeo, warum bist du Romeo?«; und Hamlet sinniert weltberühmt in seinem Monolog: »Sein oder oder Nichtsein; das ist hier die Frage: Obs edler im Gemüt, die Pfeil und Schleudern des wütenden Geschicks erdulden oder, sich waffnend gegen eine See von Plagen, durch Widerstand sie enden?« So übersetzt der deutsche Dichter August Wilhelm von Schlegel die oft zitierte und persiflierte Passage. Die dichte Sprache von Shakespeares Poesie ist schwieriger zu übersetzen. Ein zeitloses Glanzstück ist dabei das *Sonnet XVIII*, dessen Schluss hier in Prosawiedergegeben ist:

*Aber dein ewiger Sommer soll nicht vergehen,*
*noch sollst du deine Schönheit verlieren,*
*noch der Tod prahlen, du wandertest in seinem Schatten,*
*wenn du in ewigen Zeilen der Zeit entgegenwächst:*
*Solange Menschen atmen, solange Augen sehen:*
*So lange lebt dieses Gedicht, und so lange lebst du.*

Als Shakespeare im Alter von 46 Jahren nach Stratford zurückkehrt, ist er ein reicher Mann. 1616 stirbt er 52-jährig in seinem Geburtsort und hinterlässt seine Frau Anne sowie mindestens ein Kind. Über die Beziehung zu Anne wird viel spekuliert. Angeheizt wird die Diskussion durch den Umstand, dass Shakespeare sie namentlich nur im Testament erwähnt. Nebst dem gesetzlich verbrieften Drittel des Vermögens vermacht er ihr, ausdrücklich, sein »zweitbestes Bett«.

# 67 Artemisia Lomi Gentileschi
*Rache in Öl*

Sieben Monate lang führte die Familie Gentileschi 1612 in Rom einen Prozess gegen Agostino Tassi, einen Malerkollegen des Vaters. Er soll die 1593 geborene Artemisia als seine Schülerin vergewaltigt und ihr danach die Ehe versprochen haben. Indem er damit ihr Schweigen erkaufte, kam es zur Anklage, als er sein Versprechen nicht hielt. Artemisia war schon länger Halbwaise: Ihre Mutter Prudentia Montone hatte sie zwölfjährig verloren.

Das außergewöhnliche Talent Artemisias war zu Prozessbeginn bereits bekannt. Die Tochter des Malers Orazio Gentileschi hatte mit 17 ein Meisterwerk geschaffen: *Susanna und die beiden Alten.* Unverkennbar zeigt sich in diesem und in anderen Werken der Künstlerin der Einfluss des Familienfreunds Caravaggio und seines Chiaroscuro-Stils. Ebenso markant ist der weibliche Blick auf die Szene, in der die schöne Susanna von den Richtern bedroht wird: Verharmlosen Künstler oft mit viel Erotik die Brutalität dieser biblischen Geschichte, rückt Gentileschis Version Susannas Angst ins Bild. Ahnte Artemisia, was wenig später auf sie zukommen würde? Während Susannas Geschichte durch getrennte Zeugeneinvernahme wegweisend für die Entwicklung der Rechtsprechung wird, erlebt Artemisia eine pervertierte Justiz. Tassi, der die Gunst Papst Innozenz' X. genießt, bleibt unbehelligt, obwohl die Prozessakten ein düsteres Bild seines Charakters zeichnen. Sein Opfer wird hingegen öffentlich gedemütigt, muss intime Untersuchungen über sich ergehen lassen, wird der Prostitution beschuldigt, und der Wahrheitsgehalt ihrer Aussagen wird daran gemessen, wie lange sie unter Folter auf ihnen besteht. Artemisia wird mit Daumenschrauben, Erniedrigung und Bloßstellung gequält. Tassis Verbannung aus Rom wird nicht vollzogen. Kurz darauf übersiedelt die Familie Gentileschi nach Florenz, wo Artemisia von ihrer Arbeit leben kann. Sie heiratet, bekommt ein Kind und unterhält eine von ihrem Ehemann tolerierte Liebschaft. Ihr künstlerischer Ruhm bringt sie nach Venedig und Genua und schließlich gar bis London. Ein Auftrag vom Januar 1654 in Neapel bleibt bis heute die letzte Spur ihres bewegten Künstlerinnenlebens. Briefe an ihre Auftraggeber lassen in den Jahren zuvor auf größere finanzielle und gesundheitliche Probleme schließen.

Die bedeutendste Malerin der Barockzeit wird im 20. Jahrhundert zur feministischen Ikone. Darstellungen von Judit (→ 49), die Holofernes köpft, bieten sich dazu an: Zwei Frauen zwingen den feindlichen Feldherrn nieder. In Judit, die das Schwert führt, sind deutlich Artemisias Gesichtszüge zur erkennen. Die Frauen werden auffallend natürlich und ohne Idealisierung dargestellt. Sie sind keine Amazonen und doch kräftig, keine überirdischen Heldinnen, sondern Frauen, die solidarisch und gemeinsam zur Tat schreiten. Sie sind weiblich, jedoch keine erotischen Objekte. Und Holofernes? Mit weit aufgerissenen Augen erleidet er bei vollem Bewusstsein seinen Tod. Sein Gesicht soll jenes von Tassi sein. Während dessen Kunst in der Bedeutungslosigkeit der Geschichte versank, sprechen Artemisias Bilder bis heute zu ihren Betrachterinnen und faszinieren Betrachter.

Nebst den 34 Bildern und der Prozessakte sind auch 28 Briefe von Artemisia Gentileschi erhalten. Darin auch die Bände sprechende Aussage:

*Solange ich lebe, werde ich die sein, die Kontrolle über meine Existenz hat.*

# 68 Francesco Borromini
## Vom Steinmetz zum Meisterarchitekten

Rom zog in seiner 3000-jährigen Geschichte viele Baumeister an. Die »ewige Stadt« ist denn auch ein großes offenes Bilderbuch von Meisterwerken aus Antike, Mittelalter und Neuzeit. Nicht wenige der Stararchitekten begannen ihre Karriere ganz unten und führten auch zur Zeit der großen Erfolge ein Leben, das oft hart wie Stein war. Die Biographie des Südschweizers, dessen verspielte Barockbauten in seiner römischen Wahlheimat bis heute faszinieren, steht illustrativ für ein Genie mit bergigem Lebensweg und tragischem Ende. Als Francesco Castelli 1599 am Luganersee geboren, wurde der Architektensohn als 9-Jähriger auf die Dombaustelle von Mailand gesandt, um das Handwerk eines Steinmetzes zu erlernen. Sein Verwandter Carlo Maderno rief den Jugendlichen dann nach Rom, wo er als päpstlicher Baumeister dabei war, das Langschiff der Peterskirche und ihre Fassade zu vollenden. Francesco wurde von Maderno auch in zivilen Projekten mit der baulichen Kreativität des Barock vertraut gemacht.

Nach Madernos Tod 1629 arbeitete Francesco zunächst unter dem neuen Meisterarchitekten Roms, Gian Lorenzo Bernini. Je eigenständiger Francescos Ideen wurden, desto angespannter wurde ihre Beziehung, die sich in eine lebenslange erbitterte Rivalität wandelte. Ab 1634 realisierte Francesco erste eigene Projekte. Der Trinitarierorden ließ den Schweizer sein Kirchlein *San Carlino alle Quattro Fontane* bauen. Auf engstem Raum entstand eine lichtvolle Perle des Barock, eine Kirche, die in verspielten Ovalformen zum Himmel strebt. Francesco Castelli legt sich seit dem Bau dieses ersten Meisterwerks, das Karl Borromäus geweiht ist, den Künstlernamen »Borromini« zu: »kleiner Freund des hl. Borromeo«. Es folgen Aufträge zu Palazzi, großen römischen Adelspalästen, und ab 1642 fordert ihn sein berühmtester Bau: die Universitätskirche *Sant'Ivo alla Sapienza*. Deren genialer Grundriss schafft es mit dem Künstlerporträt und einer Ansicht der Kirche vom Innenhof aus 1995 auf einen Schweizer Geldschein, die 100-Frankennote. Ab 1647 gestaltete Francesco Borromini die Lateran-Basilika in barockem Stil um: Dieser päpstliche Auftrag stellt den Karrieregipfel dar, ist San

Giovanni doch die eigentliche Bischofskirche Roms und damit »aller Kirchen in der Stadt und auf dem Erdkreis Mutter und Haupt«.

Nach dem Tod seines großen Gönners Innozenz X. übertrumpfte Bernini seinen Rivalen wieder. Papst Alexander VII. übertrug ihm die bedeutenden Projekte. Borromini erlebte beim Weiterbau von *Sant' Agnese in Agone* an der Piazza Navona endlose Querelen der Auftraggeber, Streiks der ausgebeuteten Arbeiter und einen langen Baustopp. Latente Depressionen verschärften sich in der Folge und führten schließlich 1667 zum Freitod des Architekten. Erst Ende des 20. Jahrhunderts wurde die Steinplatte auf seinem Grab in der Kirche *San Giovanni dei Fiorentini* mit Namen und Lebensdaten beschriftet.

Francesco Borromini gilt als ausgefallenster und originellster Barockarchitekt Roms. Seine verspielten Formen lassen die Strenge der Renaissance hinter sich und zaubern einen Hauch der lichtvollen himmelsstrebenden Welt der Gotik auf gänzlich neue Weise in enge Grundrisse barocker Meisterwerke.

# 69 Wolfgang Amadeus Mozart
*Musikalischer Vogelfänger und Übergenie*

Auf einem Wiener Friedhof wird an einem garstigen Dezembertag 1791 ein Genie zu seinem Grab gekarrt, ohne jeden Pomp abgeladen und in einem Sack bestattet. Die Stelle lässt sich heute nur annähernd bezeichnen. Kinobesuchende der 1980er fragen sich, ob der Mann so mittellos starb, dass er in ein Armengrab kam? Gab es gar Unstimmigkeiten in seinem Tod? Er selbst hatte schon Wochen zuvor den Verdacht geäußert, vergiftet zu sein. Von einem Konkurrenten? Mitten im Komponieren war er verstorben, und das Werk, das unvollendet blieb, war ein Requiem, eine Totenmesse! Heute geht man davon aus, dass Wolfgang Amadeus Mozart ein übliches Begräbnis erhielt: Damals verabschiedeten sich die Besucher der Trauerfeier nach dem Gottesdienst, ohne die mehrere Kilometer lange Fahrt zum Friedhof zu begleiten. Auch die Grabstätte, ohne Kennzeichnung und in Gemeinschaft mit anderen, entsprach dem Standard. Mozart verdiente mit seinen Kompositionen gutes Geld, das er allerdings auch gern wieder ausgab.

Allen düsteren Spekulationen zum Trotz strahlen Mozarts Leben und Genie lichtvoll über seine Zeit hinaus. 1756 in Salzburg geboren, wird das Kind auf Joannes Chrysostomus Wolfgangus Theophilus Mozart getauft. Der Vater ist Kapellmeister und sorgt für eine gute musikalische Ausbildung des Buben, der seine Ärmchen nach Geige und Klaviatur ausstreckt. Der Junge entpuppt sich als Großtalent, das schon früh komponiert und virtuos spielt. »Wolferl« bereist mit seiner Familie den deutschen Sprachraum und Italien. Auch seine Schwester »Nannerl« – Maria Anna Walburga Ignatia – zeigt musikalisches Talent. Weitere Brüder und Schwestern versterben in den ersten Lebenswochen. Die beiden Geschwister glänzen auf der Tournee gemeinsam als Wunderkinder. Doch als Frau erwartet Nannerl eine andere Laufbahn, als sich die öffentliche Aufmerksamkeit dem Jungen zuwendet und er die Salons im Sturm erobert. Den witzigen und geistreichen jungen Mozart lassen auch Talent und Einfallsreichtum zu einem beliebten Gast, begehrten Musiker und erfolgreichen Komponisten werden. Selbst der Kaiser Joseph II. wird zum Fan. Das Ausnahmetalent ist kein blasser Schöngeist: Zahlreiche Briefe und ein paar Liedtexte belegen eine so zotige und derbe Ausdrucksweise, die einzelne Forscher vermuten ließen, der junge Mann könnte am Tourette-Syndrom gelitten haben. Ob zutreffend oder nicht: Der Mix aus Popularität und unerreichtem Genius, aus emotionaler Tiefe und leichtem Charme, aus Talent und Disziplin, aus Vulgarität und himmlischen Klängen erreicht die Menschen auch in unserer Zeit. Die Philosophie der Freimaurer, denen er angehört, arbeitet Mozart in viele Werke ein und verleiht ihnen so zusätzliche Tiefe.

Mit Ehefrau Constanze, die er liebevoll »Stanzerl« nennt, hat er sechs Kinder. Von ihnen erreichen nur zwei Söhne das Erwachsenenalter und versterben beide kinderlos. So hinterlässt Mozart ausschließlich musikalische Werke. In nur 35 Lebensjahren entstanden 21 Opern, 17 Messen, mehrere Oratorien, Litaneien, Motetten, Vespern, 17 Kirchensonaten und sonstige Chorwerke; sieben Violinkonzerte und weitere Werke für Violine und Orchester, je nach Zählung 23 bis

30 Klavierkonzerte, mehrere Konzerte für jeweils Flöte, Oboe, Fagott, Klarinette und Horn, rund 60 Sinfonien, 42 Lieder, zwölf Serenaden (darunter die berühmte *Kleine Nachtmusik*), zahlreiche Sonaten, Märsche, Divertimenti und kammermusikalische Werke.

## 70 Jane Austen
*Feine Ironie mit langer Wirkung*

Für manche machen die Mode, für andere die Sprache, für Dritte die romantischen Fügungen Austens Romane und deren Verfilmungen attraktiv. Jane Austen trägt jedoch wirkmächtiger zur Entwicklung von Gesellschaft und Literatur bei. Sie schreibt zu einer Zeit, in der Autorinnen meist anonym publizieren, Frauen keine vollen Vertragsrechte besitzen und ständig am Abgrund zur Armut stehen. Einen gesetzlichen Erbanspruch haben Frauen nicht: Das gesamte Hab und Gut fällt an den nächsten männlichen Verwandten, wenn kein sorgfältiges Testament vorhanden ist. So machen es sich viele Frauen zum vorrangigen Ziel, möglichst gut zu heiraten und der Familie des Gatten männliche Nachkommen zu schenken.

Geboren 1775 in einer Zeit, als in London noch Menschen verhungern, verbringt Jane eine behütete Kindheit. Ihr Vater ist anglikanischer Landpfarrer und unterrichtet nebst aufgenommenen Kindern auch seine Söhne und Töchter, wenn sie nicht zu Erziehungszwecken ein paar Jahre fremdplatziert sind. Jane, der Jüngsten, dürfte die väterliche Bibliothek den Zugang zu fundierter Bildung ermöglicht haben. Doch die Idylle der Austens trügt: Ein Bruder ist von Geburt an so schwer krank, dass er nie bei der Familie leben kann. Kinder aus dem Umfeld verwaisen oder versterben. Später verlieren auch Janes Brüder ihre Gattinnen jung, worauf Nichten und Neffen mutterlos aufwachsen. Jane ist noch kein Teenager, als sie zu schreiben beginnt. Die Themen ihrer späteren Erfolgsromane klingen heute wenig feministisch: Es geht vornehmlich um junge Frauen, die ihre Gefühle erforschen, sich verlieben und nicht genehme Verehrer abweisen. Doch Austen schafft damit einen Kontrast zur bestimmenden Kultur, in der unverheiratete Frauen Armut riskieren. Mit ironischem Feinsinn kritisiert sie den Brauch, junge Frauen auf Bällen und Teepartys in die Gesellschaft einzuführen, wo sie dann monatelang verzweifelt auf einen Heiratsantrag warten. Kommt es so weit, haben sie ihrem Verehrer nicht nur optisch zu gefallen, sondern auch zum Stammbaum zu passen und über eine ordentliche Mitgift zu verfügen. Die Anwärter erhalten nach denselben Maßstäben eine Zu- oder Absage. Jane Austens Heldinnen wollen von solchen Verbindungen nichts wissen. Nur Liebe, Zuneigung und Sympathie geben Anlass zur Ehe. Wo die Gefühle stimmen, nimmt es eine Frau auch mal selbst in die Hand, dem Auserwählten einen Antrag zu machen.

Dem Ideal, nicht aus Geschäftssinn oder Not zu heiraten, bleibt Austen selbst treu. Nur einmal verlobt sie sich, nimmt die Zusage über Nacht aber zurück. Sie ist ihren vielen Nichten und Neffen eine engagierte Tante. Am nächsten aber steht ihr die Schwester Cassandra. Beide verlieben sich mehrfach, doch sterben die Männer weg, bevor mehr daraus werden kann. Die innige Verbindung der beiden Schwestern zeigt sich in ihren zahlreichen Briefen. Jane verfasst sie wie ihre Romane mit spitzer Feder. So schreibt sie an Weihnachten 1798:

*Ich will gar nicht, dass Leute sehr umgänglich sind, denn das erspart mir den Umstand, sie sehr zu mögen ... und schließt: Du verdienst einen längeren Brief als diesen; aber es ist mein unglückliches Schicksal, Menschen selten so zu behandeln, wie sie es verdienen.*

Jane stirbt im Juli 1815 nur 41-jährig in Cassandras Armen an einer Krankheit, die bis heute nicht vollständig enträtselt ist. Ihr Grab befindet sich in der Kathedrale von Winchester. Ihr Werk inspiriert noch heute Frauen weltweit, ihr Leben in die eigene Hand zu nehmen.

# 71 Beatrix Potter
*Weit mehr als »Peter Hases« Mutter*

Ein kleines braunes Kaninchen in blauer Jacke ist untrennbar mit dem Namen Beatrix Potter verbunden: Es heißt Peter Hase, im Original *Peter Rabbit,* besucht gegen die Anweisungen seiner Mutter einen Garten und verliert dort prompt seine Kleider, als er vor dem wütenden Bauern fliehen muss. Die begnadete Beatrix Potter gehört nicht nur zu den erfolgreichsten Kinderbuch-Autorinnen weltweit und über alle Zeiten hinweg, sondern vermachte dem britischen National Trust große Ländereien im Lake District, die dank ihr erhalten geblieben sind.

In Potters Kindheit weist noch nichts auf einen ungewöhnlichen Karriereweg voraus. 1866 als Tochter in einen Anwaltshaushalt in London geboren, wird sie, ihrem sozialen Stand und der Zeit angemessen, zuhause unterrichtet. Das Schulzimmer im elterlichen Heim füllt die kleine Helen Beatrix, wie ihr Taufname lautet, gemeinsam mit ihrem Bruder mit Mäusen, Kaninchen, Salamandern und Schildkröten. Die Sommer, die sie mit ihrer Familie im Lake District verbringt, lassen ausgedehnte Entdeckungsreisen in der Natur zu. Beatrix' tiefes Interesse an Tieren und Pflanzen spiegelt sich in detailgetreuen Zeichnungen, die sie stundenlang anfertigt. Erste bebilderte Geschichten finden in Briefen ihren Weg zu Kindern. Schließlich verlegt sie *Die Geschichte von Peter Hase* privat, bevor der Verlag Frederick Warne & Co. sie in sein Programm aufnimmt. Das Büchlein wird ein durchschlagender Erfolg, der Beatrix Potters Karriere lanciert. Die enge Zusammenarbeit mit Norman Warne, Verlagsmitarbeiter und Sohn des Inhabers, beschert der Welt nebst mehreren Kinderbüchern auch eine Liebesgeschichte. Norman und Beatrix wollen heiraten, aber ihren Eltern scheint der Geliebte nicht standesgemäß. Schließlich lässt sich Beatrix auf einen Handel ein: Sie reist, inzwischen heimlich verlobt, mit ihren Eltern über den Sommer 1905 wieder in den Lake District, und wenn sie im Herbst noch immer an der Verbindung festhält, versprechen die Eltern die Verlobung öffentlich bekanntzumachen. Doch während seine Verlobte im Norden weilt, stirbt Norman Warne an einer Krankheit und hinterlässt die 39-jährige Beatrix am Boden zerstört.

Dieser erschütternde Verlust wird zum Wendepunkt ihrer Lebensgeschichte: Beatrix emanzipiert sich von den viktorianisch geprägten Vorstellungen ihres Umfelds. Die Einkünfte aus ihren Büchern und der Nachlass einer Tante haben ein Vermögen heranwachsen lassen. Einen Teil davon investiert sie in einen Traum: Sie ersteht die Hill Top Farm im Lake District. Von da an lebt Potter die meiste Zeit dort und erwirbt weitere Höfe dazu. Die Zeiten sind hart für Englands Bauern, aber die zur Bäuerin konvertierte Autorin kauft ihnen nicht einfach ihre Ländereien ab, um die Landschaft vor Spekulanten zu retten, sondern stellt die Bauern weiterhin als Pächter ein. Auch die Hill Top Farm teilt sie sich mit den Cannons, denen sie bildnerisch ein Andenken in der *Geschichte von Emma Ententropf* setzt. Potter züchtet erfolgreich und preisgekrönt Herdwick-Schafe und trägt Tweedkleidung aus der Wolle ihrer eigenen Tiere. Bei ihren Grundstückkäufen assistiert ihr der lokale Anwalt William Heelis, den sie 1913 heiratet. Ihre Eltern sind nicht begeistert, da auch er keine standesgemäße Wahl darstellt, doch geben sie der 47-jährigen Braut ihr Einverständnis. Die Ehe steht unter einem glücklichen Stern. Beatrix ist in Williams großer Familie geliebte Schwägerin und Tante, die sich für die Ausbildung ihrer Nichten einsetzt. Als Beatrix mit 77 Jahren stirbt, vermacht sie alles Land dem National Trust, der es bis heute fast unverändert erhalten hat.

# 72 Pablo Picasso
## *Ein neuer Blick auf die Welt*

Wie kaum ein anderer revolutionierte der 1881 in Málaga geborene Pablo Picasso die Art, das Leben abzubilden. Der maßgeblich von ihm und Georges Braque geprägte Kubismus eröffnet den Betrachtenden einen neuartigen Blick auf die Welt. Picasso ist vieles: begnadet und getrieben, kompromisslos, aber kommerziell erfolgreich, zumindest in reiferen Jahren. Der Künstler ist ein Schlitzohr und ein Visionär. Auf das Finden und weniger auf das Suchen kommt es ihm nach eigenen Angaben an – und finden wird er, immer wieder. »Die Kunst ist dazu da, den Staub des Alltags von unseren Seelen zu wischen«, sagt er über seine Arbeit. Große Emotionen sind es, die ihn zu ersten großen eigenen Schritten bewegen: Die Blaue Periode folgt ab 1901 auf den Suizid seines Freundes Carles Casagemas. Sie ist zugleich Ausdruck seiner Trauer als auch Emanzipation in die Richtung eines eigenen Stils. Sie bringt Pablo erste breite Anerkennung ein. Mehrere Bilder dieser Zeit sind nicht erhalten geblieben, weil der junge Meister mit ihnen seine Wohnung in kalten Pariser Wintern geheizt hat. Über seine Rosa Periode, die 1905 einsetzt, mausert sich der Künstler zum großen Namen, der heute nicht mehr aus der Kunstszene wegzudenken ist.

Der Raub der »Mona Lisa« aus dem Louvre, den man ihm nach ihrem Verschwinden 1911 tatsächlich kurzfristig zugetraut hat, wird aufgeklärt und Picasso vom Verdacht der Komplizenschaft reingewaschen. Doch seine moralische Weste erhält bald andere Flecken, und die meisten davon betreffen seine Frauengeschichten. 1918 heiratet Picasso die Balletttänzerin Olga Chochlowa, mit der er den Sohn Paulo bekommt. Doch der Gatte beginnt bald schon die langjährige Affäre mit Marie-Thérèse Walter, die seine Tochter Maya zur Welt bringt. Eine Scheidung kommt aus finanziellen Gründen nicht infrage, da Picasso Olga keinesfalls die Hälfte seines unterdessen beachtlichen Vermögens überlassen will. Somit bleibt er mit ihr verheiratet, bis sie 1955 stirbt. Dafür betritt schon bald eine dritte Frau die Bildfläche. Dora Maar, selbst Künstlerin, hat nach der Trennung von Picasso größte Mühe, wieder allein zurechtzukommen. Françoise Gilot wird die Mutter von zwei weiteren Kindern, Claude und Paloma. Sie ist die einzige, die ihn verlässt. Alle Frauen sind sie auf Gemälden zu finden. Indem sie ihn alle zu ihrer Zeit und auf ihre eigene Art beflügeln, teilen sie sein Leben geradezu in unterschiedliche Phasen ein. Alle Partnerinnen leiden unter seinem Charakter und seiner Untreue. Jacqueline Roque schließlich wird seine zweite und letzte Ehefrau. Sie nimmt sich nach seinem Tod das Leben. Eine lebenslange Freundschaft auf Augenhöhe verbindet Pablo mit der Schriftstellerin Gertrude Stein, die 1958 ein Buch über ihn veröffentlicht. Er inspirierte sie zu kubistischer Dichterei, sie lieferte das Gesicht zu einem seiner weltberühmten Bilder.

Nach der Machtübernahme durch General Francisco Franco ist es dem Republikaner Picasso nicht mehr möglich, in seine Heimat Spanien zu reisen. Er schwört dem Land für den Rest seines Lebens ab, da Franco ihn überlebt. Ein starkes Zeugnis für Picassos politische Haltung ist das Gemälde *Guernica*, das er für den spanischen Pavillon an der Pariser Weltausstellung von 1937 malt. Die baskische Stadt wurde während des Spanischen Bürgerkriegs durch Francos Alliierte dem Erdboden gleichgemacht. Bis heute hat das symbolträchtige Bild nichts von seiner Ausdrucks- und Aussagekraft verloren. Picasso stirbt 1973 an einem Herzinfarkt in seinem Haus in Mougins. Er wird im Garten seines Schlosses Vauvenargues beigesetzt.

## 73 Hilde Domin
*Von Luft getragene Dichterin*

Als 1959 ihr Erstlingswerk *Nur eine Rose als Stütze* erschien, mogelte der Verlag das Geburtsjahr der Autorin zurecht: Dass die Verfasserin der Gedichte über 50 Jahre alt war, passte nicht zur Werbestrategie. Erst zu ihrem 90. Geburtstag stellt Hilde Domin die Angelegenheit klar. Das Motto, das die Dichterin dem zweiten Teil des Erstlingswerks voranstellt, steht sinnbildlich für ihr Leben: »Ich setzte den Fuß in die Luft, und sie trug.«

Die Sache mit dem Geburtsjahr ist nicht weiter wichtig. Domin sagt später, sie sei 1951 geboren worden, als sie zu schreiben anfing. Zwar hatte sie bereits zuvor erste schriftstellerische Texte verfasst, doch als ihre Mutter starb, rettete sie das Verfassen von Lyrik vor dem Suizid: »Ich war eine Sterbende, die gegen das Sterben anschrieb.« Sie überlebte nicht zuletzt dank der Kraft, die auch von ihren Gedichten und den klaren, eindringlichen Worten ausgeht. Zeitlebens sind die Themen Heimat, Zugehörigkeit, Liebe, Mut und Hoffnung die Ankerpunkte ihres Schaffens. Nicht von ungefähr, denn Hilde Domin entkommt der Schoa nur mit der Gnade großer Voraussicht. Als sie im Winter 1930/31 noch als Hilde Löwenstein 21-jährig in Berlin studiert, hört sie Hitlers Reden und liest »Mein Kampf«. Ihr wird klar, dass der Mann das Angedrohte auch durchführen wird. Gemeinsam mit ihrem späteren Mann Erwin Walter Palm geht sie nach Italien und studiert hier weiter. 1935 promoviert sie an der Universität Florenz über die Staatsgeschichte der Renaissance und heiratet Palm 1936. Dann spitzt sich auch hier die Situation zu. 1939 gelingt dem Paar in letzter Minute die Flucht nach England. Schon 1940 ziehen Hilde und Erwin Palm in die Dominikanische Republik weiter. Der Staat in der Karibik wird für 22 Jahre ihr Zufluchtsort und verleiht später der Dichterin ihren Künstlernamen. Vorerst verzichtet sie auf eine eigene akademische Laufbahn, assistiert ihrem Mann und arbeitet als Übersetzerin, Sekretärin, Fotographin und Universitätsdozentin. Nach ihrer Rückkehr aus der Karibik pendeln Domin und Palm zwischen Spanien und Deutschland. Der spanischen Kultur fühlt sich die Dichterin immer verbunden, sie sieht sich als spanische Autorin in deutscher Sprache. Das Spannungsfeld zwischen dem Hier und Dort, dem Dazugehören und Fremdsein verleiht ihrer Lyrik eine unverkennbare Note. Die Texte sind leicht zugänglich, doch von fast grenzenloser Tiefe. In ihnen wächst der Apfelbaum neben dem Olivenbaum. Sie schlagen die Brücke zwischen dem Norden und dem Süden, dem Krieg und dem Frieden. Immer zentral bleibt einerseits das bittere Schicksal:

*Wen es trifft,*
*der wird aufgehoben*
*wie von einem riesigen Kran*
*und abgesetzt*
*wo nichts mehr gilt,*
*wo keine Straße*
*von Gestern nach Morgen führt.*

Andererseits leuchtet die Handlungsfähigkeit des Individuums auf:

*Ich nannte mich*
*ich selber rief mich*
*mit dem Namen einer Insel.*

Domin wird in der zweiten Lebenshälfte eine literarische Größe im Land ihrer Geburt, das sie umgebracht hätte, wäre sie nicht geflohen. Sie liest in Schulen, Kirchen und Gefängnissen. Ihre Gedichte werden in 22 Sprachen übersetzt und ihr Werk vielfach preisgekrönt. 1993 erhält Domin das Große Bundesverdienstkreuz. Die nach Deutschland zurückkehrte Jüdin wird zur Botschafterin des Friedens und der Hoffnung. Mit 96 stirbt sie 2006 in Heidelberg und wird im Grab ihres 1988 verstorbenen Mannes beigesetzt. Als Motto für den Grabstein wählt sie einen Vers, der sie 45 Jahre zuvor berühmt gemacht hat – nun jedoch dankbar im Plural und abschließenden Präteritum: *Wir setzten den Fuß in die Luft, und sie trug.*

# 74 Muhammad Ali
## *Wie Schmetterling und Biene*

Ein Fahrrad in Louisville, Kentucky, steht am Anfang der größten Boxerkarriere aller Zeiten. Der 12-jährige Cassius Marcellus Clay ist so wütend über dessen Diebstahl, dass er bei der Anzeige dem Polizisten schwört, den Dieb windelweich zu prügeln. Der Polizist rät ihm gelassen: »Lerne erst mal zu kämpfen!«, und lädt Cassius zum Training in seinem Boxkeller ein. Ein Jahr später erhält Clays Kampfeslust eine politische Note. Der gleichaltrige Emmett Till wird 1955 brutal ermordet, weil der schwarze Jugendliche eine weiße Frau mit »Babe« angesprochen haben soll. Die Täter gehen straffrei aus. Zeitungsbilder vom lächelnden Jungen und seinem zerschlagenen Gesicht im Sarg erschüttern Clay. Schon der Amateur sichert sich Meistertitel im Halbschwergewicht und Schwergewicht. 1960 wird Cassius Clay Olympiasieger im Halbschwergewicht, wirft die Goldmedaille jedoch aus Protest gegen den heimischen Rassismus in den Ohio River. Als Profi dominiert er die Szene und wird Schwergewicht-Weltmeister in den meisten Jahren zwischen 1964 und 1979. Doch der größte Kampf wartet danach: 1984 trifft ihn die Diagnose Parkinson-Syndrom, an dessen Folgen er 2016 mit 74 Jahren stirbt. Ali heiratet viermal. Von den neun Kindern wird Laila Ali Boxerin.

Die Erfolgskarriere verläuft nicht schnurgerade. Zum einen legt sich Clay öffentlich mit der Regierung an, als er sich weigert, in Vietnam zu kämpfen:

---

*Ich werde nicht zehntausend Meilen von zuhause mithelfen, eine weitere arme Nation zu ermorden, nur damit weiße Sklavenhalter weltweit auch in Zukunft über die dunkleren Menschen herrschen können.*

Der Dienstverweigerer wird jahrelang gesperrt – und Titel werden aberkannt. Zum anderen brüskiert er mit seinem Bekenntnis zum Islam, seinem Beitritt zur radikalen Organisation »Nation of Islam« und der Namensänderung in Muhammad Ali.

*Ich bin Amerika. Ich bin der Teil, den ihr nicht anerkennen wollt. Aber gewöhnt euch an mich. Schwarz, souverän, anmaßend; mein Name, nicht eurer; meine Religion, nicht eure; meine Ziele, meine eigenen: Gewöhnt euch an mich.*

Ansagen wie diese bringen Ali den Spitznamen »Louisville-Lippe« ein. Einigen gilt er als Vorläufer des »Battle Rap«. 1974 provoziert Ali vor dem »Rumble in the Jungle«, einem der größten Boxkämpfe aller Zeiten, seinen Gegner George Foreman:

*Ich bin böse. Letzte Woche habe ich einen Felsen totgeschlagen, einen Stein verletzt und einen Ziegel spitalreif geschlagen. Ich bin so gemein, ich mache sogar Medizin krank. Und ich bin schnell: Gestern habe ich bei der Tür das Licht ausgemacht und lag schon im Bett, bevor der Raum dunkel war.*

Seinen Kampfstil beschreibt Ali: »Schwebe wie ein Schmetterling, stich wie eine Biene.« Privat pflegt Ali einen bescheidenen Lebensstil. »Es gibt so viele Schwarze in Amerika, die nichts haben. Ich kann meinen Reichtum nicht genießen, bis sie alle frei sind.« Seine Religion wird seine größte Aufgabe. »Muslim zu sein bedeutet mir mehr als Schwarz zu sein oder Amerikaner.« Längst hat er sich von den Extremisten der »Nation of Islam« ab- und sich einem offeneren Islam zugewandt. Bis zu seinem Tod nimmt er die Muslime in Schutz, wenn sie nach Terrorvorfällen unter Generalverdacht geraten. »Islam bedeutet Frieden. Ich bin gegen das Töten und gegen Terror, und die Leute, die das im Namen des Islams tun, liegen falsch.« Auch seine schwere

Krankheit nimmt er mit spiritueller Haltung an und tritt auch als Gezeichneter öffentlich auf, solange es irgendwie möglich war. »Gott gab mir Parkinsons Syndrom, um mir zu zeigen, dass ich nicht der Größte bin – das ist Er. Gott gab mir diese Krankheit, um mich daran zu erinnern, dass ich nicht die Nummer Eins bin – das ist Er«.

# 75 Bob Ross
*Aus Fehlern werden Bäume*

Sein krauses Haar machte ihn so unverwechselbar wie sein Strahlen, seine kunsthandwerklichen Fähigkeiten machten ihn berühmt und seine positive Haltung zum Leben klingt auch über 20 Jahre nach seinem Tod nach. Bob Ross, geboren 1942 in Florida als Robert Norman Ross, sagte Dinge wie: »Wir machen keine Fehler, wir haben glückliche Unfälle« oder »Wir brauchen das Dunkle, damit man das Licht besser sieht«.

In seiner TV-Serie *The Joy of Painting* (»Die Freude des Malens«), die zwischen 1983 und 1994 mit 31 Staffeln und insgesamt 403 Episoden lief, malte er pro 27-minütiger Sendung ein Bild in seiner patentierten Nass-in-Nass-Technik. Dass er die vom ihm nicht erfundene Technik kommerziell geschickt einsetzte, brachte ihm Kritik ein. Man warf ihm auch vor, wohl eindrücklich zu malen, jedoch statt Kunst nur Dekoration zu schaffen. Seine Fans hingegen liebten und lieben ihn nicht primär wegen seiner künstlerischen Fähigkeiten, sondern wegen seiner Lebensweisheiten und seiner tiefen Liebe zur Natur. »Wenn ich etwas male, dann will ich nicht erklären müssen, was es ist«, kommentierte er abstrakte Kunst. Einmal sagte er beim Malen über die herablassenden Kommentare: »Ich male Dinge manchmal in gerader Anzahl – einfach nur, um die Kritiker zu ärgern.« Bei anderer Gelegenheit merkte er während eines neuen Arbeitsschrittes an: »Wir wissen nicht wirklich, wo uns das jetzt hinführt, und ich bin auch nicht sicher, ob uns das kümmert.«

Wie viele seiner Generation schloss sich auch Ross in jungen Jahren der Armee an. Mit 17 Jahren verpflichtete er sich für 20 Jahre zum

Dienst als Techniker in der Air Force, weil er die Welt sehen wollte. Zudem studierte er an verschiedenen Colleges Malerei. Die Zeit, die er in Alaska verbrachte, verstärkte seinen Bezug zur Natur. Ab 1981 tourte er als Künstler durch die USA, bevor er seine Technik in der eigenen Fernsehserie präsentierte. Hierfür reichten wenige Kameraeinstellungen, die über die Jahre gleichblieben, und wenige Studioutensilien. Manchmal brachte er kleine Tiere mit, die er gerettet hatte und die er später immer freiließ. Zu anderen Gelegenheiten spielte er kleine Aufnahmen von sich oder anderen Tierrettern und ihren kleinen Freunden ein, um seine Zuschauerinnen und Zuschauer zu unterhalten, während er einen Arbeitsschritt zu Ende brachte. Neben der Fernsehserie stellte er mit Partnern die Firma Bob Ross Inc. auf die Beine, die bis heute Lehrvideos und -bücher sowie Malsets verkauft und Kurse anbietet.

Ross' Privatleben verlief nicht schnurgerade. Einmal geschieden, einmal verwitwet, ging er schließlich kurz vor seinem Tod eine dritte Ehe ein. Sein einziger Sohn Steve Ross vertrat ihn einige Male in der Sendung und unterrichtet heute selbst. Den Namen Ross darf er dabei nicht nutzen, dafür haben die Geschäftspartner des Vaters gesorgt. Bob Ross schien mit seiner Biographie nicht zu hadern, im Gegenteil: Während er malte, ermunterte er seine Fans, aus Fehlern etwas Neues zu schaffen oder sie mit etwas Schönem zu kaschieren: »Bäume verdecken die verschiedensten Sünden«, sagte er etwa, und es war klar, dass er nicht nur vom Leben auf der Leinwand sprach, wenn er aus einem verunglückten Pinselstrich einen Wasserfall zauberte. Einen positiven Blick aufs Leben ließ er sich nicht nehmen: »Wir wollen fröhliche Bilder. Wenn du traurige Dinge willst, schau Nachrichten.«

Ross starb 1995 nur 52-jährig an Lymphdrüsenkrebs. In Erinnerung bleiben wird er nicht zuletzt mit seinem traditionellen Gruß, mit dem er sich stets von den Zuschauern verabschiedete, bevor sich ein breites Grinsen auf seinem Gesicht ausbreitete:

*Ich wünsche dir frohes Malen – und segne dich Gott, mein Freund.*

# 76 Yusuf Islam – Cat Stevens
## Vom Folkstar zum Botschafter des Islam

Als Steven Demetre Georgiou 1975 im kalifornischen Malibu beinahe ertrinkt, ändert eine Welle alles: Sie spült ihn zurück ans Land. Steven sah darin eine Fügung Gottes und las den Koran, den ihm sein Bruder kurz zuvor geschenkt hatte, mit anderen Augen. Im Dezember 1977 konvertierte er zum Islam und wechselte den Namen in Yusuf Islam. Es war nicht sein erster Namenswechsel. Der Musiker, der 1948 in London als Sohn eines Zyprioten und einer Schwedin geboren wurde, konnte sich schwer vorstellen, dass die Tonträger unter seinem Geburtsnamen reißenden Absatz fänden. »Wer fragt schon nach dem neusten Steven-Demetre-Georgiou-Album?«, meinte er später dazu. Also nannte sich der Folk- und Softrock-Liedermacher fortan Cat Stevens. Hits wie *Morning has broken* oder *Father and Son* machten ihn weltberühmt und gehören zu den beliebtesten Songs aller Zeiten.

Das Bekenntnis zum Islam läutete eine längere Pause ein, in der er kaum musikalisch in Erscheinung trat. Vertragliche Gründe zwangen ihn, als Cat Stevens noch ein Album zu veröffentlichen und letzte Auftritte wahrzunehmen. Dann aber widmete sich Yusuf Islam ganz seinem neuen Leben, heiratete Fauzia Ali, wurde sechsfacher Vater, war für seine Familie da und vertiefte seinen Glauben. Über 20 Jahre später endete die musikalische Funkstille. Unter dem neuen Künstlernamen Yusuf griff er wieder zur Gitarre, die er zunächst als unislamisch in die Ecke gestellt hatte. Er arbeitete wieder mit anderen Musikern wie Paul McCartney oder Peter Gabriel zusammen, trat an Benefizveranstaltungen gegen AIDS oder Landminen auf und gelangte 2004 mit einem als Yusuf neu aufgenommenen Cat-Stevens-Hit wieder in den Pop-Charts. Seine Konversion war in aller Munde, und zu islamistischen Terroranschlägen und jeder Kontroverse wurde er um Stellungnahmen gebeten. Obwohl er sich von Gewalt stets deutlich distanzierte, ließ er doch einige Male aufhorchen: sei es, weil er in einem Interview Homosexualität als Sünde bezeichnete, sei es, weil er Frauen nicht die Hand schütteln wollte. Empörung erntete Yusuf, als er sich nicht vom islamischen Mordaufruf gegen den Schriftsteller Salman Rushdie distanzierte. Als er mit verfänglichen Zitaten in Presse und Fernsehen konfrontiert wurde, kritisierte er den Zusammenschnitt von Interviews und berief sich auf die provokative Manier der Briten. In einem Interview hielt er zu den Unterschieden der Religionen fest:

*Ich glaube nicht, dass Gott uns Propheten und Bücher geschickt hat, damit wir darüber streiten. Vielmehr lehren sie uns, wie wir zusammenleben können. Wenn wir diese Lehren in den Wind schlagen, egal, zu welchem Glauben wir gehören, dann werden wir uns in einen noch viel größeren Schlamassel reiten.*

Mit der Zeit versöhnte sich die westliche Welt mit dem Konvertiten – und er sich mit ihr. Yusuf arbeitete für Hilfsprojekte der UNO im Kosovo und Irak und gründete muslimische Schulen in Großbritannien. Heute werden die Namen Cat Stevens/Yusuf gleichberechtigt und parallel verwendet. Ab 2017 erschienen seine Alben unter beiden Namen. Mit dem »World Social Award« und dem »Man for Peace Award« ausgezeichnet, wirkte er nach den Londoner Bombenanschlägen von 2005 in einem Beraterteam der britischen Regierung mit, um dem islamistischen Extremismus entgegenzuwirken. Sein soziales Engagement wurde mit einem Ehrendoktortitel der Universität von Gloucestershire gekrönt. 2007 würdigte ein »Echo« sein Lebenswerk im Zeichen des Dialogs der Kulturen, und 2009 erhielt er den Deutschen Nachhaltigkeitspreis. 2021 nahm er für das Hilfswerk »Playing for Change« den Hit »Peace Train« neu auf. Heute lebt Yusuf Islam mit seiner Familie in London und verbringt jedes Jahr Zeit in Dubai.

# 77 Arundhati Roy
## *Autorin, Menschenrechts- und Umweltaktivistin*

Sie ist keine, die ein Blatt vor den Mund nehmen würde. Als Arundhati Roy, mitten im Großerfolg ihres Erstlingsromans, 1998 lautstark Kritik am indischen Atomwaffenprogramm übt, wird sie von Nationalisten attackiert. Doch Roy hat eine Antwort parat:

*Wenn der Protest dagegen, eine Atombombe in mein Hirn implantiert zu bekommen, anti-Hindu und anti-national ist, dann sage ich mich los. Ich erkläre mich hiermit zu einer unabhängigen, mobilen Republik. Ich bin eine Bürgerin der Erde. Ich besitze kein Territorium. Ich habe keine Flagge. Ich bin weiblich, aber ich habe nichts gegen Eunuchen.*

Suzanna Arundhati Roy, so ihr bürgerlicher Name, wird 1961 in Shillong in Indien geboren. Ihre Mutter, eine südindische Christin, ist eine prominente Frauenrechtlerin. Der Vater ist Hindu, ein Teeplantagen-Manager aus Kalkutta. Die Eltern lassen sich früh scheiden, die Mutter reist mit Arundhati und ihrem Bruder zurück zu den Großeltern in Kerala, wo Arundhati aufwächst. Es ist ein sozialer Abstieg: Eine Frau, die zu ihren Eltern zurückkehrt, wird nicht mit offenen Armen empfangen. Mit 16 verlässt Arundhati Südindien und geht nach Delhi, wo sie Architektur studiert.

Arundhati Roy hat lediglich zwei Romane vorgelegt. Dennoch gilt sie als eine der herausragenden Schriftstellerinnen der Gegenwart. Ihr erster Roman, die halb-biographische Erzählung *Der Gott der kleinen Dinge*, gewinnt 1997 den »Man Booker Prize«. Sie hat Jahre an dem Buch gearbeitet und daneben zahlreiche Drehbücher verfasst. Das gesamte Preisgeld gibt sie einer indischen Umweltorganisation.

Es wird 20 Jahre dauern, bevor *Das Ministerium des äußersten Glücks* erscheint und die Autorin wieder auf die Listen verschiedener Bücherpreise bringt. Das äußerste Glück, sagt Roy in einem Interview, ist der wirkliche radikale Akt.

*Äußerste Traurigkeit kennen wir alle. Aber der echte Sieg ist: Schaffst du es, daraus herauszukommen mit einer Vorstellung davon, wenigstens zeitweise glücklich zu sein?*

In der Zwischenzeit verfasst Roy Manifeste, Essays und Artikel zu Politik und Kultur. Sie schreibt und spricht: gegen aktuelle Kriege, gegen den aggressiven Antiterrorkampf der USA, gegen Korruption, gegen die Ausbeutung der Ärmsten und die Politik der Weltbank, gegen Indiens atomare Aufrüstung, Staudammprojekte und fanatische religiöse Gruppen. Die Kritikerin der Globalisierung engagiert sich für die Umwelt und für die Menschenrechte. Mehrere Preise darf sie für ihr Engagement entgegennehmen, unter anderem den Sydney-Friedenspreis 2004. Kurz vor der Veröffentlichung ihres zweiten Romans erklärt sie 2017, warum sie so viele Artikel verfasst hat:

*Ich schreibe Dinge auf, weil ich sie manchmal einfach nicht nicht schreiben kann. So gesehen habe ich eine 20-Jahre-Menge Essays, die ich eigentlich gar nicht zu schreiben beabsichtigt hatte.*

2014 zählt das amerikanische *Time*-Magazin Roy zu den 100 einflussreichsten Menschen der Welt. Ein Sprachrohr will Roy aber keines sein. »Ich bin nicht euer Gewissen«, sagt sie – auch nicht die Stimme derer, die selber keine haben. »Die gibt es nicht. Aber es gibt die, die man bewusst stummschaltet, denen man nicht zuhören will.« Still sein und in der Versenkung verschwinden will sie nicht:

*Ich will nicht anonym sein, denn andere Frauen sollten wissen, dass sie das Gleiche erreichen können. Du kannst glücklich sein, du kannst diesen verdammten Raum einnehmen.*

# VI
# Entdeckungen und Erfindungen

# 78 Archimedes von Syrakus
## *Wissen hebt die Welt aus den Angeln*

Ohne den sizilianisch-griechischen Physiker und Mathematiker sähe unsere Welt anders aus. Dass wir heute in Dimensionen rechnen, die unsere Vorstellungskraft übersteigen, verdanken wir ihm. Seine Entdeckungen, Berechnungen und Erfindungen sind Grundlage zahlloser Alltagsgegenstände und Instrumente mit kompliziertester Technik. Den Begriff »zahllos« allerdings kennt Archimedes nicht: Selbst die astronomisch großen Zahlen, die er vor 2200 Jahren als erster Mensch mathematisch ausdrücken konnte, sind präzise berechenbar. Um dies beweisen, rechnete er aus, wie viele Sandkörner es bräuchte, um das Universum zu füllen, und kam auf $10^{64}$. Dass das Universum damals auf ungefähr die Größe unseres Sonnensystems geschätzt wurde, spielt keine Rolle: Neu war, dass Zahlen in diesen Größenordnungen nicht einfach als unendlich, sondern als exakt berechenbar galten. Archimedes berechnete Flächen und entdeckte die Zahl $\pi$ (Pi), noch ohne ihr diesen Namen zu geben. Auf ihn gehen das Hebelgesetz und der damit einhergehende archimedische Punkt zurück: »Gebt mir einen festen Punkt, und ich hebe die Welt aus den Angeln.«

Archimedes schrieb zahlreiche Abhandlungen abstrakter Natur. Praktische Arbeiten führte er zwar ebenfalls aus, doch tat er dies mit gehöriger Herablassung: Er verstand sich schließlich nicht als Ingenieur, auch wenn er interessante und zukunftswirksame Maschinen baute. So hat die archimedische Schraube ihren Namen von ihm. Er baute auch Brennspiegel und Planetarien, verschiedenartige Flaschenzüge und Wurfmaschinen. »*Heureka!* – Ich hab's gefunden!«, soll er gerufen haben, als er beim Baden die Wasserverdrängung beobachtete und damit das archimedische Prinzip von Volumen, Gewicht und Auftriebskraft entdeckte. Die Details dieser Erzählung, bei der es um den Goldgehalt einer Königskrone geht, gehören vermutlich ins Reich der Legende. Überhaupt ist vieles mehr legendär denn historisch, was man heute über Archimedes erzählt. Eine von seinem Freund Heracleides verfasste Biographie ist verschollen. Hauptquelle ist neben Archimedes' Traktaten die Biographie des Feldherrn Marcus Claudius Marcellus, die der antike Historiker Plutarch verfasst hat.

Demnach kam Archimedes 287 vC. als Sohn des Hof-Astronomen Pheidias in Syrakus auf Sizilien zur Welt. Mit der Familie des Herrschers Hieron II. war er befreundet, möglicherweise sogar verwandt. Der Forschergeist hielt sich länger in Alexandria auf, bevor er sich wieder in Syrakus niederließ. Die da von ihm konzipierte Wurfmaschine wurde im Zweiten Punischen Krieg gegen die Römer verwendet. Sie verhinderte allerdings nicht, dass Syrakus im Jahr 212 vC. nach dreijähriger Belagerung durch Marcellus' Heer fiel. Dabei wurde auch Archimedes von einem Soldaten getötet, sehr zum Missfallen des Feldherrn, der Archimedes gerne kennengelernt hätte. Nach einer Erzählung lauteten Archimedes' letzten Worte: »Störe meine Kreise nicht.« Für sein Grab hatte er sich testamentarisch einen Zylinder und eine Kugel gewünscht, womit er auf seine Abhandlung über eben diese geometrischen Körper anspielte. Cicero (→ 96) suchte das Grab, als er 75 vC. auf Sizilien Quästor war. Er fand es tatsächlich, allerdings von Gestrüpp überwuchert.

# 79 Gudrid Thorbjörnstochter
*Vor Kolumbus in Amerika*

500 Jahre bevor Kolumbus (→ 83) seinen Fuß auf eine Insel des amerikanischen Kontinents setzte, gaben erste Europäer ein Gastspiel in Amerika. Die Wikinger kamen auf ihren Entdeckungsreisen bis an die Küste Labradors und siedelten zwischenzeitlich auf Neufundland. Unter ihnen treffen wir die Pionierin Gudrid Thorbjarnadottir. Ihr Schicksal war so außergewöhnlich, dass es gleich zwei Sagas beschäftigt: die Saga von Erik dem Roten und die Grönländer-Saga.

Um 980 wurde Guðríðr Þorbjarnadóttir in Island geboren: Gudrid, Tochter des Thorbjörn. Sie soll so schön und klug gewesen sein, dass sie sich der Heiratsanträge kaum erwehren konnte. Um die Jahrtausendwende verschenkt und verkauft Thorbjörn alles, was er besitzt, und bricht mit seinen Gefolgsleuten auf mehreren Schiffen nach Grönland auf. Die Überfahrt muss heftig gewesen sein: Nur wenige erreichen die neue Heimat, unter ihnen Thorbjörn und seine Tochter. Just zu dieser Zeit aber wütet der Tod auf Grönland. Fischer verschwinden auf hoher See, und wer zurückkehrt, bringt kaum etwas zu essen mit. Als die Seherin Thorbjörg winters ihre Runden macht, erhoffen sich die Menschen ein Ritual von ihr, das bessere Zeiten verheißt. Dafür fehlt jedoch eine Frau, die den richtigen Zaubergesang kennt. Gudrid kann ihn zwar, hat aber Skrupel: Sie ist Christin und möchte nicht zentral an einer heidnischen Kulthandlung mitwirken. Thorbjörg aber redet ihr zu: Menschen zu helfen sei ja nichts Unchristliches. Gudrid lässt sich umstimmen, und die Zeremonie wird abgehalten. Thorbjörg revanchiert sich und warnt Gudrid vor Schicksalsschlägen, weissagt ihr aber auch eine glänzende Zukunft.

Gudrid scheint dreimal geheiratet zu haben. Ein erster Gatte namens Thorir verstirbt jedoch früh. Auch mit Thorstein, Sohn des berühmten Wikingers und Entdeckers Eriks des Roten, der auf Grönland als Siedlungsgründer das Sagen hat, wird Gudrid nicht lange glücklich: Er erliegt einer Krankheit. Bald darauf stirbt auch Gudrids Vater Thorbjörn und vermacht seiner Tochter das ganze Vermögen. Gudrid heiratet ein drittes Mal. Der Erwählte ist Handelsreisender aus Island und heißt Thorfinn Karlsefni. Diese Heirat wird nun die, die Gudrid all das bringt, was ihr bis dahin von allen Seiten prophezeit wurde: Ruhm und eine große Nachkommenschaft. Denn Erik hat einen zweiten Sohn, Leif, der wie sein Vater die Weltmeere besegelt und neue Länder entdeckt. Er ist es, der die Küste Neufundlands entdeckt und im Folgenden mehrere Expeditionen dahin leitet. Mit ihm, ihrem Mann Thorfinn Karlsefni und weiteren Skandinaviern reist Gudrid um 1004 nach Labrador, das die Isländer in ihren Sagas »Vinland« nennen. Drei Jahre lang siedeln 60 Männer und fünf Frauen in der Neuen Welt, und Gudrid bringt dort kurz nach der Landung Snorri, ihren Sohn, zur Welt: Er ist wohl der erste Europäer, der auf amerikanischem Boden geboren wird. Konflikte mit den Einheimischen zwingen die Skandinavier, ihre Siedlung nach drei Jahren wieder aufzugeben.

Gudrid kehrt mit ihrer Familie nach Island zurück und unternimmt eine letzte abenteuerliche Reise: Nach der Heirat ihres Sohnes

Snorri wieder frei, reist sie nach Rom und zurück nach Island. Damit wird sie vermutlich die am weitesten gereiste Frau ihrer Zeit sein. Es trägt ihr in den Annalen der Isländer den ehrenhaften Beinamen »víð-förla«, die Weitgereiste ein. Bei ihrer Rückkehr findet sie eine von Snorri gebaute neue Kirche vor. Gudrid wird Nonne und verbringt den Rest ihres Lebens als Einsiedlerin.

## 80 Trota von Salerno
### Medizinerin und Frauenärztin im Mittelalter

Fast hätte man es geschafft, die Ärztin Trota ganz in die Vergessenheit zu verbannen. Verschiedentlich zweifelten moderne Medizinhistoriker ihre Existenz an und behaupteten, sie sei allenfalls eine Hebamme gewesen, doch sicherlich keine Ärztin. Andere Interpreten ihrer Schriften vermuteten die Autorschaft eines Mannes, zu dessen Identität es keine gesicherten Erkenntnisse gebe, was wilde Phantasien beflügelt habe. Für einige Forscher, die die Existenz der Ärztin anerkannten, waren Trotas medizinische Schriften mehr Pornographie denn Wissenschaft. Und noch bis zum Ende des 20. Jahrhunderts äußerten sich vereinzelt Gelehrte dahingehend, dieses Wissen könne unmöglich eine Frau besessen haben.

Dabei wurde Trota in der italienischen medizinhistorischen Forschung nie bezweifelt. Sie wird vielmehr zu jenen »mulieres salernitane«, den »Frauen aus Salerno« gezählt, die alle im Umfeld der für ihre Medizin im ganzen Abendland bekannten Universität Salernos wirkten. Trota ist das prominenteste Mitglied dieser Gruppe. Sie lebte und arbeitete im frühen bis mittleren 12. Jahrhundert und war als praktizierende Ärztin Mitglied der medizinischen Fakultät von Salerno. Nähere biographische Daten sind nicht gesichert, doch sie könnte wohl aus der noblen normannischen Familie De Ruggiero stammen, die zum Bau des Doms von Salerno beitrug. Laut einiger Quellen war sie die Ehefrau des Arztes Giovanni Plateario, mit dem sie zwei Söhne hatte.

Schon im Mittelalter war Trota in weiten Teilen Europas bekannt. Vor allem ihr Beitrag zur Frauenmedizin war für ihre Zeit bahnbrechend.

Eine Sammelhandschrift aus dem 12. Jahrhundert enthält drei Beiträge zur Frauenheilkunde. Nebst einer Schrift über die arabische Medizin und einem Traktat über Hauterkrankungen und kosmetische Mittel ist darin auch das Buch *De curis mulierum* (»Über die Heilkunde für Frauen«) enthalten. Diese lateinische Schrift wird Trota zugeschrieben, die darin äußerst fortschrittliche Erkenntnisse zur weiblichen Gesundheit und zu Fragen der Gynäkologie erläutert. So beschreibt sie den weiblichen Zyklus und den Einfluss von Psyche und Ernährung darauf. Sie empfiehlt für das einfache Volk erschwingliche Heil-, Fruchtbarkeits- und Verhütungsmittel und gibt auch ausführliche Anweisungen für schwere Geburten. Weitere Informationen der Schrift betreffen Säuglingskrankheiten. Die Autorin äußert sich ebenso zu allgemeinen medizinischen Themen wie Parasitenbefall oder Krebs. Außerdem scheint sich Trota bewusst gewesen zu sein, wie schwer es Frauen fallen kann, mit einem männlichen Arzt über ihre Beschwerden zu sprechen. Darauf weist explizit die Einleitung der Heilkunde hin.

Erst 1985 wurde in Madrid eine weitere Handschrift entdeckt, die von Trota verfasst sein könnte. Forscherinnen sehen darin ein neues wichtiges Indiz für die Existenz der mittelalterlichen Ärztin und ihre Bekanntheit weit über Italien hinaus. Viele Forscherinnen und Forscher gehen unterdessen auch davon aus, dass sie ihre Schriften eigenständig verfasst hat. Einiges spricht dafür, dass sich das fundierte und detailreiche Wissen der gelehrten Frau aus reicher Erfahrung nährte, indem sie als Ärztin in allen medizinischen Bereichen außer der Chirurgie praktizierte.

Die *Trotula* genannte Sammelhandschrift des 12. Jahrhunderts gehörte von Italien über Deutschland bis England zu den Standardwerken der Frauenheilkunde.

# 81 Roger Bacon
*Naturforscher und Erfinder der Brille*

Südlich von Bristol kommt vor 1220 ein Genie zur Welt, das später als Naturwissenschaftler den Titel »doctor mirabilis« (wunderbarer Gelehrter) erhält. Der junge Engländer studiert an der Universität Oxford und lehrt dann in Paris. An beiden Orten faszinieren ihn die grundlegenden Fächer der philosophischen »Artes«: Er spezialisiert sich auf Mathematik mit Astronomie, Alchemie und Optik. Bei der Erarbeitung seiner Vorlesungen erkennt der leidenschaftliche Forscher, wie überlegen die islamische Welt damals philosophisch, naturwissenschaftlich, medizinisch und technisch ist. Nach zehn Jahren in Paris nach Oxford zurückgekehrt, lernt Roger Bacon nach Latein auch Griechisch und Arabisch, um Werke islamischer Gelehrter lesen zu können.

Seine Freundschaft zum gelehrten Franziskaner Adam Marsh mag dazu beigetragen haben, dass Roger in dessen Orden eintritt. In das internationale Ordenskloster von Paris gesandt, beginnt Bacon die damalige Theologie scharf als weltfremd und unbiblisch zu kritisieren. Er fordert eine Studienreform, die nicht philosophische Haarspaltereien lehrt, sondern Theologie auf die Heiligen Schrift gründet, die in ihrer griechischen und hebräischen Originalsprache zu lesen ist. Theologen hätten sich zudem mit allen Wissenschaften der Zeit vertraut zu machen. Er selbst legt sein Hauptinteresse in die »Scientia experimentalis« – naturwissenschaftliche Experimentalforschung. Sein Opus maius erläutert erstmals in Europa die Herstellung von Schwarzpulver, beschreibt die Größe von Himmelskörpern, erfasst die Gesetze der Lichtspiegelung und Lichtbrechung, erklärt die Entstehung von Regenbogen und erkennt das Zusammenspiel von Gezeiten und Mond.

Indem er Vorarbeiten des arabischen Optikers Abu Ali al-Hasan, der 1040 in Kairo gestorben war, weiterentwickelt, erfindet Roger Bacon die Brille. (Umberto Eco lässt im Roman »Der Name der Rose« den englischen Franziskaner William of Baskerville von der noch jungen Erfindung profitieren.) Bacon sieht auch die Erfindung von Mikro- und Teleskopen, von Dampfschiffen und Flugzeugen voraus. Er schreibt in einem Brief:

*Es können Flugapparate konstruiert werden, in denen ein Mensch sitzt und künstliche Flügel in der Luft bewegt, den Vögeln ähnlich.*

Von der arabischen Medizin übernimmt er das Postulat, dass Alchemie primär Medikamente erzeugen soll, die das Leben des Menschen verlängern. Der Franziskaner Bacon wird im hohen Mittelalter zum Vorläufer der Renaissance. 400 Jahre später erinnern Aufklärer an ihren 1292 in Oxford verstorbenen Wegbereiter, der mutig für die empirische Forschung eintrat.

Als Naturforscher und Erfinder beklagt Bacon vier Hindernisse auf dem Weg zur echten Erkenntnis: falscher Respekt vor Lehrmeinungen (Autoritäten), Gewohnheit, Abhängigkeit von populären Ansichten und Mehrheitsansichten im Volk sowie mangelnde Schulung der Sinneswahrnehmung. Dazu schreibt er:

*Mittels dreier Methoden können wir etwas wissen: durch Autorität, Begründung und Erfahrung. Die Autorität nützt nichts, wenn sie nicht auf Begründung beruht ... Autoritäten gründen auf Glaube, nicht auf Einsicht. Doch auch Argumentation führt nicht zu Wissen, wenn wir nicht ihre Schlüsse praktisch (experimentell) überprüfen ... Über allen Wissenschaften steht daher die vollkommenste, die alle anderen verifiziert: die Erfahrungswissenschaft.*

# 82 Johannes Gensfleisch Gutenberg
## Erfinder des Buchdrucks

Als »Bill Gates des Mittelalters« von US-Journalisten 1999 zum »Mann des Jahrtausends« erwählt, überrascht der deutsche Erfinder heute mit kargen Lebensdaten. Während seine Erfindung eine Medienrevolution auslöste, die den Erfolg der Reformation mitermöglichte und den Islam als Weltmacht bald ins Hintertreffen bringen sollte, hat er selbst keinen Biografen gefunden, der seinen Weg eingehender nachgezeichnet hätte. So viel lässt sich nachweisen: Johannes kam um 1400 in Mainz zur Welt, einer der reichsten und mächtigsten Städte Deutschlands. Ihr Erzbischof war Kurfürst, Primas Germaniae und Erzkanzler des Heiligen Römischen Reiches. In Mainz kreuzten sich die Verkehrsadern des Rheins und der Via Regia und damit die größten europäischen Handelswege, die die Nordsee mit dem Alpenraum und Italien sowie die Ukraine mit Spanien verbanden. Zugleich litt »Aurea Moguntia«, das goldene Mainz, im frühen 15. Jahrhundert unter sozialen Spannungen. Johannes' Vater Friele Gensfleisch war Tuchhändler und gehörte zu den Patriziern der Stadt. Seine zweite Ehefrau Else Wirich brachte »Henne« (Hänschen) als drittes und jüngstes Kind zur Welt. Es besuchte wohl wie andere Patriziersöhne eine Mainzer Stiftsschule. Zweimal musste die Familie fliehen, als sich 1411 Patrizier und Zünfte in einer Bürgermeisterwahl zerstritten und als 1413 Hungerkrawalle ausbrachen. 1419 starb der Vater, kurz nachdem sich »Johannes de Alta villa« an der Universität Erfurt eingeschrieben hatte: Das Rheinstädtchen Eltville war Exilort der Familie, die dort mütterlicherseits Güter besaß.

Erst 1434 lassen sich wieder Spuren fassen: in Straßburg, wo Johannes über ein Jahrzehnt lang wohnte und kunsthandwerklich tätig war. Er lehrte hier unter anderem begüterte Bürger, Edelsteine zu schleifen, stellte Pilgerspiegel her und gründete eine Genossenschaft. Nach 1444 verschwand Johannes aus Straßburg, das von einem Krieg bedroht war, und scheint viel gereist zu sein, bevor er sich 1448 wieder im heimatlichen Mainz niederließ. Ein Partner ermöglichte ihn mit über 2.000 Gulden, eine Werkstatt einzurichten, in der der Tüftler seine geniale Idee des Druckes mit beweglichen Lettern und Presse umsetzte. Drei Jahre später war die neue Technik derart erprobt und verfeinert, dass das Prestigeprojekt eines Bibeldruckes beginnen konnte. Um Geldgeber zu finden und zu überzeugen, musste der Drucker zunächst kleine Schulbücher und Gebrauchsschriften produzieren. Das langwierige Bibelprojekt konnte nur ein versierter Organisator mit viel Geschäftssinn realisieren. 1452 konnte das Setzen und Drucken des Bibelprojektes beginnen. Während dieses im Lauf eines Jahres gelang, druckte Johannes auch Gebrauchsliteratur wie Tausende von Ablassbriefen für den Kampf gegen die Türken. Weil sich Gutenberg, wie er sich inzwischen schrieb, mit seinem wichtigsten Geldgeber und Geschäftspartner zerstritt, brachte ihn dieser erfolgreich vor Gericht, nahm ihm die Hälfte der gedruckten Bibeln ab und führte die Bibeldruckerei mit einem neuen Partner weiter. Gutenberg wirkte in einer neuen Druckerei, stellte nun jedoch vor allem Kleinschriften her. 1462 nach Eltville vertrieben, wurde der Erfinder 1465 von Erzbischof Adolf von Nassau zum Hofmann ernannt und damit für seine Verdienste gewürdigt. Drei Jahre später fand er sein Grab in der Franziskanerkirche von Mainz. »Stärker noch als das Blei in der Flinte hat das Blei im Setzkasten die Welt verändert«, soll der Erfinder vor seinem Tod gesagt haben.

# 83 Christoph Kolumbus
## *Dritter Entdecker Amerikas*

Bis zu seinem Tod 1506 glaubte der Genueser Seefahrer, 1492 an der Ostküste Indiens gelandet zu sein. Drei Reisen führten ihn auf die Antillen. Auf seiner vierten und letzten Reise betrat er in Honduras erstmals den amerikanischen Kontinent. Ein halbes Jahrtausend zuvor waren bereits Isländer nach Nordamerika gelangt (→ 79). Die ersten Entdecker Amerikas waren jedoch Jahrtausende zuvor Stämme aus Asien, die das Neuland ab 22000 vC. über die Beringstraße besiedelten. Dass Spanien im Wettlauf mit Portugal unterwegs nach Indien den neuen Kontinent zuerst erreicht hatte, machte der italienische Geograph Amerigo Vespucci erst nach Kolumbus' Tod deutlich. Kolumbus war bei weitem auch nicht der erste, der von der Kugelgestalt der Erde überzeugt war. Bereits Aristoteles und Plinius glaubten, dass Asien durch die Seeenge von Gibraltar auf direktem Weg westwärts zu erreichen sei. Im 13. Jahrhundert griff der Franziskaner Roger Bacon (→ 81) diese Überzeugung auf. Thesen sind das eine, der Mut zur Entdeckungsfahrt etwas Größeres. Kolumbus ermutigt bis heute, für Visionen zu kämpfen und sie beherzt umzusetzen.

Nach seinem eigenen Testament kam Kolumbus um 1451 in Genua zur Welt. Zehn Jahre später floh die Weberfamilie vor Ferdinand von Aragón nach Savona. Vater Domenico Colombo ermöglichte dem Sohn

Grundstudien an der Universität Pavia. Seine ersten Seefahrten erlebte der junge Colombo in Kämpfen vor den Küsten Süditaliens und im östlichen Mittelmeer, wo sich Genuas Kolonien bis Chios erstreckten. Auf einem Kriegsschiff gelangte der Genuese 1476 erstmals auf den Atlantik, ertrank beinahe bei einer Schlacht vor Portugals Küsten und lebte ab 1477 in Lissabon, wo er heiratete. Seine portugiesische Frau Filipa de Perestrelo e Moniz war adeliger Herkunft und brachte den gemeinsamen Sohn Diego 1480 bei Madeira zur Welt. In jenen Jahren beteiligte sich Cristoforo an Expeditionen in den Nordatlantik und der westafrikanischen Küste entlang bis Ghana. Seekarten und Logbücher aus dem Erbe seines Schwiegervaters, der Gouverneur auf den Kanaren war, dürften Colombo inspiriert haben, den direkten Seeweg nach Indien westwärts zu suchen. Als der portugiesische König seine Pläne als unrealistisch verwarf, siedelte Colombo 1485 nach Spanien über. Isabella von Kastilien (→ 102) war jedoch erst nach dem Fall Granadas bereit, sich auf das kühne Projekt einzulassen.

Anfang August 1492 stach der Admiral mit drei Schiffen in See. Sie erreichten die Antillen nach drei turbulenten Monaten. Wie im Vertrag von Santa Fe vereinbart, wurde Kolumbus Gouverneur und Vizekönig der entdeckten Gebiete. Weitere Reisen sollten diese ausweiten und der spanischen Krone Ladungen von Gold und Sklaven besorgen. In Spanien triumphal gefeiert, stach der »Admiral der Meere« im Herbst 1493 mit 17 Schiffen und 1.500 Mann zur zweiten Reise in See. Die Flotte entdeckte Inseln der kleinen Antillen sowie Jamaika und Puerto Rico. Nach drei Jahren zurück in Europa, warb Kolumbus für eine dritte Expedition, um endlich das sagenhafte »Goldland« zu finden. Sie brachte den Entdecker 1498 bis 1500 vor die Küste Südamerikas. Gewaltexzesse der Siedler auf Hispaniola führten zur Absetzung des Gouverneurs durch die spanische Krone. In Madrid begnadigt, doch ohne Titel, startete Kolumbus im Frühling 1502 mit vier Karavellen zur letzten Reise, die ihn nach Mittelamerika führte. Zwei Jahre nach seiner Rückkehr starb der Entdecker 1506 in Valladolid. Seine Überreste ruhen nach einer Odyssee über Santo Domingo und Kuba wieder in Sevilla.

# 84 Leonardo da Vinci
## Vielseitigster Künstler und Erfinder

Der Weg des berühmtesten Universalgelehrten Europas begann südlich von Pistoia am Arno und endete westlich von Orléans an der Loire. In seinen 67 Lebensjahren schuf Leonardo di Ser Piero nicht nur berühmte Gemälde, Skulpturen, Bauten und Maschinen, sondern hinterließ auch zahlreiche Studien, Projekte und zukunftsträchtige Ideen. Der schriftliche Nachlass füllt rund 6.000 Blätter. Der Künstler und Ingenieur aus dem Kastelldorf Vinci lernte sein Handwerk in Florenz zusammen mit Perugino und rivalisierte später mit Michelangelo und Raffael. Sohn eines Notars, der viermal verheiratet war, und einer früheren arabischen Magd, gründete der Künstler keine eigene Familie. Dazu war sein Leben zu unstet, und wahrscheinlich hielt ihn auch seine homosexuelle Neigung davon ab. Das berühmteste Bild, die in den Jahren 1503–1506 geschaffene *Mona Lisa*, ging nie an den Auftraggeber Giuliano di Lorenzo de' Medici: Sie blieb in der Hand des Meisters und ging dann an seinen Schüler und Geliebten Salaj, der sich in den feminin-männlichen Zügen des Porträts wie auch im Namen des Werkes (Mona Lisa von »mon Salaj«) entdecken lässt.

Da Vincis Lebensweg lässt sich in vier große Etappen gliedern. 1452 geboren, erlebte Leonardo seine Kindheit und Jugend in der heimischen Toskana. Seine Lehrzeit durchlief er in der Florentiner Werkstatt des Malers, Bildhauers und Goldschmieds Andrea del Verrocchio. Mit 20 Jahren trat er der Malergilde von San Luca bei und fand in Lorenzo de' Medici einen potenten Förderer, der ihm das Leben als freier Künstler ermöglichte. Dem 30-jährigen bot sich dann die Chance, nach Mailand zu wechseln und in den Dienst der Sforza-Herzöge zu treten. Als Hofingenieur, -architekt und -künstler organisierte er über Bauwerke hinaus die erste Müllabfuhr der Stadt, trug zur Vollendung des Domes bei und experimentierte in Bronzegießtechnik. In Mailand entstand das berühmte *Letzte Abendmahl* (*L'Ultima Cena*, 1494–98) als schwer haltbare Seccomalerei. 1499 floh Da Vinci vor den einfallenden Franzosen zunächst nach Venedig, wo er sich vergeblich als Kriegsingenieur bewarb. Ab 1500 in Florenz, projektierte er die Kanalisierung des Arno. Ab 1502 folgte er als Ingenieur dem ruchlosen Papstsohn Cesare Borgia durch ganz Mittelitalien. In zwei unglücklichen Jahren im Vatikan unter Leo X. de' Medici, entwarf der Künstler und Ingenieur Sonnenkollektoren zur Energiegewinnung, entdeckte durch anatomische Studien die Arteriosklerose und trieb Entsumpfungsprojekte voran. Die letzten zwei Jahre vor seinem Tod 1519 lebte Leonardo in Frankreich, wo ihm König Franz I. im Schloss Clos Lucé von Amboise eine reiche Pension bot. Leonardo dankte es ihm mit dem Projekt eines »grand Canal« von der Loire an die Saône.

*Wer nicht kann, was er will, muss wollen, was er kann.*

*Geniale Menschen beginnen große Werke, fleißige Menschen vollenden sie.*

*Die Malerei ist stumme Poesie, die Poesie blinde Malerei.*

*Jedermann macht zunächst Fehler; und wenn ein Maler niemals erfährt, welches seine Fehler sind, wird er sie auch niemals korrigieren. Deshalb überprüfe deine Arbeit; und wenn du Fehler gemacht hast, korrigiere sie; und mache die gleichen Fehler nicht abermals.*

# 85 Nikolaus Kopernikus
*Die Sonne im Zentrum*

Es soll vor allem der Wunsch nach exakten Kalenderberechnungen gewesen sein, der den Domherrn, Arzt und Mathematiker Nikolaus Kopernikus dazu bewegte, nachts genauer in den Kosmos zu schauen und die Gestirne eingehender zu beobachten. Dabei drängte sich ihm bereits 1514 die Vermutung auf, dass die Menschheit möglicherweise mit ihrem geozentrischen Weltbild falsch lag. Um seine Beobachtungen besser erklären zu können, nahm er einige wichtige Änderungen an den bisher allgemein gelehrten Grundannahmen vor. So stellte er die Sonne ins Zentrum dessen, was damals als Universum angesehen wurde, und betrachtete die Erde nicht mehr als Dreh- und Angelpunkt allen Seins, sondern als Planeten unter weiteren Planeten. Wie diese müsste sie sich dann nicht nur um die Sonne, sondern auch um sich selbst drehen.

Obwohl Kopernikus oft mit anderen über seine Theorie diskutierte und zunehmende Gewissheit fand, zögerte er dennoch, sie zu publizieren. Erst Jahrzehnte später, wenige Wochen vor seinem Tod, veröffentlichte er seine Betrachtungen und Berechnungen zum heliozentrischen Weltbild. Das Werk *De revolutionibus orbium coelestium* erschien 1543 in Nürnberg. Damit wurde er nicht, wie heute mit Seitenblicken auf Galileo Galilei populär angenommen, automatisch zum verfolgten Ketzer. Die veränderte Vorstellung wollte jedoch nicht so recht Anklang finden und wurde als Spinnerei abgetan, bis sie von anderen Mathematikern, Physikern und Astronomen erneut aufgenommen wurde. Der große Streit um die vermeintliche Häresie brach damit erst nach seinem Tod aus.

Nikolaus Kopernikus wurde 1473 in Thorn/Toruń geboren, das damals zu Preußen gehörte und heute in Polen liegt. Er sprach sowohl Polnisch – sein Vater Nikołaj bzw. Niclas Koppernigk war aus Krakau umgesiedelt worden – als auch Deutsch und korrespondierte zudem gerne auf Latein. Nach dem frühen Tod des Vaters übernahm ein Onkel mütterlicherseits, der Fürstbischof Lucas Watzenrode, die Ausbildung der verwaisten Kinder. Nikolaus studierte in Krakau, Bologna, Rom, Padua und Ferrara und arbeitete danach als Domherr, aber auch als Arzt, Kartograph, Mathematiker, im Münzwesen als Ökonom und, mit besonders langanhaltendem Ruhm, als Astronom. Dabei blieb der hochgebildete und hochintelligente Mann immer zutiefst bescheiden und spirituell:

*Zu wissen, dass wir wissen, was wir wissen – und zu wissen, dass wir nicht wissen, was wir nicht wissen, ist wahres Wissen.*

Was er an Geheimnissen im Universum und der Welt zu entschlüsseln begann, vertiefte seine Bewunderung und Liebe für die Schöpfung und ihre Mysterien.

Kopernikus starb im Mai 1543 in Frauenburg/Frombork und ist im Dom der Stadt beigesetzt. Sein Grab wurde damals nicht mit einem Namen versehen, so dass es erst kürzlich mit Sicherheit – und neuster

Technik – identifiziert werden konnte. Nach ihm wird nicht nur das heliozentrische Weltbild oft als kopernikanisches Weltbild bezeichnet. Auch der Stern Copernicus, das chemische Element Copernicium, der Mondkrater Copernicus, ein Asteroid, eine Universität und das Warschauer Wissenschaftszenturm »Centrum Nauki Kopernik« erhielten seinen Namen.

## 86 Alexander von Humboldt
### *Forscher – Kosmopolit – Universalgenie*

Es gibt kaum einen Wissenschaftszweig, der von Alexander von Humboldt unberührt geblieben ist. Der Berliner erforscht in seinen neun Lebensjahrzehnten Länder, Vulkane, Tiere, Pflanzen, Pilze, Ozeane, Mineralien, Gebirge, die Ökologie, das Klima. Dabei vergleicht er Gesetzmäßigkeiten, vernetzt die Wissensgebiete und erkennt Zusammenhänge. Seinem Forscherdrang sind kaum Grenzen gesetzt. So recherchiert er aus einer Tauchglocke heraus, obwohl er nicht schwimmen kann. Der Gelehrte spricht außer Deutsch fließend Französisch, Spanisch, Englisch und Latein.

Humboldt gilt als letztes Universalgenie. Seine Forschungsreisen durch die USA, Lateinamerika, Russland und Zentralasien erschließen neue Erkenntnisse über die Beschaffenheit der Welt und die größeren Zusammenhänge. So, wie es dem sozial aufgeschlossenen Kosmopoliten leichtfällt, neue Kontakte zu knüpfen, schafft er auch Verbindungen zwischen den einzelnen Forschungsdisziplinen. Die Erkenntnisse, die er dabei gewinnt, veröffentlicht er in zahlreichen Büchern und weit über 1.000 Artikeln und Essays. Doch nicht nur die Naturforschung hat es ihm angetan, sondern auch politische und gesellschaftliche Verhältnisse fordern seinen analytischen Geist heraus. So prangert er die Sklaverei und andere soziale Missstände an, wo immer er ihnen begegnet.

Die Liste der Dinge, die nach Humboldt benannt sind, ist lang und divers: Da sind – unter vielem anderem – ein Pinguin und ein Kalmar, aber auch ein Kaktus und eine Lilie, verschiedene Pilze, ein

Gebirge, eine Meeresströmung und ein Mondkrater, die alle seinen Namen tragen.

Alexander Humboldt wird 1769 in Berlin geboren und verbringt seine Kindheit auf Schloss Tegel. Sein Taufpate ist der spätere König Friedrich Wilhelm II. Alexander hat einen älteren Bruder, den späteren Gelehrten und Linguistiker Wilhelm, der ihn schulisch stets bei weitem übertrifft. Dennoch zeigt sich Alexanders Forschungsdrang schon im Kindesalter: Er sortiert und beschriftet Steine und entwirft Karten von Planetensystemen. Über seine zahlreichen Freundschaften – als Erwachsener wird er über Wilhelm auch die Weimarer Dichter Goethe und Schiller kennenlernen – stößt er auf ständig neue Interessensgebiete. Nach dem Studium an den Universitäten in Frankfurt an der Oder und Göttingen wird Humboldt Bergbeamter. Dazu tritt er eine Ausbildung an der Bergakademie Freiberg an: Bei Arbeiten unter Tage in der Früh nutzt Humboldt die Gelegenheit, auch gleich Höhlenpflanzen und Pilze zu erforschen, und nachmittags besucht er die Vorlesungen. Das auf drei Jahre angelegte Schulungsprogramm absolviert er in acht Monaten. Nach dem Abschluss gründet er eine Berufsschule für Bergleute und entwirft für sie eine Sicherheitsgrubenlampe und eine Atemmaske.

Mit dem Tod der Mutter 1796 – der Vater ist längst verstorben – wird Alexander finanziell unabhängig. Er verlässt den Staatsdienst und bereitet seine erste Expedition vor, wobei er wegen politischer Spannungen und Kriege seine Pläne immer wieder anpassen muss. Mit zunehmendem Alter wird Humboldt auch gerne für diplomatische Zwecke eingespannt. Nach der Berliner Märzrevolution 1848 sind es nicht König und Minister, die das Volk auf dem Balkon des Schlosses zu sehen wünscht, sondern den 80-jährigen Humboldt, der allerdings auf eine Rede verzichtet und sich nur stumm verbeugt. Am nächsten Tag nimmt er am Gedenkmarsch für die zivilen Gefallenen teil. 1859 erreicht die Volkstrauer vergleichbare Ausmaße, als Alexander von Humboldts Sarg in den Park von Schloss Tegel gebracht wird.

# 87 Ada Lovelace
*Weltweit erste Programmiererin*

Ein einziges legitimes Kind hat der englische Romantiker Lord Byron: seine Tochter Augusta, genannt Ada, die 1815 in London zur Welt kommt. Deren Mutter Annabella Noel entzieht sich und das Kind jedoch bald dem Einfluss des Dichters, der nach zahlreichen Affären und illegitimen Kindern nicht mehr im Haus erwünscht ist. Sie schafft das räumlich, indem sie wenige Wochen nach Adas Geburt mit dem Baby zu ihren Eltern in die Grafschaft Leicestershire zurückkehrt. Innerliche Distanz soll dadurch entstehen, dass in der Erziehung und Bildung ihrer Tochter alles Poetische ausgeblendet wird und die Mutter ganz auf ihre eigenen Rechentalente setzt. Annabella Noel selber ist in ihrer Jugend durch Hauslehrer in Naturwissenschaften und Mathematik eingeführt worden. Rechnen lernt auch Ada schon früh eifrig. Das auch naturwissenschaftlich interessierte Mädchen verbindet Naturbeobachtungen mit technischem Interesse. Ihre Faszination werden Maschinen. So konstruiert sie anhand einer toten Krähe Flügel für Menschen, mit denen sie fliegen will.

Während das Kind offensichtlich nach Freiheit lechzt, lässt ihr Körper Ada zunehmend im Stich: Lähmungen fesseln den Teenager immer wieder ans Bett. Doch sie rechnet und rechnet. Der rege Austausch mit Wissenschaftlern beflügelt ihr Denken zusätzlich. Mit dem Mathematiker und Erfinder Charles Babbage entsteht eine Freundschaft. Seine »Differenz-Maschine«, ein erster Rechenapparat, inspiriert Ada schon als 12-jährige. Als er sich in den 1830er Jahren an eine »Analytische Maschine« macht, die dampfbetrieben aus 55.000 Teilen bestehen und komplexer rechnen soll, weiht er die Hochbegabte früh in seine Pläne ein. Die Feinmechanik der damaligen Zeit hinkt den Plänen hinterher, so dass die auf 19 Meter Länge geplante Rechenmaschine nicht gebaut werden kann. Doch erkennt Ada das Potenzial eines hochkomplexen Rechners. Babbage verfasst 1837 eine erste Beschreibung der Maschine. Ada erweitert dieses Lehrbuch auf das Dreifache. Sie schreibt, rechnet, schreibt, rechnet und hält während des Arbeitsprozesses fest: »Nichts macht mir jetzt Angst.« Sie schreibt Algorithmen, anhand derer die »Analytische Maschine« zu mehr fähig wäre, als zu rechnen: Ein solcher Apparat könnte auch Musik, Bilder und Texte verarbeiten. Ihre komplexen Berechnungen und Formeln machen Ada Lovelace zur weltweit ersten Programmiererin. Sie selbst nennt ihre Schriften schlicht *Notes*, »Notizen«.

Die Freiheit des Forschens erleidet Einbußen, sobald Ada den für Frauen üblichen Weg einschlägt. Sie heiratet 1834 Baron William King, der später zum Earl von Lovelace ernannt wird. Er tritt ihr zuliebe in die Royal Society ein, um in den nur Männern zugänglichen Bibliotheken Fachartikel für Ada abzuschreiben. Doch mit der Geburt der drei Kinder Byron (1836), Anne Isabella (1837) und Ralph Gordon (1839) schrumpft die Zeit für mathematische Gedankengänge und für ihre neue Passion, das Harfenspiel, auf ein Minimum. Als sie auch das Eheleben frustriert, lenkt sich Ada mit Partys und Liebesaffären ab. Mit Mitte 30 erkrankt sie an Gebärmutterhalskrebs, der sie bald handlungsunfähig macht. Ihre Mutter übernimmt den Haushalt. Nach einer letzten Aussprache verschwindet ihr Mann. Ada Lovelace stirbt 1852 in London. Wunschgemäß wird sie neben ihrem Vater bestattet, den sie in ihren 37 Lebensjahren nie sah. Erst in den 1980er-Jahren wird die Bedeutung ihrer Schriften erkannt.

## 88 Wilhelm Conrad Röntgen
*Physik lässt die Medizin strahlen*

Millionen von Menschen verdanken ihm sichere Diagnosen, und Tausende von Ärzten nutzen seit einem Jahrhundert seine bahnbrechende Entdeckung: Was Augen nicht sehen und Hände nicht ertasten können, bilden seine X-Strahlen auf Platten ab. »Aufbruch ins Innere der Materie« nennt ein Biograf die neuen Wege, die der erste Nobelpreisträger für Physik erschloss.

Wie sein Fachkollege Albert Einstein war der junge Wilhelm Conrad kein fleißiger Musterschüler. An der Wupper 1845 geboren, wuchs der Tuchhändlersohn in der niederländischen Heimat seiner Mutter auf, durchlief die technische Schule in Utrecht und fiel in der Aufnahmeprüfung für die Universität durch. Röntgen bildete sich daher ab 1865 an der Eidgenössischen Technischen Hochschule Zürich zum Maschinenbauingenieur aus. Ein Jahr nach dem Diplom promovierte er 1869 an der Universität Zürich mit »Studien über Gase«. Seinem Doktorvater folgte er dann als Assistent an die Universitäten Würzburg und Straßburg, wo er 1874 habilitierte und 1876 Physikprofessor wurde. Seine Lehr- und Forscherlaufbahn führte drei Jahre später nach Gießen und 1888 nach Würzburg. Der dortigen Universität stand er ab 1893 zwei Jahre lang als Rektor vor. Kurz darauf entdeckte der Physiker am 8. November 1895 in seinem Laboratorium die »X-Strahlen«, die im Englischen noch immer *x-rays* und im Deutschen nach dem Entdecker »Röntgenstrahlen« genannt werden. Zwei Tage vor Weihnachten entstand das berühmte Bild der Hand seiner Frau mit sichtbaren Knochen und Ehering.

Die bahnbrechende Entdeckung trug dem Forscher 1900 die Berufung an die Universität München und 1901 bei der ersten Nobelpreis-Verleihung den Preis für Physik ein. 1919, kurz vor seiner Emeritierung, starb seine Frau, die Zürcherin Anna Bertha Ludwig. Er folgte ihr vier Jahre später, als er in München einem Darmkrebs erlag, und wurde wunschgemäß wie seine Eltern in Gießen bestattet. Sein Testament veranlasste zudem, dass alle wissenschaftlichen Notizen zu vernichten waren und sein Vermögen an soziale Institutionen ging. Als Ehemann wie Forscher introvertiert, bescheiden und gewissenhaft, verzichtete Röntgen auf eine Patentierung seiner Erfindung, um ihr eine möglichst schnelle Verbreitung zu ermöglichen.

Rund 60 wissenschaftliche Publikationen Röntgens befassen sich auch mit Thermo- und Elektrodynamik sowie der Physik von Kristallen. Seine Arbeiten »über eine neue Art von Strahlen« führte zur Entdeckung der Radioaktivität, für die das Ehepaar Marie (→ 91) und Pierre Curie und Henri Becquerel 1903 den Nobelpreis erhielten. Bis heute findet die Röntgentechnologie Anwendung in der medizinischen Diagnostik und darüber hinaus auch naturwissenschaftlich in Röntgenmikroskopen und makrokosmisch in der Weltraumforschung (Röntgenastronomie). Von 1928–1985 bezeichnete Röntgen (r) als Maßeinheit eine Ionendosis.

Aus einem Brief an seinen Freund Ludwig Zehnder sprechen sowohl Mut wie Einsamkeit eines Forschers, der sich ins Neuland der physikalischen Strahlenwelt vorwagt:

*Ich hatte von meiner Arbeit niemanden etwas gesagt. Meiner Frau teilte ich mit, dass ich etwas mache, von dem die Leute, wenn sie es erfahren, sagen würden, der Röntgen ist wohl verrückt geworden.*

# 89 Thomas Alva Edison
*Ein Tausendsassa von einem Erfinder*

Die Karriere eines Tüftlers, der über eintausend Erfindungen patentieren ließ, begann wenig verheißungsvoll. 1847 in Ohio geboren, ist das jüngste von sieben Kindern einer Lehrerin schwerhörig. Nach wenigen Monaten nimmt die Mutter es von der Schule und unterrichtet den Sohn selbst. Thomas wird mit 12 »trainboy« und verkauft Zeitungen an Zugreisende. Mit 15 lernt er von einem Telegraphisten Übermittlungstechnik und arbeitet dann selbst fünf Jahre als Telegraphist zwischen Memphis und Boston. Technisch fasziniert, richtet er sich ein Laboratorium ein. Mit 21 macht er seine erste erfolgreiche Erfindung: einen Börsenkursanzeiger. Auf einen Schlag weltberühmt macht ihn 1877 der erste Phonograph, eine »Sprechmaschine«, die Stimmen und Musik aufzeichnen und wiedergeben kann. Mit einem Kohlekörnermikrophon bereitet er der Telefontechnik den Weg. 1877 perfektioniert er die Glühbirne derart, dass sie praktisch einsetzbar wird. Der vielseitige Tüftler ist an der Entwicklung der Schreibmaschine, der Kinofilmtechnik und erster Schallplatten beteiligt.

Ebenso geschäftstüchtig wie erfinderisch, baut er ein Firmenimperium auf, realisiert Kraftwerke und Stromnetze, elektrifiziert New York und wird einer der reichsten Amerikaner. Streitigkeiten um Urheberrechte lassen ihn viele Gerichtsprozesse führen. Im Kampf für Gleichstrom-Netze und gegen den Wechselstrom der Konkurrenz lässt er Hunde, Katzen und selbst einen Elefanten in öffentlichen Vorführungen sterben. Diese Tierexperimente führen 1888 zur Erfindung des Elektrischen Stuhls. Edison selbst stirbt 84-jährig friedlich. Von seinen sechs Kindern aus zwei Ehen wird Charles US-Marineminister und Tochter Marion lebt 30 Jahre in Deutschland. Die USA ehren Thomas Edison, indem sie den nationalen Erfindertag jährlich am 11. Februar, seinem Geburtstag, feiern.

Edison war nicht nur ein genialer Erfinder, sondern auch begabt im Finden von Sponsoren und im Vermarkten der Technik. Die Fernmeldetechnik erklärt er einfachen Leuten mit »einem riesenlangen Dackel, der von London bis Edinburgh reicht. Kneifst du ihm jetzt in Edinburgh in den Schwanz, bellt er sogleich in London«. Politisch Republikaner und religiös Freidenker, hinterlässt er der Nachwelt nicht nur zahlreiche wegweisende Erfindungen, sondern auch praktische Weisheiten aus reicher Lebenserfahrung.

Nicht er sei der größte Erfinder, sondern Gott. Mit Witz erwidert er auf die Lobrede eines Gastgebers:

*Die erste sprechende Maschine wurde von Gott erfunden. Ich für meinen Teil habe nur die erste erfunden, die abgestellt werden kann.*

Viele Erfindungen bahnen sich den Weg durch »falsche Versuche«, von denen jeder »ein weiterer Schritt vorwärts« war. Mutige Tatkraft zahlt sich aus: »Es ist besser, unvollkommen anzupacken, als perfekt zu zögern.« Als Genie gefeiert, stellt er klar: Kreativität und »Genialität ist ein Prozent Inspiration und neunundneunzig Prozent Transpiration«. Für jede Lebensweise gilt: »Das Schöne an einem Fehler? Man muss ihn nicht zweimal machen!« Das Grundtechnik der Glühbirne erfanden Unbekannte vor ihm, doch Edison hat sie brauchbar gemacht und tausendfach produzieren lassen. Ehrlich stellt er fest:

*Ich bin wie ein Schwamm, der Ideen aufsaugt und nutzbar macht. Die meisten meiner Ideen gehören ursprünglich anderen Leuten, die sich halt nicht mehr die Mühe gemacht haben, sie weiterzuentwickeln.*

*Wenn es einen Weg gibt, etwas besser zu machen: Finde ihn!*

# 90 Alexander Fleming
### Entdecker des Penicillins

»That's funny« – Das ist aber seltsam: Der Bakteriologe Alexander Fleming staunt, als er 1928 nach einmonatiger Abwesenheit in sein Labor zurückkehrt und eine Staphylokokken-Kultur entdeckt, die er versehentlich draußen hatte stehenlassen. »Manchmal findet man, was man nicht gesucht hat«, wird er sich später zurückerinnern.

> *Als ich am Morgen des 28. September 1928 aufgewacht bin, plante ich sicher nicht, die ganze Medizin zu revolutionieren, indem ich das erste Antibiotikum entdecke. Aber anscheinend tat ich genau das.*

Tatsächlich hatte sich über der Kultur eine Schimmelpilz-Schicht gebildet, und um sie herum war ein bakterienfreier Ring entstanden. Als er den Fund seinem Labor-Mitarbeiter zeigt, meint dieser: »So haben Sie doch schon das Lysozym entdeckt.« Also forscht der Arzt weiter und realisiert bald die bahnbrechende Erkenntnis: Die zufällig entdeckte Substanz tötet verschiedene Bakterien, und zwar solche, die ernsthafte, lebensbedrohliche Krankheiten verursachen.

Fleming nennt seine Entdeckung zuerst schlicht »Schimmel-Saft«, bevor er auf den klangvolleren Begriff *Penicilline* kommt. Es wird Jahre dauern, bis die Substanz auch medizinisch verabreicht werden kann. Diesen Teil der Forschung übernehmen im Wesentlichen die zwei Oxford-Wissenschaftler Howard Florey und Ernst Boris Chain. Mit ihnen teilt sich Fleming 1945 den Nobelpreis für Medizin für die Entwicklung des so bahnbrechenden Medikaments. Der Arzt und Mikrobiologe besteht jedoch auf der Feststellung: »Ich habe das Penizillin nicht erfunden; das war die Natur. Ich habe es nur zufällig entdeckt.« Penizillin hat weltweit Millionen Menschenleben gerettet und als Medikament die medizinische Forschung komplett neu ausgerichtet.

Auch wenn Penizillin Flemings bekannteste Errungenschaft ist, bleibt sie nicht sein einziger großer Verdienst. Auch das antibakterielle Enzym Lysozym, das unter anderem in Tränen- und Speichelflüssigkeit zu finden ist, fällt ihm als Erstem auf. Der leidenschaftliche Forscher und Professor wird auch ein aktives Mitglied der Freimaurer. Dabei stammte er aus denkbar einfachen Verhältnissen: 1881 als Bauernsohn im schottischen Ayrshire geboren, wächst er mit drei Geschwistern und vier Halbgeschwister auf. Als Jugendlicher zieht er zu seinem Bruder Thomas nach London, wo er in einem Versandbüro arbeitet. Eine Erbschaft macht schließlich die Verwirklichung seines großen Traums möglich: Alexander kann Medizin studieren und Arzt werden. Seine medizinischen Fähigkeiten stellt er in den Dienst des Königreichs, als er mit dem Schottischen Regiment in den Ersten Weltkrieg zieht und in einem Lazarett in Frankreich verwundete Soldaten verarztet. König George VI. schlägt den Arzt und Forscher 1944 für seine vielfältigen Verdienste zum Ritter.

1955 stirbt Fleming an einem Herzinfarkt. Er ist in der St. Paul's Cathedral in London bestattet. Sein einziger Sohn, Robert, wird ebenfalls Arzt. Die Ehren hören auch postum nicht auf: Das »Time Magazine« kürt den Entdecker des Penizillins 1999 zu einem der 100 wichtigsten Menschen des 20. Jahrhunderts. 2002 zählt ihn die BBC zu den 100 größten Briten, und 2009 wählen ihn seine Landsleute zum drittgrößten Schotten aller Zeiten – hinter dem Nationaldichter Robert Burns und dem Freiheitskämpfer William Wallace.

# 91 Marie Curie
## *Vom Segen der Radioaktivität*

Als Maria Salomea Sklodowska 1867 in Warschau geboren wird, gehört Polen noch zum russischen Zarenreich. Maria glänzt in der Schule. Als Frau wird ihr eine universitäre Bildung vorerst verwehrt. Im Warschau der 1880er-Jahre studieren nur Männer. So lässt sich Maria mit ihrer Schwester Bronia heimlich, zu Hause, vom eigenen Vater unterrichten, bis die »fliegende Universität«, eine von einer Frau gegründete Untergrund-Bildungsorganisation, die Horizonte erweitert. 1891 verlässt Maria Polen. Sie hat sich in der revolutionären Studentenorganisation engagiert und bringt sich im Ausland in Sicherheit. Um nun auch ein reguläres Studium in Angriff nehmen zu können, reist sie nach Paris, wo sich ihre Schwester bereits zur Ärztin hat ausbilden lassen. Sie studiert an der Sorbonne Physik und Mathematik, heiratet 1895 den Physikprofessor Pierre Curie, wird Französin und schreibt sich nun Marie.

1903 hat sie den Doktortitel in der Tasche. Für ihre Dissertation hat sie mit ihrem Gatten Pierre die Strahlung untersucht, die Henri Becquerel in Zusammenhang mit Uranverbindungen aufgefallen war. Für das näher erforschte Phänomen führte sie den Begriff »Radioaktivität« ein. Im Lauf seiner weiteren Forschungen auf diesem Gebiet hat das Ehepaar auch zwei neue chemische Elemente, Radium und Polonium entdeckt. Letzteres ist nach Maries Heimat Polen benannt. Für diese Leistungen erhalten die beiden 1903 gemeinsam die Hälfte des Physik-Nobelpreises, während die andere Hälfte an Becquerel geht.

1906 stirbt Pierre, als er auf einer Pariser Straße unter ein Pferdefuhrwerk gerät. Die beiden Töchter Irène und Eve sind noch ganz klein, als Marie, verwitwet, seine Lehrtätigkeiten übernimmt und damit zur ersten Professorin der Sorbonne wird. 1911 erhält sie für ihre Forschungsarbeit auch den Nobelpreis für Chemie. Damit ist sie die einzige Frau, die mehrmals mit einem Nobelpreis ausgezeichnet wurde. Während sie international für ihren Erfolg gefeiert wird, bricht in Paris eine Schlammschlacht über sie herein. Curies Geliebter, ihre vermeintliche jüdische Herkunft und ihre angebliche polnische Staatsbürgerschaft werden dabei ins Feld geführt, um die Wissenschaftlerin zu diskreditieren. Anlass zu den Attacken gab ihr Gesuch um Aufnahme in die »Académie des sciences«. Der Gegenwind erstaunt umso mehr, da Curie zu diesem Zeitpunkt bereits Mitglied in zahlreichen wissenschaftlichen Vereinigungen ist, darunter die Schwedische, die Tschechische und Polnische Akademie, die Amerikanische Philosophische Gesellschaft und die Kaiserliche Akademie in St. Petersburg.

Für die bessere Versorgung der verwundeten Soldaten des Ersten Weltkriegs entwirft und baut Curie ein mobiles Radiologie-Gerät und richtet mehrere Radiologie-Zentren ein. In den 1920er Jahren wird sie auf Reisen in den USA mehrfach ausgezeichnet. Gleichzeitig wird sie in die »Internationale Kommission für geistige Zusammenarbeit« des Völkerbunds berufen.

1934 stirbt Marie Curie an Aplastischer Anämie, unter der sie seit über 20 Jahren gelitten hat: eine Folge der radioaktiven Strahlung, der Curie während ihren Untersuchungen über Jahre ausgesetzt gewesen ist. Im Jahr darauf erhält ihre Tochter Irène Joliot-Curie ebenfalls einen Nobelpreis für ihre Leistungen auf dem Gebiet der Chemie.

## 92 Amelia Earhart
### »Kanarienvogel« auf Rekordflug

Für seine erste »Ladies' Night« an neuer Adresse besorgte sich der »Explorers Club« in New York 1932 einen illustren Ehrengast: die 35-jährige Flugpionierin Amelia Earhart. Die Leidenschaft fürs Fliegen hatte sie 1920 auf einem Passagierflug gepackt. 28 verschiedene Jobs und ein Jahr später besaß sie das nötige Geld, um selbst Flugstunden zu nehmen. Wenig später schaffte sie sich ein eigenes Flugzeug an: die Kinner Airster, die sie *The Canary* nannte. Mit diesem »Kanarienvogel« gelangte sie buchstäblich hoch hinaus: Mit 4.300 Metern stellte sie den Höhenweltrekord für Frauen auf. Ihrer besorgten Mutter wegen gab sie das Fliegen zwischenzeitlich auf, verkaufte das Flugzeug und schaffte sich einen Sportwagen an. Sie arbeitete als Lehrerin und Sozialarbeiterin in Boston, bevor man weltweit auf sie aufmerksam wurde: 1928 flog sie als einzige weibliche Passagierin beim ersten Nonstop-Transatlantikflug mit. Nach der zwanzigstündigen Reise wurde sie mehr gefeiert als der Pilot.

Um wieder selbst zu fliegen und sich im Wettstreit mit anderen Pilotinnen zu messen, gründete sie den »Club der 99«, deren erste Präsidentin sie wurde. Die Pilotinnenvereinigung »Ninety Nines« ist noch heute weltweit tätig und setzt sich für die Interessen der Frauen in der Luftfahrt ein. Politisch engagierte sich Earhart linksliberal und war als ehemalige Militärkrankenschwester überzeugte Pazifistin. Nach der Wahl Franklin D. Roosevelts zum 32. Präsidenten der USA unterstützte sie sein Wohlfahrtsprogramm für Kranke, Rentner und Arbeitslose. Die First Lady Eleanor Roosevelt konnte sie zu einem nächtlichen

Rundflug über Washington überreden. Mit dem Forschungsreisenden und Verleger George Palmer Putnam, Vorstandsmitglied des Explorers Club, ging sie eine eher halbherzige Ehe ein und hoffte offen darauf, keine Kinder zu bekommen.

Erneut machte sie durch Leistungen in der Luftfahrt von sich reden. Fünf Jahre nach Charles Lindbergh überquerte sie als erste Frau den Atlantik im Alleinflug. 1935 war sie der erste Mensch, der allein den Pazifik zwischen Hawaii und Kalifornien überflog. Im selben Jahr überquerte sie den amerikanischen Kontinent zwischen Mexiko und New Jersey.

Mit knapp 40 wagte sie sich 1937 an ein weit kühneres Unterfangen: die Erde entlang des Äquators zu umrunden. Dreiviertel des Wegs waren geschafft, als noch der Pazifik vor ihr lag. Ein letzter Zwischenstopp auf der Howlandinsel war das Ziel, als sie am 2. Juli mit ihrem Navigator Fred Noonan von Neuguinea abhob. Die kleine Howlandinsel wollte sie über Flugpeilung finden, doch über dem Ozean vermeldete sie, keine Funksignale zu empfangen. Nach langem Umherirren über dem Pazifik verstummte die Zweiercrew. Das Flugzeug kam nie auf der Howlandinsel an, und ein Wrack wurde nicht gefunden. Die Flugpionierin und ihr Navigator wurden wochenlang auf der Meeresoberfläche gesucht. Danach wurde Earhart für verschollen, 1939 schließlich für tot erklärt.

Unvergessen bleibt Earharts Mut und ihr Elan, Geschichte zu schreiben. Sie verlangte nicht nur nach Gleichberechtigung in einer vermeintlichen Männerdomäne, sondern riet Frauen auch eindringlich davon ab, ihr Geschlecht als Ausflucht dafür zu benützen, nicht über sich hinauswachsen zu wollen. Ihr Lebensmut und ihr Entdeckergeist paarten sich mit einem Sinn für Humor: »Die erfolgreichste Art, es zu tun, ist, es zu tun«, fasste sie ihre Überzeugung zusammen. Ein Licht scheint in ihrem Namen auch im eigentlichen Sinn: Auf der Howlandinsel steht zu ihrem Andenken der Leuchtturm »Amelia Earhart Light«.

# VII
# Politik und Weltgestaltung

# 93 Salomo
## Weisheit und Tragik eines Königs

Eine Briefmarke der israelischen Post von 1960 zeigt Salomo in glänzenden Kleidern und mit Krone auf dem Thron. Eine Waage und ein Bauplan in den Händen erinnern an den Erbauer des ersten Jahwe-Tempels in Jerusalem und an die Gerechtigkeit eines weisen Königs. Seine Regentschaft gilt als Goldenes Zeitalter Israels. Saul hat im 11. Jahrhundert vC. die Königsherrschaft errichtet, und sein kriegstüchtiger Nachfolger David hat Israel zwischen den Großmächten in Ägypten und Mesopotamien etabliert. Davids Sohn Salomo soll dem kleinen Reich eine Friedensperiode von 40 Jahren beschert haben. Die Blütezeit in Reichtum und Wohlstand dauert laut biblischem Befund ebenso lange wie die karge Wüstenwanderung nach dem Auszug aus Ägypten. »Shalom« (Friede, Ganzheit) steht denn auch im Namen des legendären Königs, der hebräisch *Shalomo* heißt.

In Kontrast zur biblischen Verklärung des dritten Königs in Israel sind die geschichtlichen Quellen erstaunlich dürftig. Am verlässlichsten erweisen sich das zweite Buch Samuel (2 Sam) und das erste Buch der Könige (1 Kön), die ihre Erinnerungen um 950 vC. sammeln. Archäologen vermuten, dass Salomo Israel von einer agrarischen Kultur in einen Tempelstaat mit repräsentativen Zentren verwandelte. Die biblischen Berichte erzählen von einer belasteten Familiengeschichte. Salomo dürfte Sohn aus einem Ehebruch sein. Er sichert seine Macht durch Heirat mit einer Pharaonentochter und in einem Bündnis mit dem phönizischen König von Tyrus. Die Bibel stilisiert ihn zu einem weisen Richter, einem unermüdlichen Bauherrn und einem frommen König, der das Land auch administrativ organisiert. Allerdings bürdet der König 30.000 Fronpflichtigen schwere Lasten auf. Von Gott mit »einem hörenden Herz« begabt, glaubt Salomo ohne Propheten auszukommen und verstrickt sich in einer zügellosen Polygamie. Seinen vielen Geliebten aus anderen Kulturen soll der König die Verehrung ihrer Götter erlaubt und sich selbst seinem Gott schleichend entfremdet haben. Die Spaltung seines Reiches unter seinem Sohn Rehabeam erscheint in der Bibel als

Gottesstrafe. Davids Nachfolger herrschen nur noch über das Süd-reich Juda.

Die jüdische Bibel schreibt dem weisen König 3.000 Sprüche und 1.005 Lieder zu (1 Kön 5,12). Sie bringt die Bücher Kohelet und Sprichwörter sowie die Psalmen und Liebeslieder (Hohelied) mit ihm in Verbindung. Das frühe Christentum dichtet dem König 42 Oden und ein Testament an. Der jüdische Geschichtsschreiber Josephus Flavius verklärt die Weisheit des Königs und stilisiert ihn gar zum Au-tor einer ganzen Bibliothek von Gleichnissen und Liedern. Der Koran erkennt in Salomo einen Propheten und frühen Vorläufer Moham-meds. In Sure 34 als »Herr des Windes« bezeichnet, geht der Mär-chenkönig in die Geschichten von »Tausendundeiner Nacht« ein. Im christlichen Abendland wurde Salomo zum Urbild für Christus, dem wahren Friedenskönig, dessen weise Gerechtigkeit keine Dekadenz kennt und zeitlos dauert. In Rathäusern und in Gerichtsgebäuden er-innern Darstellungen des Salomonischen Urteils (1 Kön 3,16–28) an wahre Gerechtigkeit, die auf ein hörendes Herz, wache Augen für Menschen und kluges Urteilen baut. Georg Friedrich Händel widmete Salomo 1748 ein englisches Oratorium, Friedrich Gottlieb Klopstock 1764 eine Tragödie, und Bertolt Brechts »Kaukasischer Kreidekreis« knüpft 1945 am Salomonischen Urteil an.

# 94 Solon von Athen
## Griechenlands sieben Weise

Sieben große Staatsmänner werden von Plato in seinem Dialog *Pro-tagoras* als die »Weisen Griechenlands« gefeiert. Sie waren im 7. und 6. Jahrhundert vC. nicht nur wegweisend für die Politik, sondern präg-ten auch Weisheiten, die bis heute gültig bleiben:

> *Nicht dein Äußeres schmücke, sondern sei schön in deinem Tun!*
> (Thales von Milet)
> *Erkenne den richtigen Zeitpunkt!* (Pittakos von Mytilene)

*Gehe langsam zu Werke und tue das Begonnene beharrlich!*
(Bias von Priene)
*Richte deinen Pflug schon im Winter – plane voraus!* (Myson von Chenai)
*Maßhalten ist das Beste!* (Kleobulos von Lindos)
*Erkenne dich selbst!* (Chilon von Sparta)
*Lerne zu gehorchen und du wirst zu herrschen verstehen!* (Solon von Athen)

Über Solon sind wir gut unterrichtet. Als Sohn aristokratischer Eltern um 640 vC. geboren, macht sich der junge Athener als Lyriker, Redner und Politiker einen Namen. Er gilt als Wegbereiter der attischen Demokratie. Seine Beliebtheit als Kämpfer gegen die Schuldsklaverei und Verfechter einer Politik, die jeden Bürger einbezieht und alle zugleich auf verbindliche Gesetze verpflichtet, hätte ihm den Weg zur Alleinherrschaft geebnet. Solon zog es jedoch vor, nach der Vollendung seiner politischen Reform für zehn Jahre auf Reisen zu gehen und seine Heimatstadt lange Zeit nicht mehr zu sehen. Dadurch zwang er seine Mitbürger, die ihnen zugetraute Eigenverantwortung gemeinsam in die Tat umzusetzen.

Solon spricht in seinen Liedern erstmals von »unserer Polis« und zielte dabei auf eine von allen Gliedern verantwortete Gemeinschaft ab. Eine Gesellschaft entfaltet sich gut, wenn sie »Eunomie« anstrebt – ein gutes Miteinander, das auf Gerechtigkeit und Partizipation aller setzt. Der politische Vordenker wurde in einer Krise zum sozialen Versöhner in Athen. Die Bürgerschaft berief ihn zum Vermittler und Reformer, als das verarmte Ackerbürgertum und die Nöte von Schuldsklaven die Spannungen zu den adeligen Großgrundbesitzern verschärften. Solon erkannte in der Habsucht der führenden Schicht und im alten Recht, verschuldete Mitbürger in die Fremde verkaufen zu können, eine Wurzel der tiefen Spaltung und der wachsenden Unruhe. Mit dichterischer Kraft gelang es ihm, Verstand und Herz seiner Mitbürger anzusprechen: Raffgier der einen und Elend der Armen hängen eng zusammen und drohen die ganze Bürgerschaft ins Unglück zu treiben. Um alle Bürger in politische Prozesse einzubeziehen, schuf Solon neben dem Areopag des Adels den »Rat der 400« sowie Volksgerichte. Popularklagen ermöglichten es jedem, Amtsträger wegen Gesetzesverstößen zu belangen und gerichtlich verfolgen zu lassen.

Von seinen Reisen zurückgekehrt, erlebte Solon ernüchtert, dass sich in Athen eine neue Alleinherrschaft anbahnte. Mangelnde politische Wachheit und Mitverantwortung gefährden die Demokratie. Die Mahnung Solons, der um 560 vC. starb, bleibt zeitübergreifend gültig:

*Durch mächtige Männer geht die Stadt zugrunde, und in des Alleinherrschers Knechtschaft stürzt das Volk durch Unkenntnis. Wen man allzu weit emporhebt, den kann man später nicht leicht bändigen, weshalb man jetzt alles klug bedenken muss.*

# 95 Pythagoras von Samos
*Freundschaft in allem*

Jedes Kind lernt in seiner Schulzeit im Mathematikunterricht den »Satz des Pythagoras«: $a^2 + b^2 = c^2$. Wer ist der Gelehrte, der die Geometrie bis heute bereichert, und was verdankt ihm die Menschheit über die Berechnung rechtwinkliger Dreiecke hinaus?

Pythagoras gehört zu den frühen Philosophen der griechischen Antike. Um 570 vC. auf der Insel Samos in der Ägäis geboren, soll der Kaufmannssohn schon in jungen Jahren nach Ägypten und Babylon gereist sein. Gelehrte der beiden Hochkulturen machten ihn im Niltal mit Geometrie und in Mesopotamien mit Naturwissenschaften vertraut. Zurück auf seiner heimischen Insel begründete Pythagoras eine Schule, die Wissen mit Weisheit zu verbinden suchte: Ihr zweifaches Ziel lag darin, sowohl die Ordnungen in der Welt zu erforschen wie auch das eigene Leben zu ordnen. In Raum und Zeit, in der Welt der Zahlen und der Klänge, ja selbst im Kosmos gab es eine Harmonie, deren Grundlagen und Gesetze es zu erkennen galt. Die Schule der Pythagoreer lehrte ihre Anhänger nicht nur, das eigene Leben in eine gute Form zu bringen, sondern sich auch politisch für ein stabiles Zusammenspiel in der Gesellschaft einzusetzen.

Das politische Engagement wurde der gut organisierten Gruppe wiederholt zum Verhängnis. Als Pythagoras 30-jährig war, riss der Tyrann Polykrates die Herrschaft über Samos an sich. Die Pythagoreer wanderten nach Süditalien aus und ließen sich in Kroton nieder. Auch in Kalabrien gewann die philosophisch-religiöse Schule bald politischen Einfluss. Von ihrem Harmonieideal geleitet, war sie populistischen Volksführern gegenüber abgeneigt und versprach sich mehr Stabilität durch aristokratische Staatsführer. In die Opposition gedrängt, wechselten die Pythagoreer nach einem Städtekrieg in die Basilikata, wo Pythagoras nach 510 vC. in Metapont auch sein Grab fand.

Der verheiratete Gelehrte, der mit seiner Frau Theano mehrere Töchter hatte, vertrat als einer der ersten Griechen den Glauben an die ewige Seele und eine Seelenwanderung. Er lebte daher streng vegetarisch und lehnte auch Tieropfer für Gottheiten ab. Das Motiv der Freundschaft beseelte sowohl sein Ideal der Gesellschaft wie seine kommunistische Lebensgemeinschaft, Religion und Philosophie, Bildung und Selbstsorge. Der syrische Neuplatoniker Iamblichos von Chalkis schreibt dazu in seiner antiken Biographie »De vita Pythagorica« (229–230):

*In strahlender Klarheit lehrte Pythagoras die Freundschaft aller mit allen: Freundschaft der Götter mit den Menschen durch innige und wissende Verehrung, Freundschaft der Wissenschaften untereinander und Freundschaft zwischen Seele und Leib, Freundschaft des Vernunftbegabten mit den Unvernünftigen durch Philosophie ... Freundschaft der Menschen untereinander, Freundschaft unter Mitbürgern durch Legalität, die den Staat gesund erhält, Freundschaft Verschiedenstämmiger durch richtige Naturerkenntnis, Freundschaft zwischen Mann und Frau, Kindern, Geschwistern und Hausgenossen ... Freundschaft des sterblichen Leibes in sich selbst, Befriedung und Versöhnung einander entgegenwirkender Kräfte ... Dass in all diesen Dingen ›Freundschaft‹ ist und wirken soll, hat Pythagoras entdeckt.*

# 96 Marcus Tullius Cicero
## Ein Leben für die Republik

Im Lateinunterricht machen Caesar als Erzähler und Cicero als Redner seit Jahrhunderten Schüler mit Sprache und Denken des alten Rom vertraut. Das Ende der römischen Republik brachte beide ins Grab. Der Diktator Caesar wurde 44 vC. im Senat ermordet, der Republikaner Cicero 43 vC. auf der Flucht vor Antonius in Südlatium umgebracht. Kopf und Hände des gefeierten Konsuls wurden danach auf der Rednertribüne des Forum Romanum ausgestellt: am Ort, das dem Anwalt, Politiker und Schriftsteller eine brillante Laufbahn ermöglicht hatte.

Marcus Tullius Cicero wurde 106 vC. in Südlatium geboren und zog mit seiner Familie vierjährig nach Rom, wo er als Jugendlicher Recht, Redekunst und Literatur studierte. Nach dem Kriegsdienst unter Pompeius 91 bis 89 vC. machte der junge Anwalt als scharfsinniger Prozessredner auf sich aufmerksam. Ab 79 vC. bildete er sich zwei Jahre in Griechenland und Kleinasien philosophisch weiter, um danach platonisches und stoisches Denken in die lateinische Kultur zu übersetzen. Zurück in Italien, durchlief der begabte Politiker die klassische Ämterlaufbahn: zunächst als Quästor auf Sizilien, dann als Ädil und als Prätor in Rom. Im Jahr 63 vC. erreichte er das höchste Staatsamt und schlug als Konsul den Putschversuch seines Rivalen Catilina nieder, wofür der Senat ihn zum »pater patriae« (Vater des Vaterlands) erklärte. Als Caesar ihn zwei Jahre später für ein Triumvirat umwarb und Cicero ablehnte, begann sein Stern zu sinken. Der Republikaner musste 58 vC. nach Thessaloniki fliehen und wurde enteignet. Ein Jahr später vom Senat zurückgerufen, widmete sich Cicero der Schriftstellerei. Ab 51 vC. war er zwei Jahre Statthalter im südosttürkischen Kilikien. Zurück in Rom, schlug er sich im Bürgerkrieg auf Pompeius' Seite, wurde vom siegreichen Caesar begnadigt, kritisierte diesen aber als Tyrannen und wurde nach dessen Tod von Antonius zum Staatsfeind erklärt.

Cicero war 30 Jahre mit der reichen Terentia verheiratet, die seine Karriere finanzierte. Sohn Marcus wurde von Oktavian 30 vC. zum Mitkonsul ernannt, was den ermordeten Vater rehabilitierte. Cicero galt schon in der Antike als der herausragende Redner Roms. Er selbst veröffentlichte 58 Reden sowie philosophische Schriften. Erhalten sind auch über 900 Briefe.

*Die beste Würze für Speisen ist der Hunger und für Getränke der Durst.*
*Freudvoll werden Arbeiten, wenn sie vollbracht sind.*
(De finibus II 90 und 105)
*Wir sind nicht für uns allein geboren.*
*Recht über alles kann höchstes Unrecht schaffen.*
(De officiis I 22 und 33)
*Verwandtschaft kommt ohne Wohlwollen aus, Freundschaft nicht.*
*Wer Freundschaft aus seinem Leben entfernt, gleicht Menschen, in deren Welt die Sonne erlischt.*
*Ein sicherer Freund erweist sich in unsicherer Lage.*
*Wertlos ist eine Freundschaft, in welcher der eine die Wahrheit nicht hören will und der andere zu lügen bereit ist.* (De amicitia 19, 47, 64, 98)
*Menschen erkennen nicht, wie einträglich Sparsamkeit ist.*
(Paradoxa stoicorum VI 49)
*Heimat ist überall da, wo es gut zu sein ist.*
*Es ist besser Unrecht zu erleiden als es zu tun.*
(Tuskulanische Gespräche V, XXXVII 108 und XIX 56)
*Gesetzen ordnen wir alle uns deswegen unter, um als Freie leben zu können.*
(Pro Cluentio LIII, 146)
*Im Waffenlärm schweigen die Gesetze.* (Pro Milone IV, 11)
*Friede ist nützlicher als der gerechteste Krieg!* (Ad Atticum VII, XIV, 3)

# 97 Chrodechild von Burgund
## Mission und Drama einer Königin

474 in Lyon geboren, wechselt Chrodechild als kleine Prinzessin an den Genfer Hof ihres Onkels, des Burgunderkönigs Godegisel. Am Genfersee wird das Mädchen im katholischen Glauben erzogen und mit ungefähr 18 Jahren dem merowingischen Frankenkönig Chlodwig I. verheiratet. Damit beginnt die Karriere der Frankenkönigin, der

die Kirche noch heute als heilige Klothilde gedenkt. Der katholischen Prinzessin ist es zu verdanken, dass sich die aufstrebende Vormacht im Abendland zum römischen Christentum bekannte. Durch den Siegeszug der Franken setzte sich die katholische Kirche in den Wirren der Völkerwanderung gegen die germanische Religion und das arianische Christentum durch.

Die Prinzessin willigt zur Eheschließung mit dem heidnischen Chlodwig I. nur unter der Bedingung ein, dass sie ihrem katholischen Glauben treu bleiben dürfe. Als ihr erster Sohn Ingomer als Kleinkind stirbt und der zweitgeborene Chlodomer schwer erkrankt, hinterfragt ihr Gatte die religiösen Überzeugungen seiner Frau. Die unerwartete Genesung Chlodomers beeindruckt den germanischen König, und als er nach Gebeten zu Christus den Krieg gegen die Alemannen gewinnt, lässt er sich an einem Weihnachtsfest zwischen 497 und 499 in Reims von Bischof Remigius taufen. Da dem König auch sakrale Macht zukommt, folgen ihm 3.000 fränkische Adelige ins Taufbecken. Sie veranlassen darauf die rasche Christianisierung des ganzen Reichs.

Nach dem Tod Chlodwigs 511 stiftet Chrodechild zahlreiche Klöster und Kirchen. Noch deutet nichts auf ein schreckliches Drama hin, das ihr Leben zutiefst erschüttern wird. Chlodomer, der sich die Macht in Frankenreich mit einem Halbbruder und seinen beiden Brüdern Childebert und Chlothar (Radegunde → 56) geteilt hat, fällt im Krieg gegen die Burgunder, das Volk seiner Mutter. Er hinterlässt eine Frau und drei kleine Söhne, die in die Obhut ihrer Großmutter Chrodechild gelangen: Sie vertritt deren Interessen im Kampf um das Teilreich Chlodomers. Dessen Bruder Chlothar wagt einen kirchenrechtlich zweifelhaften Schachzug, indem er die Witwe seines Bruders ehelicht, und bringt auch die Neffen in seine Gewalt. Machtbesessen stellt er seine Mutter Chrodechild vor eine Schicksalswahl: Sie kann die Enkel geschoren zurückhaben – entehrt und ohne Erbschaftsansprüche – oder er tötet die Kinder. Aus heutiger Perspektive ist schwer auszumalen, was Chrodechild dazu bewegt haben mag, die zweite Option zu wählen. Unterschätzt sie die Skrupellosigkeit ihres Sohnes? Chronisten überliefern, die Königin habe die Kinder lieber tot als entmachtet sehen wollen, worauf Chlothar mit dem Einverständnis seines Bruders Childebert den zehnjährigen Theudoald und den siebenjährigen Gunther eigenhändig umbringt. Chlodoald entgeht als Jüngster dem Tod, da er für das geistliche Leben bestimmt und somit herrschaftsunfähig ist.

Darüber, wie Chrodechild mit dem gewissenlosen Machtstreben ihres Sohnes, dem Tod ihrer Enkel und ihrer eigenen Rolle klarkommt, steht nichts geschrieben. Sie zieht sich später ins Kloster St. Martin in Tours zurück, wo sie 544 stirbt. Ihr Grab findet sie in Paris in der Kirche Sainte Geneviève an der Seite ihres Mannes und ihrer Tochter Chlodechild, die als Königin der Westgoten bereits jung verstorben ist. Die Reliquien gehen in der Französischen Revolution verloren. Für ihre Verdienste in der Verbreitung des römischen Christentums wird Chrodechild wenige Jahre nach ihrem Tod heiliggesprochen. Sie gilt als Patronin der Frauen, der Eltern, der adoptierten Kinder, der Notare und der französischen Krone.

# 98 Wu Zetian
## *Chinas einzige Kaiserin*

Kaiserinnen gibt es in der chinesischen Geschichte zahlreiche – und gleichzeitig ist es in den mehreren tausend Jahren doch nur eine: Kaiserin Wu Zetian ist die einzige Frau, die den Titel »huangdi« verliehen bekam, der so viel wie »regierender Kaiser« bedeutet.

Wu Zetian wird im Jahr 625 in der heutigen Provinz Shanxi in eine reiche Familie geboren. Ihr Leben fällt damit in die blühendste Zeit der Tang-Dynastie, die in den Jahren von 618 bis 906 den Frauen relative Freiheiten einräumt. So werden etwa keine Füße gebunden, und Frauen sind nicht zu ständiger Unterwürfigkeit angehalten. Wu Zetians Geburtsname ist unbekannt. Wu ist der Familienname ihres Vaters; der Name Zetian, bedeutet »nach dem Himmel streben«. Bei Hof ist sie auch als Wu Zhao bekannt, was »glänzen« bedeutet. Sie schreibt den Namen mit einem Zeichen, das sie eigens für sich erfunden hat. Vom Vater, einem Tofu-Hersteller, gezielt gebildet und gefördert, kommt Wu Zetian im Alter von 12 oder 14 Jahren als Konkubine in den Palast des Kaisers Taizong.

Als Wu Zetian 27 Jahre alt ist, stirbt der Kaiser. Da die kinderlosen Konkubinen traditionsgemäß buddhistische Nonnen werden, wechselt auch sie in die neue Lebensform. Im Tempel erhält sie jedoch überraschend Besuch: Ihr Geliebter Gaozong, Sohn des verstorbenen Kaisers, bricht, da er nun selbst Kaiser ist, mit der Tradition und macht die Konkubine des Vaters zu seiner eigenen. Wu Zetian schenkt ihm mehrere Söhne. Eine Tochter stirbt nach der Geburt. Als Wu Zetian die amtierende Kaiserin dafür beschuldigt, stellt sich Gaozong auf die Seite der Konkubine. Die Ehefrau wird ersetzt – und Wu Zetian nun offiziell Kaiserin.

Erneut schlägt das Schicksal zu, als Gaozong einen Schlaganfall erleidet. Böse Zungen werden später behaupten, Wu Zetian habe ihren Ehemann vergiftet. Spätere Historiker sind der selbstbewussten Frau ohnehin nicht wohlgesinnt und ihre Berichterstattung daher auch nicht unparteiisch. Außer Zweifel steht, dass Wu Zetian die Hofgeschäfte übernimmt und damit faktisch Regentin wird. Später versetzt sie ihre Söhne ins zweite Glied und besteigt selbst den Drachenthron. Damit ist sie weiblicher Kaiser von China und trägt, als einzige Frau jemals, die gelben Kleider des Monarchen.

Ihre Regierungszeit gilt trotz ihres wenig zimperlichen Aufstiegs als bemerkenswert friedlich. Verschiedene Kulturen blühen auf, und das Riesenreich wächst auch territorial. Die Kaiserin verkleinert die Armee, investiert in die öffentliche Infrastruktur, führt einen Beschwerdebriefkasten ein und ersetzt Aristokraten in der Regierung zunehmend mit Gelehrten. Die Beamten müssen neu eine Prüfung bestehen, um sich als qualifiziert für ihre Aufgabe zu erweisen. Die Herrscherin senkt die Steuern der Bauern und führt neue landwirtschaftliche Techniken ein, die größere Erträge bringen. Mit der Haltung des Daoismus gegenüber Frauen bekundet Wu Zetian Mühe. Dem konfuzianischen Sprichwort, eine Regentin sei wie eine Henne, die krähe wie ein Hahn, widerspricht sie energisch. Sie fördert dezidiert den Buddhismus, den sie als frauenfreundlicher wahrnimmt und zur Staatsreligion erhebt. Das Ansehen ihres eigenen Geschlechts hebt sie gezielt, indem sie etwa Biographien berühmter Frauen in Auftrag gibt und eine eigene Dynastie ausruft. Mit 80 Jahren stirbt Wu Zetian nach längerer Krankheit. In den Longmen-Grotten bei Luoyang gibt es unter den über 100.000 Buddha-Statuen eine, die ihre Züge tragen soll.

# 99 Theophanu
## Falsche Braut und richtige Kaiserin

972 muss die Konsternation in Rom mit Händen greifbar gewesen sein: Die bestellte Braut, mit deren Hochzeit ein historisches Bündnis zwischen dem lateinischen und dem oströmischen Kaiserreich angebahnt werden soll, ist keine Prinzessin, sondern lediglich eine Nichte von Kaiser Johannes Tzimiskes in Konstantinopel! Und diese soll nun deutschrömische Kaiserin werden? Theophanu, irgendwann zwischen 955 und 960 als Tochter des byzantinischen Feldherrn Theophanus Skleros und der Sophia Phokaina im oströmischen Reich geboren, erweist sich jedoch als die beste Wahl, die ihre Familie wie auch ihr künftiger Ehemann, der westliche Kaiser Otto II., treffen kann. Bald schon stellt sich heraus, dass die kaum 14-jährige Griechin für ihr Amt wie geschaffen ist. Gut, dass man sie nicht zurückgeschickt hat! Mit dieser Eheschließung endet die seit 800 nC. andauernde Rivalität zwischen dem griechischen Ostrom und dem lateinisch-fränkischen Herrscher im Westen. Bereits die Heiratsurkunde ist eine Hommage an beide Kulturen: Auf fast eineinhalb Metern Länge hält der Text in Goldtinte die Details der Vermählung fest. Zahlreiche Verzierungen in Purpur, Indigo und Gold machen die Pergamentrolle zu einer der schönsten ihrer Zeit.

Otto II. schätzt Theophanus politischen Rat und bezeichnet die junge Mitkaiserin in öffentlichen Dokumenten als »vielgeliebte Ehefrau«. In den elf Ehejahren bis zu Ottos frühem Tod kommen fünf Kinder zur Welt. Einer wird Kaiser Otto III., zwei Töchter werden Äbtissinnen in Quedlinburg und Gandersheim, eine wird Gattin eines Markgrafen, und die Zwillingsschwester des Thronfolgers verstirbt früh. Theophanu gebärt diese Kinder in ihrem kaiserlichen Nomadenleben unterwegs durch Deutschland und Italien. Immer mit dabei ist auch ein transportabler Thron aus Elfenbein.

Nach dem Malariatod ihres Gatten im Jahre 983 läuft die junge Theophanu zur Höchstform auf. Unterstützt von ihrer Schwiegermutter Adelheid, erkämpft sie die Herrschaft anstelle ihres kleinen Sohnes Otto und setzt sich als Regentin gegen den mächtigen Herzog Heinrich den Zänker von Bayern durch. Theophanu, deren klangvoller

Name vom griechischen Wort »theophaneia«, Gotteserscheinung stammt, regiert ab 985 im ostfränkisch-deutschen Reich sieben Jahre, bis der Thronfolger das Erwachsenenalter erreicht. Sie sichert ihren Untertanen dabei eine weitgehend konfliktfreie Friedenszeit.

Durch die griechische Herrscherin hält die byzantinische Handwerkskunst Einzug in Westeuropa. Das Nikolausfest von Anfang Advent findet durch ihre Frömmigkeit ebenso aus der Ostkirche in den Westen. Theophanu macht sich in elf Jahren als Mitkaiserin und durch ihre siebenjährige Alleinherrschaft zur einflussreichsten abendländischen Regentin des Mittelalters. 991 stirbt sie erst gut 30-jährig auf einem Reichstag im heute niederländischen Nimwegen. Eine Sonnenfinsternis, die wenige Monate zuvor die Menschen beunruhigte, wird im Nachhinein als Unglück verheißende Vorbotin ihres Todes gedeutet. Theophanu wird in der Kölner Kirche des heiligen Pantaleon beigesetzt, die eben im ottonischen Stil erbaut wird. Die Kaiserin selbst hat die Reliquien des Patrons, einem Lieblingsheiligen aus ihrer vorderasiatischen Heimat, mitgebracht und die Kirche samt der Benediktinerabtei durch zahlreiche Schenkungen unterstützt. Das Grab der Kaiserin aus weißem griechischen Marmor ist im Westwerk von Sankt Pantaleon noch heute zu besuchen.

# 100 Muhammad al-Kāmil
## Islamische Humanität im Kreuzzug

Das Lob lässt aufhorchen, das der deutsche Kreuzzugsprediger Thomas Oliver dem Oberherrscher der Erzfeinde zollt. Es gilt dem Enkel von Sultan Salah ad-Din Yusuf alias Saladin, der Jerusalem 1189 aus christlicher Hand zurückerobert hatte. Der 38-jährige Al-Kāmil Muhammad al-Malik trat die Herrschaft 1218 am Nil an. Nach dem Tod seines Vaters al-Adil I. übernahmen zwei Söhne die Macht in Syrien und Mesopotamien, während al-Kāmil Ägypten und Palästina zufiel. Im Nildelta belagerten christliche Kreuzritterheere seit kurzem die Hafenstadt Damiette. Ihr erklärtes Ziel war es, den islamischen Herrscher

---

in seinen Kernlanden zu schlagen, um das Heilige Land wieder zu befreien.

Der Westfale Thomas Oliver, ab 1213 Kreuzzugsprediger in der Kölner Kirchenprovinz und von 1217 bis 1221 persönlich im Kreuzzugsheer vor Ort, ab 1223 Bischof von Paderborn und später Kardinal, schrieb in seiner Kreuzzugschronik »Historia Damiatina« über die islamische Humanität im Krieg und die Menschlichkeit des Sultans nach der vernichtenden Niederlage der Christen:

*Wer könnte daran zweifeln, dass so viel Güte, Freundschaft und Nächstenliebe von Gott selbst stammen? Männer, deren Eltern, Söhne und Töchter, Brüder und Schwestern durch unsere Hände den Tod fanden, deren Land wir raubten und die wir nackt aus ihren Häusern vertrieben, stärkten uns neu mit ihrer eigenen Nahrung, als wir beinahe verhungerten, und begegneten uns mit Freundlichkeit, als wir in ihrer Macht waren.*

Die Chronik spricht vom entscheidenden Sieg al-Kāmils von al-Mansura im Nildelta 1221. Zwei Jahre zuvor wagte sich Franz von Assisi (→ 20) als christlicher Prophet gegen Heilige Kriege ins Lager des Sultans und gewann die Freundschaft des Herrschers, der sich von Sufis beraten ließ. Forscher vermuten, dass das Friedensangebot, das al-Kāmil zwei Monate später nach der christlichen Eroberung von Damiette machte, auf die Begegnung mit Franziskus zurückging. Vom päpstlichen Legaten Alvarus Pelagius und den italienischen Seerepubliken abgelehnt, fand der Vorschlag zu einer Koexistenz der beiden Religionen Jahre später im Frieden von Jaffa (1229) seine Chance. Der Stauferkaiser Friedrich II. zog als neuer Anführer des Kreuzzuges einen Waffenstillstand dem Kampf vor und erhielt Jerusalem für zehn Jahre zurückerstattet. Pilgernde hatten wieder Zugang zum Heiligen Land, doch war es dem christlichen König von Jerusalem verboten, die Stadt militärisch zu befestigen.

Durch das friedliche Ende des Kreuzzugs ermöglichte al-Kāmil nicht nur eine neue Blüte des Handels und des Kulturaustauschs mit Europa, sondern auch die Ausdehnung seines Reiches über Nordsyrien bis Kurdistan. 1238 einte er kurz vor seinem Tod das Großreich Saladins wieder unter seiner Hand. Im folgenden Jahr traf ein neues französisches

Kreuzritterheer in Palästina ein, worauf die christlichen Besatzer schrittweise und gewaltsam aus dem Nahen Osten vertrieben wurden. In der islamischen Welt als Eroberer bekannt, ging al-Kāmil durch seine Freundschaft zu Franz von Assisi, durch den einzigartigen Frieden von Jaffa mit der Idee einer Koexistenz von Islam und Christentum und dank seiner Humanität mitten im Krieg in die christliche Geschichte ein.

# 101 Jeanne d'Arc
*Jungfrau von Orléans*

Ihre erstaunliche Karriere dauert nur ein Jahr. Dennoch wird man auch Jahrhunderte später vom jungen Bauernmädchen aus Lothringen sprechen. Jeanne d'Arc ist gerade einmal 19 Jahre alt, als sie am 30. Mai 1431 auf dem Markplatz von Rouen den Scheiterhaufen besteigt. Ein letzter Gnadenakt – die Verurteilte zu töten, bevor die Flammen sie erreichen – wird dem Henker untersagt. Die »Jungfrau von Orléans« stirbt qualvoll nach einem Jahr Gefangenschaft: kläglich fallengelassen vom französischen König Karl VII., dem sie auf den Thron verholfen hat, und verkauft an die Engländer, die sie als Ketzerin der Inquisition überantwortet haben. Die Anklage wegen Tragens von Männerkleidern ist vorgeschoben. Die junge Frau hatte sich auf einen himmlischen Auftrag berufen, als sie in einer dramatischen Phase in den Hundertjährigen Krieg zwischen Frankreich und England eingriff. Sie hörte den Erzengel Michael sowie die Heiligen Katharina (von Alexandrien) und Margarete seit ihrem 13. Lebensjahr direkt zu ihr sprechen und sie auf ihre Bestimmung vorbereiten: Sie ist die in der Artussage angekündigte Jungfrau, die Frankreich einen und die vordringenden Engländer vertreiben wird. Ketzerei, Zauberei? Eine Frau, die in Hosen Männer befehligt und mutig ins Kampfgeschehen eingreift? Eine Bauerntochter, die nicht auf ihrem Platz bleibt? Staatlich wie kirchlich Mächtige hatten genug Gründe, die unerschrockene Jungfrau loszuwerden.

In Eigenregie provoziert sie die Feinde mit einem Brief an den englischen König Heinrich V., dessen Truppen an der Loire stehen. Im Mai

1429 zieht sie mit der Truppe des Dauphins los, der ein weißes Banner mit den Bildnissen von Maria und Jesus voranzieht. Der Ruf der »pucelle« (»Jungfrau«) eilt ihr weit voraus. Als sie vor Orléans auf den Feind treffen, enttäuscht Jeanne nicht. Im Kampf gegen die englischen Belagerer reitet sie der Truppe unerschrocken voran. Der Feind wird geschlagen und Orléans befreit; der französische Thronfolger kann nach dem entscheidenden Sieg nach der Krone greifen. Jeanne begleitet Karl VII. im Sommer 1429 zur Krönung nach Reims. Der junge Herrscher denkt an einen Waffenstillstand mit den Engländern. Er lässt Jeanne, die ihren Auftrag erst mit der Eroberung von Paris erfüllt sieht, auf ihrem Vorstoß ab dem Herbst im Stich. Nach erfolglosem Kampf um Paris wird Jeanne im Frühling 1430 bei Compiègne durch einen Luxemburger Grafen entführt, den Burgundern übergeben und von diesen nach monatelanger Haft den Engländern ausgeliefert. Der Inquisition anvertraut, schwört Jeanne aus Angst vor dem Feuertod den himmlischen Stimmen ab. Im Kerker schwer misshandelt, zieht sie ihren Widerruf zurück und provoziert ein zweites Inquisitionsverfahren. Diesmal bleibt Jeanne stark – und wird zum Tod verurteilt. Sechs Jahre später versöhnen sich die Burgunder mir Frankreich, womit der Hundertjährige Krieg in die Endphase tritt. Jeanne wird zum Opfer des Feindes stilisiert, als Märtyrerin verehrt und zur Nationalheiligen Frankreichs erklärt. 1920 spricht Papst Benedikt XV. die Schutzpatronin der Grande Nation heilig. Inoffiziell lässt sie sich auch als Patronin kämpferischer Frauen betrachten, die sich ihre Visionen nicht nehmen lassen.

# 102 Isabella I. von Kastilien
*Selbst ist die Königin*

Geschichtsbücher sprechen nicht nur vorteilhaft über Isabella von Kastilien. Mit ihrem Geld segelte Christoph Kolumbus (→ 83) über den Atlantik und unterjochte als ihr Vizekönig erste Teile von »Westindien«. Unter der Königin und ihrem Gatten Ferdinand II. von Aragón mussten Zehntausende von Muslimen und Juden Spanien verlassen. Vertreibung und Zwangstaufen sollten die Iberische Halbinsel gewaltsam von fremden Kulten befreien. Isabellas Zeit erstrebte das Gegenteil von multikulturellem Neben- oder gar interreligiösem Miteinander.

Die Epoche, in die Isabella 1451 hineingeboren wurde, war schon längere Zeit von blutigen religiösen und politischen Territorialkämpfen gezeichnet. Die christlichen Reiche drängten in der »Reconquista« das islamische al-Ándalus immer weiter nach Süden zurück. Isabella selbst geriet dreijährig nach dem Tod Johanns II. von Kastilien-León in Not, als ein Halbbruder den Thron ihres Vaters besetzte. Die ebenfalls vertriebene Mutter vertraute die Tochter dem Kloster Santa Ana in Ávila an, wo sie eine ausgezeichnete Bildung erhielt und sportlich reiten lernte. Die stämmige rothaarige Jugendliche mit grünen Augen schlug selbstbewusst eine Reihe von Eheprojekten aus, die ihr Halbbruder arrangierte. Dazu holte sich die intelligente Isabella den jüdischen Financier Abraham Senior als Berater zur Seite. Gegen die Politik des Herrschers wählte sich die 17-Jährige ihren Ehemann selbst aus, nahm eigenmächtig Kontakt zu Ferdinand von Aragón auf und organisierte die heimliche Hochzeit in Valladolid. Als Isabellas Bruder den Halbbruder militärisch schlug, die Macht ergriff und kurz darauf starb, fiel der Thron Kastiliens überraschend an Isabella. Durch ihre Ehe mit Ferdinand endeten die Rivalitäten zwischen Kastilien und Aragón, deren Kronen sie weiterhin getrennt trugen.

Als Königin hatte Isabella I. in Kastilien einiges aufzuräumen. Heinrich IV. hinterließ durch Misswirtschaft und Verschwendung leere Kassen. Isabellas geschickte Steuer- und Abgabepolitik erschloss neue Einkünfte. Vom Thronrat verordnete Gesetze wurden unter ihrem wachen Auge auch angewendet. Wiewohl sich die Königin damit den Ruf übergroßer Strenge verschaffte, beendet sie eine Zeit des politischen Chaos und sozialer Gewalt.

Im Herbst 1492 brachten Isabella und Ferdinand die Reconquista mit der Eroberung Granadas zu Ende. Sultan Boabdil verhinderte Blutvergießen, indem er dem Königspaar entgegenritt, den Schlüssel der Stadt übergab und ins Exil ging. Damit endeten nahezu acht Jahrhunderte muslimischer Herrschaft auf der Iberischen Halbinsel. Boabdils Schicksal bewegte Isabella zu einer Geste des Respekts: Der Überlieferung nach ließ sie auf seine Bitte das Tor der Alhambra für immer zumauern, durch das der letzte islamische König auf iberischem Boden seine Prachtresidenz verließ.

Den beiden »Reyes católicos« (»katholische Könige«, ein vom Papst verliehener Ehrentitel) schwebte eine friedliche Lösung in Südspanien vor: Der Vertrag von Granada sah für alle Juden und Muslime Kultusfreiheit vor und garantierte ihnen Sicherheit, wurde jedoch in den folgenden Jahrzehnten unterwandert. Die katholische Vorherrschaft in Europa ließ in Spanien keine Ausnahmen zu.

Isabellas mutigstes Unterfangen war die politische und finanzielle Unterstützung für Kolumbus' Vision eines neuen Seewegs nach Indien. Dass die insgesamt vier Seereisen die Grundlage für ein Kolonialreich von unermesslicher Größe legten, konnte sie nicht ahnen. Sie erwies sich als mutige und visionäre Investorin, die wirtschaftlich geschickt Kapital zur Verfügung stellte, nachdem andere Herrscher – allesamt Männer – Kolumbus und seine Idee hatten abblitzen lassen. Isabella I. starb Ende 1504, anderthalb Jahre vor Kolumbus. Ihre Töchter wurden Königinnen in Spanien, Portugal und England.

# 103 Elisabeth I. von England
## Vom Bastard zur Ikone einer Epoche

Die Voraussetzungen für eine königliche Karriere sind denkbar schlecht: Viele sehen das Baby, das am 7. September 1533 im englischen Greenwich geboren wird, als Bastard an. Sein Vater, der Tudor-König Heinrich VIII., hat für die Mutter seine rechtmäßige Frau verlassen und sich darüber mit Rom überworfen. Heinrich hat zudem auf einen Sohn gehofft. Im Mai 1536 wird Elisabeths Mutter Anne Boleyn geköpft und sie selbst vom Hof verbannt. Es folgen vier weitere Frauen auf dem Thron an der Seite von Elisabeths Vater. Zwei sterben wie ihre Mutter auf dem Schafott, eine im Kindbett, und nur die letzte, Catherine Parr, überlebt Heinrich VIII. und seine Willkürherrschaft. Noch zu seinen Lebzeiten holt sie Elisabeth und ihre Halbschwester Maria an den Hof, lässt sie legitimieren, in die Thronfolge aufnehmen und angemessen erziehen.

Edward VI., der einzige legitime männliche Nachkomme Heinrichs, stirbt nach kurzer Zeit auf dem Thron 15-jährig. Nach ihm wird Maria, die Tochter aus der ersten Ehe Heinrichs, gekrönt. Wie ihre spanische Mutter Katharina von Aragón (eine Tochter Isabellas I., → 102) ist sie überzeugte Katholikin und setzt alles daran, die von ihrem Vater angestoßene Reformation in England rückgängig zu machen. Dadurch geht sie als »Maria die Katholische« und »Maria die Blutige« in die Geschichte ein. Elisabeth, die sich gegenüber ihrer Schwester katholisch, gegenüber den Untertanen protestantisch zeigt, gerät mitten in den Strudel der Glaubenskriege. Zeitweise sitzt sie sogar im Tower ein, weil ihre Schwester sie verdächtigt, an einem Mordkomplott gegen sie beteiligt gewesen zu sein.

Als auch Maria nach wenigen Jahren stirbt, schlägt 1558 Elisabeths Stunde: Der vormalige Bastard wird Königin von England. Elisabeth I. spielt die Zeit in die Hände. Ein langes Leben und eine 45 Jahre dauernde Herrschaft lassen sie zur unangetasteten Autorität werden und einen eigenen Regierungsstil entwickeln. Sie trennt die letzten Verbindungen zur römischen Kirche, etabliert sich anstelle des Papstes als Oberhaupt der anglikanischen Kirche und verleiht dieser ihre noch heute gültige Form. Damit es in ihrer Art protestantischer Kirche nicht streng puritanisch zugeht, werden viele katholische Traditionen bewusst beibehalten. Zudem erklärt sie, keine »Fenster in die Seelen der Untertanen« bauen zu wollen – will heißen: Solange diese sich anglikanisch und loyal verhalten, ist es der Königin gleich, was die Einzelnen persönlich glauben. Damit bringt sie nach konfliktreichen Jahren der Glaubenswirren wieder religiöse Ruhe ins Königreich.

Privat wechseln unglückliche Liebesbeziehungen mit Affären ab, bis Elisabeth die Liebe ihres Lebens findet: ihr Königreich. Für dieses sorgt sie in der Rolle ihres Lebens: als jungfräuliche Königin – »the Maiden Queen«. Mit undurchdringlichem Gesichtsausdruck und weiß geschminkt bleibt sie der Nachwelt in Erinnerung. Unter Elisabeth erlebt England sein oft zitiertes »Goldenes Zeitalter«, das ihren Namen trägt (Elizabethan Age). Kunst und Kultur blühen auf. William Shakespeare (→ 66) schreibt seine Werke, ebenso Christopher Marlowe und Ben Jonson. Francis Bacon begründet die moderne Wissenschaft. Francis Drake umsegelt die Welt. In Amerika wird die erste englische Kolonie gegründet: Zu Ehren der königlichen Jungfrau von England erhält sie den Namen »Virginia«. Die Wirtschaft erlebt den lang ersehnten Aufschwung. Die Engländer finden aus der Zersplitterung wieder in eine stolze Nation zusammen.

Mit Elisabeths Tod 1603 endet die Herrschaft der Tudors. Ausgerechnet der Sohn ihrer schottischen Widersacherin Maria Stuart, deren Hinrichtung 1587 Elisabeth zu verantworten hat, besteigt als entfernter Verwandter nach ihr den Thron als Jakob (James) I. von England.

# 104 Katharina II. die Große
## *Herrscherin mit Leidenschaft*

Die Gerüchte wurden erst kurz vor ihrem Tod gestreut und stammen ohnehin aus französischer Feindeshand. Trotzdem haftet Katharina II. von Russland noch heute der Ruf an, sie sei eine Nymphomanin gewesen, habe Männer kompanieweise vernascht und sei beim Liebesspiel mit einem Pferd gestorben. Das alles ist Unsinn. Sie ist die einzige Herrscherin, der man den Beinamen »die Große« verliehen hat – und zwar schon zu Lebzeiten. Allerdings kann man verstehen, dass sie viele Zeitgenossen irritierte: Eine Frau, die den eigenen Ehemann vom Thron putscht und dann Zarin wird, mit aufgeklärt-absolutistischer Hand regiert und sich immer wieder Liebhaber wählt, passt schlecht in die Idealvorstellungen ihrer Zeit. Unter ihr wird Russland zur europäischen Großmacht. Katharina, hochintelligent, gebildet, mehrsprachig und vielseitig interessiert, stiftet Schulen, gründet aus ihrer privaten Sammlung die Russische Nationalbibliothek und fördert die Wissenschaften und Künste.

Geboren wird sie 1729 in Preußen als Sophie-Friedrike Auguste von Anhalt-Zerbst, eine nicht allzu bedeutende Prinzessin des deutschen Adels. Ihr Vater wird unter Friedrich Wilhelm I. Statthalter von Stettin, und über diese Verbindung wird auch die Ehe mit dem russischen Thronfolger Peter Fjodorowitsch eingefädelt. Mit 15 Jahren kommt Sophie nach Russland, wo sie ihren lutherischen Glauben ablegt und in die orthodoxe Kirche hineingetauft wird – so macht es sich besser für eine zukünftige Zarin. Katharina, so heißt sie fortan, spricht nach wenigen Monaten bereits fließend russisch und stürzt sich mit Verve in die fremde Kultur, die ihr bunt und sprudelnd vorkommt. 1745 heiratet die 16-Jährige den künftigen Zaren Peter III. Romanow. Die Ehe nimmt keinen Schwung auf: Peter ist noch kindlich und involviert seine Gattin lieber in Spiele mit seinen Miniatursoldaten, statt sich seiner ehelichen Pflichten anzunehmen. Egal, ob man die beiden nachts im Zimmer einsperrt oder Katharina komplett von ihrer Familie isoliert: Der ersehnte Thronfolger bleibt aus. Erst eine vermutlich von der amtierenden Zarin Elisabeth arrangierte Affäre soll den Säugling Paul auf den Weg gebracht haben, der seiner Mutter Katharina später auf den Thron folgen soll. Eine Tochter, angeblich Frucht einer weiteren Liebelei, wird noch als Kind sterben. Später folgt ein zweiter Sohn.

Als Peter III. als erster Romanow 1762 nach dem Tod Elisabeths Zar von Russland wird, sucht er als Bewunderer der Preußen, innenpolitisch riskant, zu sehr die Nähe des deutschen Nachbarn. Zudem gibt es Gerüchte über eine Mätresse, mit der er seine Frau ersetzen will. Der Putsch von 1762 mag von Freunden Katharinas oder von ihr selbst initiiert worden sein. Auf jeden Fall setzt sie sich auf den Thron, und Peter wird, wenn auch nicht in ihrem Auftrag, so doch mit ihrer direkten oder indirekten Billigung, im gleichen Jahr ermordet. Katharina II. regiert das Zarenreich über drei Jahrzehnte lang bis zu ihrem Tod, der sie 1796 im Alter von 67 Jahren ereilt. Im Gegensatz zum krisengeschüttelten Frankreich blüht Russland in diesen Jahrzehnten auf, wenn auch nicht alle Gesellschaftsschichten gleichermaßen von der florierenden Wirtschaft profitieren. Der Adel hat der Zarin viel zu verdanken, die leibeigenen Bauernfamilien weniger. Die Französische Revolution erschreckt Katharina, worauf sie, nervös geworden, Kritiker ihres autokratischen Stils brutal verfolgen lässt. Dabei verliert sie die besonnene Umsicht, die sie zuvor europaweit zu Katharina der Großen gemacht hat.

# 105 Maria Montessori
## Ärztin und Reformpädagogin

Wer den Namen Maria Montessori hört, denkt oft an die nach ihr benannten Privatschulen. Doch Montessoris Pädagogik war so revolutionär, dass sie den Umgang mit Kindern generell geprägt hat.

1870 wird Montessori in der Nähe von Ancona geboren. Fünf Jahre später lebt sie in Rom, wo der Vater einen Posten als Angestellter des noch jungen Staates Italien innehat. Ihre Mutter stammt aus einem akademisch-liberalen Elternhaus und ermutigt Maria, eigene Wege zu gehen. Nach ihrer Schulzeit – bestehend aus Frontalunterricht, den harte Strafen unterbrechen – hat Maria wenig Lust, sich zur Lehrerin ausbilden zu lassen. Nebst haushälterischen Tätigkeiten ist es damals der einzige Frauenberuf, der sozial akzeptiert ist. Maria studiert stattdessen als eine von wenigen Frauen Medizin. Von ihren männlichen Mitstudenten wird sie deswegen schikaniert und gedemütigt. Montessori beißt sich durch und hält 1896 ihr Diplom als Ärztin in den Händen. Damit gehört sie zu den Pionierinnen der Berufssparte in Europa. In der universitären Psychiatrie Roms kommt sie in Kontakt mit Kindern, deren vielfältige Behinderungen unter dem harten Überbegriff »Idiotie« zusammengefasst werden. Schon bald entdeckt Montessori, dass auch diese Kinder lernfähig sind, wenn man sich mit ihnen befasst und sie fördert. Was könnte sie mit ähnlichen Fördermethoden erst bei gesunden Kindern erreichen! Damit ist eine neue Idee geboren: Kinder sind nicht einfach kleine dumme Erwachsene, sondern Menschen in einem einzigartigen Entwicklungsstadium: talentiert und fähig, im eigenen Rhythmus alles zu lernen, was sie brauchen, wenn sie dabei sorgsam begleitet werden und die nötigen Werkzeuge erhalten. Dabei sollen Erzieherinnen und Lehrer sie möglichst viel selbst entdecken lassen. »Kinder sind Gäste, die nach dem Weg fragen«, fasst sie ihr neues Konzept zusammen. Die »Casa dei bambini«, das Haus der Kinder, dessen Leitung sie im Rahmen eines großen Sozialprojekts in den Armenvierteln Roms übernimmt, lässt sie ihre Pädagogik anwenden und weiter verfeinern. Sie stellt sie im Buch *Die Montessori-Methode* 1909 vor und bildet von da an auch Lehrpersonen darin aus.

Montessoris Privatleben verlangt ihr gleichzeitig einiges ab. Die Beziehung zum Kollegen Giuseppe Montesano wird zum skandalösen Stadtgespräch, als Maria 1898 schwanger wird, aber nicht heiraten will. Durch die Ehe hätte sie ihren Beruf aufgeben müssen – doch als unverheiratete Frau darf sie ihren Sohn Mario nicht behalten. Jahrelang besucht sie ihn in seiner Pflegefamilie, ohne ihm ihre Identität zu enthüllen. Mario kommt aber selbst dahinter und bittet mit 14 Jahren seine Mutter, ihn mitzunehmen. Die beiden werden unzertrennlich: Mario wird bis zu Marias Tod ihr Sekretär bleiben und ihre pädagogische Arbeit mitentwickeln.

Unter dem faschistischen Regime Benito Mussolinis erleben die Montessori-Schulen vorerst großzügige Förderung. Einzig die Erziehung zum freien Denken ist dem »Duce« – wenig überraschend – ein Dorn im Auge. Doch hierin kann Montessori keine Zugeständnisse machen. Mit Mario verlässt sie Italien. Bald werden ihre Bücher auch in Deutschland verbrannt. Maria Montessori nimmt eine Einladung aus Indien an, wo sie auch Mahatma Gandhi (→ 116) kennenlernt. Hier bleibt sie bis Kriegsende, bevor sie sich in den Niederlanden niederlässt. Bis zu ihrem Tod 1952 setzt sich Montessori unermüdlich für Kinder ein.

# 106 Julius Kambarage Nyerere
## Traum vom Afrikanischen Sozialismus

In Tansania liebevoll »Mwalimu« (Lehrer) genannt, gilt der erste Präsident des Landes als Gandhi (→ 116) Ostafrikas. Sein Vater war Häuptling eines der kleinsten Stämme in der britischen Kolonie, die insgesamt 120 Ethnien zählte. 1922 geboren, wird der Sohn nach dem weiblichen Regengeist Kambarage benannt. Als Schüler bei Weißen Vätern kommt Nyerere mit dem Christentum in Kontakt, lässt sich 20-jährig katholisch taufen und nimmt den Namen Julius an. Nach Studienjahren in Uganda und im schottischen Edinburgh kehrt er 1952 nach Tanganyika zurück, arbeitet als Lehrer und heiratet seine

Kollegin Maria Gabriel. 1954 begründet er die TANU-Partei mit, die das Land auf gewaltlosem Weg von der Kolonialmacht befreien will. Nyerere wird nach dem Wahlsieg seiner Partei 1960 Premierminister unter dem britischen Mandat, führt sein Land ein Jahr später in die Unabhängigkeit und wird 1962 Staatspräsident. Die nationalen Wahlen bestätigen den »Baba wa Taifa« (Vater der Nation) ab 1965 für vier weitere Amtszeiten von je fünf Jahren.

Nyerere war überzeugt, dass Kapitalismus der afrikanischen Kultur fremd sei: »Der Afrikaner ist von seiner Natur her ein sozialistisches Wesen«, schreibt der 21-Jährige in einem Leserbrief. Als Präsident sucht er einen Afrikanischen Sozialismus einzuführen. Die »Deklaration von Arusha« legt 1967 dessen Grundlagen dar: Verstaatlichungen von Banken und Großfirmen, Aufbau von sozialistischen Dorfgemeinschaften (Ujamaa), Ausbau eines afrikanischen Schulwesens und weitgehende wirtschaftliche Eigenständigkeit des Landes (kujitegemea). Die Bildung von Ujamaa-Dorfgemeinschaften soll freiwillig erfolgen, kommt jedoch schleppend voran und führt ab 1977 zu erzwungenen Umsiedlungen. Wirtschaftliche Probleme verschärfen sich in diesen Jahren durch zwei Angriffe Ugandas unter Idi Amin, worauf Tansania 1978 Kampala erobert und den Diktator vertreibt. Nyerere gelingt es, sein Land selbst vor jeder Spaltung und vor Krieg zu bewahren. Das erneuerte Gesundheitssystem hebt die Lebenserwartung auf den afrikanischen Rekordwert von 65 Jahren und der Ausbau des Schulsystems die Alphabetisierung auf über 80 %.

Da der Sozialismus mit seinen Ujamaa-Kollektiven nicht auf größere Produktionseinheiten zu übertragen ist, gerät Tansanias Wirtschaft zunehmend ins Stocken. Konflikte mit der Weltbank tragen mit dazu bei, dass Nyerere als Staatspräsident im Wahljahr 1985 zurücktritt und 1990 auch den Parteivorsitz niederlegt.

Im letzten Präsidialjahr auch Vorsitzender der OAU, der heutigen Afrikanischen Union, bleibt Nyerere bis zum Tod 1999 ein geachteter Friedensvermittler auf seinem Kontinent. Die UNESCO würdigt ihn als »großen Humanisten«, Indien verleiht ihm 1995 den Gandhi-Friedenspreis und die UNO den Titel eines »Welthelden der sozialen Gerechtigkeit«. 2005 leitet das Bistum Musoma den Seligsprechungsprozess ein.

Das politische Vermächtnis des visionären Führers spricht aus folgenden Zitaten:

*Bildung ist kein Weg, der Armut zu entfliehen, sondern ein Weg, sie zu bekämpfen. – Wahre Entwicklung gelingt nur, wenn das Volk einbezogen ist – Keine Nation hat das Recht, über eine andere zu entscheiden, und kein Volk darf über ein anderes bestimmen.* (1968) *– Demokratie lässt sich nicht wie eine Coca Cola-Flasche importieren: Demokratie muss sich in jedem Land je eigen entwickeln.* (1991) *– Einheit wird uns nicht reich machen, doch erschwert sie es, Afrika und Afrikaner zu verachten und zu demütigen.* (1997)

## 107 Farid Esack
### Erster islamischer Befreiungstheologe

Als die Apartheid-Gesetze in Südafrika greifen, treffen sie die afrikanische Urbevölkerung am härtesten. Allerdings werden alle nicht-weißen Südafrikaner in trockene, unfruchtbare Gebiete umgesiedelt. Mit betroffen ist auch die pakistanisch-stämmige Familie, in die Farid Esack 1957 als jüngstes von sieben Kindern geboren wird. Der Muslim wächst vaterlos und in bitterer Armut auf. Später erzählt er davon, wie er zuweilen an den Türen der Nachbarn um Brot bettelte. Die Solidarität, die er von christlichen Nachbarn erlebt, nährt Esacks Respekt für Menschen, die anderen religiösen Konzepten folgen als er selbst. Ein Stipendium ermöglicht es dem Halbwaisen, von 1974 bis 1982 in Pakistan zu studieren. In Karachi lernt er eine neue Denkart unter Muslimen kennen und schließt Freundschaften mit christlichen Mitstudenten. Wie sie täglich mit ihrer Diskriminierung im islamischen Pakistan umgehen, beeindruckt ihn tief.

Zurück in Südafrika stört er sich daran, wie passiv sich die meisten Muslime zur Anti-Apartheidbewegung verhalten. Gemeinsam mit seinem Cousin Ebrahim Rasool gründet er die fortschrittlich-islamische Bewegung »The Call of Islam«, »der Ruf des Islam«. Die Gruppierung beteiligt sich an gewaltfreien Protesten und arbeitet mit dem »African National Congress« (ANC) zusammen. Später wird Esack unter Nelson Mandela (→ 120) Gender-Gleichstellungsbeauftragter. Schon zuvor hat er über katholische Freunde die christliche Befreiungstheologie Südamerikas kennengelernt. Esack beginnt die eigene Religion durch diese Brille zu betrachten. Politik ist auch Teil des Islam. Bereits frühe mekkanische Suren fordern die Gläubigen explizit dazu auf, sich von der Gier abzuwenden und sich freigiebig und barmherzig um Benachteiligte zu kümmern. Esack sieht keinen Widerspruch darin, dem Koran treu zu bleiben und sich gleichzeitig für eine pluralistische Gesellschaft zu engagieren. Gerechtigkeit wird zum Schlüsselwort: Sie darf nicht von der Frömmigkeit getrennt werden. Eine offene Lesart gewisser Suren erlaubt es, mit Gläubigen anderer Religionen und Nichtgläubigen geschwisterlich zusammenzuarbeiten und gemeinsam für eine – auch wirtschaftlich – gerechtere Welt einzustehen.

Bei konservativen Muslimen stößt Esack eher auf Ablehnung. Auch die westliche Welt begegnet ihm mit Skepsis: Der Aktivist ist Mitglied der israelkritischen Gruppierung »Boykott, Desinvestition, Sanction« (BDS); im Einsatz für die Rechte der Palästinenser fordert sie die internationale Gemeinschaft auf, Israel wirtschaftlich zu boykottieren. Gegen den Vorwurf, ein Antisemit zu sein, wehrt sich Esack Anfang 2017 öffentlich: Ein Leben lang habe er sich gegen Rassismus jeglicher Art gewehrt, und dazu zähle auch der Antisemitismus. Er distanzierte sich vehement von antisemitischen Äußerungen, die auf einer Demonstration der BDS gefallen sind. Der Staat Israel sei zudem nicht gleichbedeutend mit Jüdinnen und Juden. Die BDS-Bewegung habe ihre Wurzeln im Boykott des Apartheid-Staates Südafrika, an dem sich international Kirchen, Menschenrechtsorganisationen und ganze Staaten beteiligt hätten. Ihr Kampf gegen die Vorherrschaft der Weißen habe sie nicht zu Gegnern der Weißen macht. Ideale Gesellschaften müssen ihren Bürgerinnen und Bürgern ein Maximum an Freiheit einräumen. 2018 erhielt Esack den südafrikanischen Luthuli-Orden für seinen akademischen Beitrag und seinen Einsatz gegen rassistische, sexistische, wirtschaftliche und religiöse Unterdrückung.

# VIII
# Revolution und Widerstand

# 108 Stephanus
## Freiheit Gottes – für Menschen

Er gilt als der erste christliche Prophet und der erste Märtyrer, der in der Nachfolge Jesu sein Leben hingibt. Aus heutiger Sicht ist Stephanus jedoch weit mehr: ein Warner vor drei Urversuchungen von Religiösen und Religionen.

Einzige Quelle zu dem Heiligen, den die katholischen, orthodoxen, die anglikanische und die lutherische Kirche als Protomärtyrer ehren, ist die Apostelgeschichte des Lukas (Apg 6–8). Sie spricht dem Diasporajuden ein prophetisches Profil unter den sieben Diakonen zu, die zur Koordination der Sozialarbeit und als Bezugsgruppe der Griechischsprachigen innerhalb der Jerusalemer Urgemeinde eingesetzt wurden. Gegner werfen Stephanus Gotteslästerung vor, weil er wie sein Idol Jesus von Nazaret gegen die Heiligkeit des Tempels und des Gesetzes predige. Es kommt zur Anklage und Verhandlung vor dem jüdischen Hohen Rat. Die lange Verteidigungsrede, die die Apostelgeschichte dem Angeklagten zuschreibt, führt zur Verurteilung. Stephanus wird vor der Stadt Jerusalem gesteinigt und stirbt wie ein verfolgter Prophet in Israels Geschichte. Dabei betet er für seine Gegner, wie es der gekreuzigte Jesus von Nazaret getan hatte.

Die Verteidigungsrede des Stephanus, der um 36 nC. gestorben sein dürfte, wird von Lukas ein halbes Jahrhundert später stilisiert und setzt den Untergang des jüdischen Tempelstaates voraus. Ihre drei zentralen Vorwürfe betreffen Haltungen, die nicht nur Israel in die Katastrophe stürzten, sondern immer wieder neu Religionen und Kirchen sektenhafte Züge verleihen. Ein erster Vorwurf wendet sich gegen territoriales Denken: Dem jüdischen Staat ging es um das eigene Land, das allein Israel zustehe und in dem andere nichts verloren haben. Gott aber gehe es um gemeinsame Wege: Weder Abraham noch Mose hätten je »einen Fußbreit« des Gelobten Landes besessen. Territoriales Denken trennt und grenzt aus, während Wege verbinden. Religionen und Gruppen, die zwischen Erwählten und anderen unterscheiden, verfallen einem ausgrenzenden Denken, das Israel zerstörte und Gottes Geschichte widerspricht.

In einem zweiten Vorwurf kritisiert Stephanus Kult und Institution des Jerusalemer Tempels: Der Gott des Himmels und der Erde lasse sich nicht in Gebäude einschließen und an Orte binden. Religionen und Gruppen, die Gottes Gegenwart und Zuwendung an Institutionen festmachen und durch elitäre Gruppen vermitteln lassen, verfallen der zweiten Urversuchung. Der dritte Vorwurf betrifft die pharisäische Gesetzlichkeit und fällt ebenso kurz wie scharf aus (Apg 7,51):

*Ihr Halsstarrigen, unbeschnitten an Herzen und Ohren! Immerzu widersetzt ihr euch dem Heiligen Geist, eure Väter schon und nun auch ihr.*

Exklusiver Heilsanspruch mit Abschottungstendenzen, eine jeder Kritik entzogene, göttlich legitimierte Leitung und die Durchsetzung eines »gottgewollten« Verhaltenskodex durch Sozialkontrolle gelten heute als Hauptmerkmale sektenähnlicher religiöser Gruppen. Stephanus stirbt nach der Apostelgeschichte für eine dreifache Freiheit in Christus: Indem er die Vereinnahmung Gottes für Territorien, Institutionen und Gesetze kritisiert, plädiert er für einen Glauben, der mit Gott unterwegs bleibt und Grenzen überwindet, der sich vom Geist Gottes inspirieren lässt und der Gott überall auf Erden findet und anbetet.

# 109 Thekla
## Apostelin eines Protests

In Westsyrien hütet das orthodoxe Kloster Mar Taqla im Bergdorf Maalula das Grab und die Höhle einer Einsiedlerin, die in den Ostkirchen wie eine Apostelin und in der Westkirche als Heilige verehrt wird. Sie soll in Ikonium, der heutigen türkischen Region Konya, gelebt haben und eine Schülerin des Paulus gewesen sein. Ihr Leben wird in den »Paulusakten« aus dem 2. Jahrhundert geschildert. Heutige Historiker sehen diese als eine Art Roman, dessen realer Kern sich nicht mehr fassen lässt. Frauenforscherinnen wie Luise Schottroff erkennen in Theklas Geschichte eine interessante Quelle, die den Widerstand damaliger Christinnen gegen ihr Verdrängtwerden aus zentralen Diensten der Gemeinden zum Ausdruck bringt. Ob es sich bei Thekla um eine geschichtliche Person oder um eine fiktive Frauengeschichte handelt: Die »Akten Theklas« erzählen die subversive Geschichte einer Apostelin, die selbst den Völkerapostel Paulus an Mut und Glaubensstärke in den Schatten stellt. Sie lässt sich wie folgt zusammenfassen:

Thekla ist eine schöne junge Frau aus der Oberschicht Ikoniens. Mit Thamyris verlobt, entschließt sie sich jedoch nach einer Predigt des Paulus zu einem ehelosen Leben. Ihre Familie klagt Paulus deswegen an und veranlasst seine Inhaftierung. Thekla besucht Paulus im Gefängnis und wird mit ihm vor den Statthalter gebracht. Ihr Vergehen der Eheverweigerung wiegt in der Verhandlung schwer. Thekla wird zum Tod verurteilt. Paulus kommt mit einer Geißelung davon und wird aus der Stadt verjagt. Theklas Mutter schließt sich der Forderung nach einem drakonischem Exempel an: »Verbrenne die Gesetzlose, verbrenne die Unglücksbraut mitten in der Arena, damit alle Frauen, die sich von Paulus haben belehren lassen, Angst bekommen.« Thekla überlebt den Prozess auf wundersame Weise und folgt Paulus ins syrische Antiochien. Auch hier muss Thekla für ihre Ehelosigkeit kämpfen. Ein mächtiger Mann namens Alexander verliebt sich in die junge Frau und will sie Paulus abkaufen. Paulus versagt menschlich: Er »kennt sie nicht« und überlässt sie einem Vergewaltigungsversuch auf offener Straße. Es soll nicht der einzige Übergriff sein: Theklas Weg ist öfter von Gewalt bedroht. So heuern in Seleukia Ärzte der Stadt gewalttätige Männer an, die Thekla vergewaltigen sollen. Ihres Glaubens wegen zum Tod verurteilt, vollzieht die mutige Christin beim Tierkampf in der Arena Antiochiens ihre eigene Taufe. Paulus hat ihr diese verweigert, da sie zu schön sei. Wundersam aus der Arena gerettet, unterweist Thekla die Frauen der Stadt und gewinnt selbst die Dienerinnen der Königin für den Glauben. Nach griechischer Überlieferung stirbt sie später als Protomärtyrerin, nach kleinasiatischer Tradition als Eremitin bei Seleukia, wo die Höhlenkirche Ayathekla an sie erinnert, und nach syrischer Tradition hochbetagt in einer Grotte am Qalamun-Gebirge bei Maalula.

Die Thekla-Geschichte bewahrt die Erinnerung an Frauen, die in der jungen christlichen Kirche ein mutiges und selbstbewusstes Engagement zeigten – »apostelgleich«. Zugleich spiegelt sie wachsende Schwierigkeiten, die Christinnen aufgrund ihres Geschlechts das Wirken in einer patriarchalen Gesellschaft erschwerten.

Mit Thekla als Patronin drückten Frauen noch um 200 nC. den Anspruch aus, ihrerseits taufen und lehren zu können, gerade weil sich die Glaubensstärke leitender Kirchenmänner in Verfolgungen nicht über alle Zweifel erhaben erwies.

# 110 Jan Hus
*Professor – Prediger – Reformator*

»Die Wahrheit siegt«, sagt eine Inschrift an einem Tor zur Prager Burg. »Pravda vítězí« ist der Wahlspruch des Präsidenten Tschechiens, und die lateinische Form »Veritas vincit« war Slogan der Samtenen Revolution (1989–1992). Die hoffnungsvolle Wendung wurzelt in einer Tragödie: Jan Hus, einst Rektor der Prager Karls-Universität und tschechischer Reformator, soll auf dem Scheiterhaufen am Konzil von Konstanz im Angesicht des grausamen Todes gesagt haben: »Die Wahrheit stirbt nicht in den Flammen.«

Wer ist der Mann, den die Kirche so sehr fürchtete, dass ein Konzil sich monatelang mit ihm beschäftigte? Welche gefährliche Lehre vertrat er, dass er im Sommer 1415 am Bodensee erst 43-jährig den Feuertod starb? Drei noch heute brisante Zitate des tschechischen Theologen zeigen die Provokation seines Kirchenbildes auf:

*Der Papst ist ein Bischof wie ein anderer Bischof über sein Bistum und nichts weiter.*

*Die Bibel bietet die ganze Wahrheit und reicht zur Seligkeit des Menschengeschlechts.*

*Ob Laie oder Priester, wer predigen will, dem sei es erlaubt.*

Jan wurde im Städtchen Husinec am Fuß des Böhmerwaldes geboren. Sein Vater, ein Fuhrmann, ließ den Sohn in Prag studieren. Dieser machte an der berühmten Karls-Universität schnell Karriere, schloss 1396 in Philosophie ab, erhielt 1400 die Priesterweihe und lehrte ab 1402 als Professor. Zugleich begann er in der Betlehemskapelle mitten in der Altstadt tschechisch zu predigen und im Gottesdienst Lieder in der Volkssprache einzuführen. Im Jahr 1409/10 leitete Hus die Universität als Rektor. Seit der Heirat der Prinzessin Anne von Böhmen mit König Richard II. von England studierten vermehrt Tschechen in Oxford. Sie brachten theologische und kirchenpolitische Schriften des Reformers John Wyclif nach Prag. Dessen Vorstellung einer Erneuerung der Kirche aus der Bibel fielen angesichts der kirchlichen Verstrickung in Reichtum und Macht auf offene Ohren. Hus griff Wyclifs Postulate auf: Auch er forderte eine Kirche ohne weltlichen Reichtum und Macht, Gewissensfreiheit und eine kirchliche Erneuerung auf der Basis der Heiligen Schrift. Ab 1408 suchte der Prager Erzbischof Jan Hus zum Schweigen zu bringen und erwirkte 1411 seine Exkommunikation. Von Volk und böhmischem König getragen, predigte Hus ein Jahr lang weiter, floh 1412 dann aber auf die südböhmische Ziegenburg und übersetzte nun Teile der Bibel ins Tschechische. 1413 begann er als Wanderprediger durchs Land zu ziehen und forderte in seinem Werk *De Ecclesia* eine Kirche ohne Hierarchie. Mit der Zusage freien Geleits durch den römisch-deutschen König Sigismund erschien der Reformator im November 1414 am Konstanzer Konzil, das ihn am folgenden 6. Juli hinrichten ließ. Der Verrat an Jan Hus provozierte einen Aufstand in Böhmen, halb Mitteleuropa erfassende Hussitenkriege (1419–1434) und fünf Kreuzzüge gegen die frühe tschechische Reformation. Hus' letzte Worte nähren sich aus dem Johannesevangelium und sind in der ausführlichen Fassung von allen Kirchen zu beherzigen:

*Frommer Christ, suche die Wahrheit, höre auf die Wahrheit, lerne die Wahrheit, liebe die Wahrheit, sprich die Wahrheit, halte die Wahrheit fest, verteidige die Wahrheit bis zum Tode, denn die Wahrheit befreit dich ... vom ewigen Tod. (Jan Hus zu Johannes 8,31–32)*

# 111 Thomas Morus
## Humanist und Humorist

Zu seinen Lebzeiten ist der Renaissance-Schriftsteller, Humanist und Sozialphilosoph Thomas Morus (engl. More) für seinen trockenen Humor bekannt. Noch auf dem Schafott soll er zum Henker gesagt haben, er möge seinen Bart bei der Enthauptung schonen, dieser habe nämlich keinen Hochverrat begangen. Die Anekdote erzählt aber wahrscheinlich weniger über die Hergänge bei der Hinrichtung als über den Blick des Volkes auf Thomas Morus, das ihm trotz seines politischen Absturzes wohlgesonnen bleibt.

Der 1478 in London geborene Jurist ist schon zu Lebzeiten über die Grenzen Englands für seine Prosawerke berühmt. Eines davon trägt den Titel *Utopia* und gilt als Wegbereiter des utopischen Romans. Bis heute wird rege diskutiert, ob der Autor mit der kommunistisch strukturierten fiktiven Gesellschaft, die auf einer Insel lebt, einen Gegenentwurf zum damaligen England vorgelegt oder eine spitzzüngige Satire auf seine Zeit verfasst hat.

Der gebildete Humanist, der in Oxford Logik, Griechisch und Latein studiert hat, wird früh Parlamentarier und arbeitet sich zum Staatsmann empor. Unter König Heinrich VIII. fungiert er zunächst als Unterhändler und später als Lordkanzler, eines der zentralen Ämter im Königreich. Als überzeugter Katholik lehnt Thomas Morus die Theologie Martin Luthers ab und verfolgt von Amtes wegen Protestanten in der zu seiner Zeit üblichen brutalen Manier. Doch seine Spiritualität, die ihn vor seiner ersten Ehe kurze Zeit Klosterluft bei den Londoner Kartäusern schnuppern ließ, entfaltet gepaart mit seinem Humanismus große Strahlkraft: Morus, der Mitglied des Dritten Franziskanischen Ordens ist, fördert seine drei eigenen und drei adoptierte Töchter ebenso wie seinen Sohn John. Seine Tochter Margaret gilt als eine der gelehrtesten Frauen ihrer Zeit. Zudem alimentiert er aus seinen privaten Finanzen Hunderte von Menschen während einer Hungersnot. Seine Landarbeiter entlässt er auch dann nicht, wenn er für sie keine Aufträge hat. Mit Erasmus von Rotterdam (→ 6) verbindet ihn ein freundschaftliches Verhältnis. Morus lebt asketisch, mit rauem Unterhemd, auch nachdem er in den Ritterstand erhoben worden ist und sich fortan »Sir Thomas More« nennen darf.

Sein Stern beginnt am Hof zu sinken, als sich Heinrich VIII. von seiner ersten Ehefrau Katharina von Aragón scheiden lässt. Morus tritt aus Protest als Lordkanzler zurück und legt alle politischen Ämter nieder. Für eine kurze Zeit bleibt der Schritt politisch ohne Folgen. Doch bald wird von allen, an deren Loyalität der König zweifelt, ein Treue-Schwur verlangt. Als Morus diesen verweigert, wird er in den Tower von London geworfen, wo er auch im Kerker weiterhin Schriften verfasst. Das ursprüngliche Urteil – »Hängen, Ausweiden und Vierteilen« – ändert König Heinrich im letzten Moment in eine Enthauptung. Vor dieser sagt Thomas Morus: »Ich sterbe als des Königs treuer Diener – doch Gottes zuerst.«

Von seiner Hinrichtung im Juli 1535 ist historisch zuverlässig überliefert, dass Thomas Morus sich auf dem Weg zum Richtblock ausgesprochen freundlich zeigt. Er küsst den Henker, der ihn immer wieder um Vergebung bittet, und umarmt ihn, bevor dieser seine Pflicht erfüllt. Thomas' Gelassenheit auch noch angesichts des Todes erinnert an ein Wort aus seiner *Utopia*:

*Es ist ausgeschlossen, dass alle Verhältnisse gut sind, solange nicht alle Menschen gut sind, worauf wir ja wohl noch eine hübsche Reihe von Jahren werden warten müssen.*

Die katholische Kirche verehrt Thomas Morus als Heiligen, und auch die englische anglikanische Kirche gedenkt seiner jährlich als einem Märtyrer des christlichen Glaubens in England.

# 112 Olympe de Gouges
*Frauenrechte auf dem Schafott*

Wehe, wer im Paris der Revolutionsjahre die feierlich verkündeten Menschenrechte auch für Frauen einforderte! Die mutige Vorkämpferin für die »Droits des femmes« (Frauenrechte) ging unter Robespierre dafür in den Tod. In der Präambel ihrer Frauenrechtserklärung postulierte die Südfranzösin Olympe de Gouges im September 1791 eine weibliche Nationalversammlung der »Mütter, Töchter, Schwestern« als »Repräsentantinnen der Nation«. In deren Namen klagt Olympe die despotische Männermacht an. Sie hält auch jede Verfassung, die ohne gerechte Mitwirkung von Frauen entsteht, für illegitim und begründet den Vorstoß wie folgt:

*In Anbetracht, dass Unwissenheit, Versäumnis und Geringschätzung der Rechte der Frau die einzigen Gründe für die öffentlichen Missstände und die Verdorbenheit der Regierungen sind, haben sie beschlossen, in einer feierlichen Erklärung die natürlichen, unveräußerlichen und heiligen Rechte der Frau darzulegen, damit ... die Forderungen der Bürgerinnen, von nun an auf einfache und unbestreitbare Grundsätze gegründet, sich stets auf die Aufrechterhaltung der Verfassung, der guten Sitten und dem Wohl aller richten. Das an Schönheit wie auch an Mut in mütterlichen Schmerzen überlegene Geschlecht stellt dementsprechend fest und erklärt in Gegenwart und unter dem Schutz des höchsten Wesens die folgenden Rechte der Frau und Bürgerin.*

Wenig deutet in der Biographie der beherzten Frauenrechtlerin zunächst darauf hin, dass sie den Revolutionsführern in Paris einst das Fürchten beibringen wird. Marie Aubry, wie sie zunächst heißt, kommt 1748 im Montauban (Quercy) zur Welt. Die außereheliche Tochter der Anne-Olympe und eines Landadeligen, der nicht zu ihr steht, spricht okzitanisch und lernt weder lesen noch schreiben. Ihr Ziehvater Pierre Gouze verheiratet die 17-Jährige mit einem noch minderjährigen Hotelkoch, den sie hassen wird und der früh tödlich verunglückt.

Um 1770 zieht die Witwe mit ihrem Sohn Pierre nach Paris, lernt Französisch, nennt sich fortan Olympe de Gouges und verschafft sich im Selbststudium eine erstaunliche Bildung. Sie fällt ab 1784 als »Femme de lettres« mit ihrer Kenntnis der französischen Geschichte, der antiken Kultur, des Humanismus und der politischen Aufklärung auf. Sie verfasst einen biographisch gefärbten Briefroman, der unfreiwillige Ehen und illegitime Kinder thematisiert. Es folgen Theaterstücke, politische Schriften und Wandplakat-Aktionen, die sich gegen Sklaverei, soziale Missstände wie Schuldhaft und das Versorgen von Mädchen in Klöstern wenden sowie sich für das Recht auf Ehescheidung, einen Gesellschaftsvertrag statt Ehe und die Trennung von Kirche und Staat aussprechen. Eine *Lettre au peuple* und *Remarques patriotiques* skizzieren ein Sozialprogramm, das den Kampf gegen Armut mit einer Luxus- und Glücksspielsteuer finanziert. Olympe fordert neben Bildung für alle und gleichen Rechte für Frauen in den frühen Revolutionsjahren freie Wahlen, entschlossenen Widerstand gegen Demagogen und die Abschaffung der Todesstrafe. »Mir graut vor meinen Vorhersagen«, schrieb sie 1792, denn »alle haben sich verwirklicht«. Sie warnt vor Robespierre und Marat, die 1793 die »Grande terreur« entfesseln. Dieser fiel auch Olympe zum Opfer: Ihr Kampf für Frauenrechte führte sie am 3. November jenes Jahres aufs Schafott. Die politische Gleichberechtigung der Frauen wird Europa erst im 20. Jahrhundert verwirklichen.


# 113 Simón Bolívar
## »El Libertador« – der Befreier

Bolivien hat sich nach ihm benannt, noch heute bezahlt man in Venezuela mit Bolivares im Andenken an den berühmten Sohn, der von einem unabhängigen, vereinten Südamerika träumte und 1783 in Caracas geboren wurde. Sein vollständiger Name lautet Simón José Antonio de la Santísima Trinidad Bolívar y Palacios Ponte y Blanco und verrät die »kreolische« Herkunft. Als Kreolen galten damals in Lateinamerika geborene Personen europäischer Herkunft. Seine Familie besitzt Kakaoplantagen, auf denen Sklavinnen und Sklaven arbeiten. Dennoch – oder deswegen – setzt sich Bolívar zeitlebens für die Abschaffung der Sklaverei ein.

Bolívar genießt eine liberale und umfassende Ausbildung, zu der auch ausgedehnte Europareisen gehören. In Spanien vermählt er sich mit María Teresa Rodríguez, doch schon bald stirbt die junge Ehefrau in Südamerika an Gelbfieber. Ebenfalls in Europa trifft er zweimal auf Alexander von Humboldt (→ 86) und wird Freimaurer. Als sich Venezuela 1810 für unabhängig von Spanien erklärt, fungiert Bolívar als Diplomat. Als der Unabhängigkeitskampf weite Andenregionen erfasst, übernimmt er die Führungsrolle. Die Heere der einzelnen Länder sollen die lateinamerikanischen Nationen nicht nur aus etwas hinaus-, sondern auch in etwas hineinführen: Als Anhänger der amerikanischen Revolution und leidenschaftlicher Leser von Autoren wie Rousseau (→ 7), Voltaire, Montesquieu und Locke hegt Bolívar große Visionen für die geplagten Länder seiner Heimat. Nebst der Aufteilung der drei Staatsgewalten Legislative, Exekutive und Judikative schwebt ihm eine vierte Gewalt vor: die des »poder moral«, »die moralische Gewalt«, die in zwei Kammern über Angelegenheiten des öffentlichen Interesses bestimmen soll. Organisieren will er die Andenrepubliken als zentralisierten Staatenbund. Die Menschenrechte sind ihm dabei zentral. 1820 gelingt es ihm, den Schutz des Grundbesitzes der indigenen Bevölkerung umzusetzen. Ein Verbot der Sklaverei kann er indes nicht durchsetzen. Es gelingt ihm jedoch, wenigstens den Angehörigen seiner Armee den Besitz von Sklaven zu verbieten. Erst nach seinem Tod, in den 1850er-Jahren, wird in Kolumbien, Peru und Venezuela die Sklaverei abgeschafft.

Bolívar verzweifelt gegen Ende seines Lebens daran, dass sich seine politischen Visionen nur teilweise realisieren lassen. Weil sich Großkolumbien 1828 nicht auf eine Verfassung einigen kann, ruft er sich vorübergehend zum Diktator aus. Da wenden sich viele von ihm ab, und die Führergestalt entgeht nur knapp einem Attentat. Nach und nach tritt er von sämtlichen Ämtern zurück. Noch während er über ein Exil auf einer karibischen Insel nachdenkt, stirbt er 1830, desillusioniert und verlassen von Freunden.

Der Tod des umtriebigen Generals und zwischenzeitlichen Diktators lässt die Bevölkerung erst einmal befreit aufatmen. Großkolumbien zerfällt in Ecuador, Venezuela und Kolumbien. Doch schon bald erinnert man sich an die hehren Absichten und genialen Großtaten

Bolívars. Schon gut zehn Jahre nach seinem Tod setzt in ganz Lateinamerika eine Heldenverehrung ein, die bis heute anhält.

Von Simón Bolívar sind rund 10.000 Briefe, Reden und Essays sowie Deklarationen und Verfassungen erhalten. Auch seine letzten Worte sind überliefert: »Wie komme ich nur aus diesem Labyrinth heraus?« Hätte er nur geahnt, wie hell sein Stern über die Zeiten strahlen würde!

# 114 Anita Garibaldi
## Freiheitskämpferin mit Kleinkind

Wer in Rom vom Trastevere-Quartier über den Gianicolo-Hügel zum Vatikan wandert, genießt vom Piazzale Garibaldi einen Panoramablick über die Stadt. Der italienische Nationalheld schaut ebenso auf die von ihm verteidigte Stadt: stoisch als Reiterstatue auf einem riesigen Sockel. Wenige Schritte weiter beeindruckt das Standbild seiner Frau. Wild reitet sie auf einem Pferd, das Kind an die Brust gedrückt und um sich schießend, mit flatternden Haaren in die Freiheit. Es handelt sich um das Grabmal von Anita Garibaldi, die 1849 auf diesem Hügel den ersten Kampf um Rom mit ausfocht und Wochen später in Ravenna starb.

Ihr Gatte Giuseppe ist der populärste Freiheitskämpfer der nationalen Einigung Italiens. In zahlreichen Aufständen und Feldzügen kämpfte der Nizzaner zwischen 1843 und 1871 auf der italienischen Halbinsel vom Gardasee bis ins Burgund und vom Piemont bis Sizilien sowie in Exiljahren auch in Brasilien und Uruguay. In seinem südamerikanischen Exil lernte er Ana Maria de Jesus Ribeiro da Silva kennen, die er als Geliebte und Ehefrau bald »Anita« (Ännchen) nannte. 1821 im südlichsten Brasilien geboren, verlor sie in jungen Jahren den Vater und alle drei Brüder. Die Jugendliche zeigte sich früh selbstbewusst, lernte reiten und badete nackt im Meer, trotz erboster Anwohner und heftiger Reaktion ihrer Mutter. Ein Onkel politisierte die Nichte mit dem Ruf nach sozialer Gerechtigkeit im brasilianischen

Kaiserreich. In der Hoffnung, ihre Tochter zu zähmen, drängte die Mutter die 14-Jährige in die Ehe mit einem Schuhmacher. Kurz darauf brach ein Volksaufstand aus, der im Juli 1839 auch Anitas Stadt eroberte. Unter den Kämpfern fand sich Giuseppe Garibaldi, der die antikaiserliche Revolution in seinem Exil unterstützte. Als er Anita am Tag nach der Feier wiedersah, traf beide ein Blitz. Auf seine Worte »Devi essere mia« (»Du musst die Meine sein«) verließ sie ihren Gatten und wurde Giuseppes Kampfgefährtin und Mutter von vier Kindern.

Anita kämpfte über Jahre Seite an Seite mit Männern, die ihr zu Land und zur See oft die Munitionslager anvertrauten. Bereits Anfang 1840 geriet sie in Gefangenschaft kaiserlicher Truppen, befreite sich jedoch mit List. Monate später kam Domenico zur Welt, der erste Sohn des Paares. Zwölf Tage später umstellten kaiserliche Soldaten ihr Haus und erschossen ihre Beschützer, worauf Anita mit dem Säugling durch ein Fenster floh und auf einem Pferd entkam. Diese Szene stellt ihr Grabmal in Rom dar. Als die brasilianische Revolution scheiterte, zog das Paar nach Uruguay. Giuseppe unterrichtete Französisch und Anita brachte drei weitere Kinder zur Welt, Rosita, Teresita und Ricciotti.

Als 1848 Nachrichten von Revolutionen in Europa nach Südamerika gelangten, reiste die »Heldin der zwei Welten« mit den Kindern in Giuseppes Heimatstadt Nizza voraus. Dieser folgte Monate später, sammelte in Mittelitalien Freiwillige und eilte nach Rom, als dort nach der Flucht des Pius' IX. im Februar 1849 die Römische Republik ausgerufen wurde. Anita ließ ihre Kleinen, der jüngste knapp zweijährig, zurück, um ihren Gatten gegen die anrückenden Franzosen zu unterstützen. Nach monatelangem Widerstand mussten die Verteidiger im Juli weichen. Anita brach mit der Truppe ihres Gatten Richtung Venedig auf, das sich gegen die Österreicher behauptete. Erneut in Erwartung eines Kindes, wurde die unermüdliche Revolutionärin in den Sümpfen von Ravenna von einem Fieber dahingerafft. Garibaldi ließ ihren Leib nach Nizza bringen. Dort blieb er bestattet, bis Mussolini 1932 die Übertragung auf den Gianicolo inszenierte. Anita Garibaldis wilder Ritt auf dem Denkmal bleibt die sprechende Botschaft ihres Lebens: Soziale Gerechtigkeit und Freiheit müssen erkämpft werden – auch für die eigenen Kinder.

# 115 Harriet Tubman
## Von der Sklavin zur Freiheitskämpferin

Das Geburtsjahr von Araminta Ross ist unklar. Ihre Großmutter soll auf einem Sklavenschiff aus Ghana in die USA gekommen sein. Irgendwann um das Jahr 1820 erblickt die Enkelin im amerikanischen Staat Maryland das Licht der Welt. Klarer sind die Besitzverhältnisse: Das Mädchen, das die Eltern meist bei der Kurzform Minty rufen, wird als Sklavin und Eigentum einer weißen Familie geboren. Von klein auf verrichtet das Kind Schwerstarbeit, vor der es auch wegen gefährlicher Krankheiten und nach einer schlimmen Kopfverletzung nicht geschont wird. Letztere resultierte aus einem Gewicht, das ein Weißer einem anderen Sklaven an den Kopf schleudern wollte, das aber an Mintys Kopf schlug. Ihr Leben lang wird sie auch physisch unter den Folgen dieser Brutalität leiden.

1844 heiratet Minty ihren Mann John Tubman. Sie nimmt seinen Nachnamen an und ändert ihren Vornamen in Harriet. John ist schwarz wie seine Braut, aber er ist frei. Die Hoffnung, dass er seine Frau freikaufen könnte, wird auf die Probe gestellt. Harriet geht den Weg in die Freiheit nach einigen Jahren selbst. Ein erster Fluchtversuch in den freien Norden Amerikas scheitert, weil ihre Brüder zuletzt zögern. Harriet kehrt missmutig mit ihnen zurück. Im September 1849 gelingt ihr dann die Flucht. Über die sogenannte »Underground Railroad«, die Untergrund-Eisenbahn, findet sie den Weg in den Staat Pennsylvania. Die Railroad ist kein wirklicher Zug, sondern bezeichnet ein Netz von Fluchtwegen und sicheren Unterkünften für die versklavten Schwarzen des amerikanischen Südens auf ihrem Weg in die Freiheit. Für das Netz werden Code-Wörter verwendet. Jene, die die Sklaven führen, nennen sich »conductors«, Schaffner.

Harriet ist in Pennsylvania zwar frei, aber allein: »Ich war eine Fremde in einem fremden Land«, wird sie später erzählen. Ihre geliebte Familie vermisst sie, und als sie hört, dass eine Verwandte mitsamt Kindern verkauft werden soll, reist sie zurück nach Maryland. In den nächsten Jahren fungiert sie unter dem Decknamen Moses neunzehn Mal als »conductor« der »Underground Railroad«. Sie führt nicht nur ihre Familienangehörigen, sondern laut einigen Zeugnissen bis zu 300 Sklaven in den freien Norden. Als wegen einer Gesetzesänderung diese Staaten nicht mehr sicher sind, begleitet sie ihre Schützlinge nach Kanada. Ihren Mann möchte sie ebenfalls in den Norden holen, doch er hat sich mit einer neuen Frau mit den südstaatlichen Verhältnissen arrangiert.

Harriet setzt ihre hart erkämpfte Freiheit, ihre Gesundheit, Sicherheit und ihr Leben aufs Spiel, um andere ebenfalls aus der Sklaverei zu befreien. Während des Amerikanischen Bürgerkriegs arbeitet sie für den Norden als Krankenschwester und Spionin und leitet sogar eine militärische Expedition. 1863 wird die Sklaverei abgeschafft. Harriet heiratet 1869 zum zweiten Mal und adoptiert mit ihrem Mann Nelson Davies ein Mädchen namens Gertie. Sie setzt sich für Frauenrechte und Gleichberechtigung zwischen Menschen aller Hautfarben ein. Im hohen Alter von 93 Jahren stirbt Harriet 1913 an den Folgen einer Lungenentzündung. Langezeit in Vergessenheit geraten, erinnern seit 1960 Kinderbücher an die Frauenrechtlerin und den weiblichen Mose. Über ihr jahrelanges Wirken als Fluchthelferin sagt sie 1896 bei einer Konferenz zum Frauenstimmrecht:

*Ich war acht Jahre Schaffnerin der Underground Railroad, und ich kann sagen, was die meisten Schaffner nicht können: Nie ist mir ein Zug entgleist, und nie habe ich einen Passagier verloren.*

# 116 Mohandas Karamchand Gandhi
## *»Mahatma« – Die große Seele*

Die Grenzen verliefen überall: zwischen Schwarzen und Weißen, zwischen Indern und Afrikanern, zwischen den Kasten, zwischen Besetzten und Besatzern, zwischen den Geschlechtern – und Mahatma Gandhi stellte diese Grenzen nicht nur alle in Frage, sondern verwendete auch sein Leben darauf, Brücken über diese trennenden Gräben zu bauen. Durch alles hindurch war dem indischstämmigen Rechtsanwalt aus Südafrika Gewaltfreiheit oberste Regel. Dabei war er selbst nicht von Haus aus der »Mahatma«, die »große Seele«, wie ihn seine Anhänger später nannten.

1869 in eine Familie der Kaufleute-Kaste geboren, heiratete Gandhi traditionsgemäß mit 13 Jahren seine Braut Kasturbai. Das Mädchen stand in der Hierarchie der indischen Familie ganz unten. Der junge Gandhi war mit seinem Jurastudium und als Anwalt mittelmäßig erfolgreich, denn seine Redeangst machte ihn bei Gericht zum Gespött. Als Ehemann forderte er den ersehnten Respekt, Gehorsam und Unterwürfigkeit von Kasturbai ein. Er tat dies zuweilen mit Prügel und indem er ihr erniedrigende Arbeiten auftrug. Doch die junge Frau wurde friedfertig beharrlich selbst zur großen Lehrerin des späteren Meisters, der genau dieses Verhalten von ihr übernahm. Das *Satyagraha*, Gandhis gewaltlose Haltung auch angesichts größter Ungerechtigkeit, war geboren. Der Anwalt widersetzte sich gemeinsam mit anderen Bewohnern der von ihm aufgebauten selbstversorgenden Farm der Zwangsregistrierung sämtlicher Inder in Südafrika. Dafür wurde er mehrfach inhaftiert, beeindruckte jedoch durch sein würdevolles Auftreten bei Gericht. Der gewaltfreie Widerstand, der immer wieder blutig niedergeschlagen wurde, weckte internationales Interesse und zwang die südafrikanische Regierung dadurch schließlich in die Knie.

Auch nach seiner Übersiedlung nach Indien blieb Gandhi dem Ideal des gewaltfreien, passiven Widerstands treu. Das britische Monopol auf sämtliche Salzgewinnung konnte er 1930 während des »Salzmarsches« mit Abertausenden von Menschen herausfordern, die sich über das Verbot, das lebenswichtige Salz selbst zu gewinnen, hinwegsetzten und auf die brutalen Strafaktionen nicht mit Gewalt reagierten. Schritt für Schritt ermunterte er weite Teile der indischen Bevölkerung, Ungerechtigkeiten durch die britische Kolonialmacht nicht mehr hinzunehmen. Die Furchtlosigkeit in seiner friedensorientierten Haltung wirkte buchstäblich entwaffnend: Zu seinen Anhängern stießen bald ehemalige Guerilla-Kämpfer. Seine Unterweisungen wurden weltweit zu geflügelten Worten, und auch heute noch werden sie als Perlen der Weisheit weitergereicht:

*Was man mit Gewalt gewinnt, kann man nur mit Gewalt behalten.*

*Der Schwache kann nicht verzeihen. Verzeihen ist eine Eigenschaft des Starken.*

Als sich Großbritannien 1947 aus dem Subkontinent zurückzog, hinterließen die Besatzer ein blutiges Chaos. Es kam zum Krieg zwischen Pakistan und Indien, und der betagte Gandhi brach zu einem letzten Friedensmarsch durch zerstörte Dörfer auf, wo er Waffen einsammelte und für Eintracht und Versöhnung zu werben versuchte. Gewalt traf ihn selbst im Januar 1948, als ihn ein fanatisierter Gegner in Delhi erschoss. Doch auch da siegte die Gewaltlosigkeit: Der Mahatma starb mit einem Gebet auf den Lippen. Damit setzte er seiner Botschaft ein unsterbliches Denkmal und bestätigte, was er predigte:

*Du selbst sei die Veränderung, die du dir wünschst für diese Welt.*

# 117 Rosa Luxemburg
*Für Revolution und gegen Krieg*

Lange bevor in Europa das Wahl- und Stimmrecht für Frauen eingeführt wird, ist Rosalia Luxemburg politisch aktiv. Sie wird 1871 im polnischen Zamość, das damals zum russischen Zarenreich gehört, in eine jüdische Holzhändlerfamilie geboren. In Warschau besucht sie das Frauengymnasium, lernt nebst Polnisch fließend Russisch, Deutsch, Latein, Altgriechisch und auch Französisch. Sie schreibt gerne, macht Übersetzungen, verfasst Gedichte und Novellen. Schon als Teenager engagiert sie sich für soziale Gerechtigkeit und Frieden. Ab 1889 studiert Rosa, wie sie sich nun schreibt, Philosophie, Mathematik, Botanik, Zoologie, Jus und Staatswissenschaften in Zürich – im deutschsprachigen Europa für Frauen damals die beste Option. Außerdem ist das Studium in der Schweiz eine gute Gelegenheit, aus Warschau zu verschwinden, wo sie wegen ihrer regimekritischen Aktivitäten bereits ins Visier der zaristischen Polizei geraten ist. Noch während des Studiums gibt Luxemburg in Zürich mit ihrem Lebensgefährten Leo Jogiches eine marxistische Zeitschrift heraus, in der sie die Abschaffung von Monarchie und Kapitalismus fordert.

Ab 1897 lebt Rosa in Berlin, wo sie der SPD beitritt und Chefredakteurin der »Arbeiterzeitung« wird. Ihre Themen sind Anti-Militarismus, Abschaffung der Todesstrafe, Kampf gegen den Imperialismus, Krieg und Nationalismus, ebenso Einsatz für den Frieden sowie die Stärkung der Arbeiter- und Frauenrechte. Bald atmet die undogmatische Marxistin die Luft von Gefängniszellen, unter anderem wegen Majestätsbeleidigung, Anstachelung zum Klassenhass und Aufruf zur Kriegsdienstverweigerung. Rosa sitzt auch während des Ersten Weltkriegs im Gefängnis, wo sie in ihre Schrift *Die Russische Revolution* verfasst und Lenins zunehmend diktatorischen Stil kritisiert:

*Freiheit nur für die Anhänger der Regierung, nur für Mitglieder einer Partei – mögen sie noch so zahlreich sein – ist keine Freiheit. Freiheit ist immer Freiheit des Andersdenkenden.*

Rosa versteht Freiheit dabei nicht liberaldemokratisch, sondern als Kennzeichen eines sozialistischen Pluralismus. Nicht die leidenschaftliche Politikerin, sondern die Naturfreundin schreibt, den Kohlmeisen gehöre ihr Herz letztlich mehr als den Genossen.

Nach ihrer Freilassung im November 1918 gibt Luxemburg mit Karl Liebknecht die »Rote Fahne« heraus. So versuchen die beiden, journalistisch die instabile Berliner Nachkriegszeit mitzugestalten. Revolution liegt in der Luft: Der Kaiser hat abgedankt und die (Weimarer) Republik ist ausgerufen. In Berlin werden Straßenkämpfe blutig niedergeschlagen, unter anderem von der Garde-Kavallerie-Division unter Waldemar Pabst. Freikorps wie dieses finden hier nach der Rückkehr von der Ostfront ihre neue Bestimmung. Rosa gründet die KPD mit: Aus der internen SPD-Oppositionsgruppe »Spartakus« wird am 1. Januar 1919 die Kommunistische Partei Deutschlands, die sich als revolutionäre Partei versteht und sich Rosas Spartakusprogramm zu eigen macht. Damit hat Luxemburg es erneut geschafft, Feindin der Regierung zu werden. Der Boden wird heiß unter ihren Füssen. Am 15. Januar wird Rosa mit Karl Liebknecht aus der Wohnung von Freunden heraus verhaftet und zum Verhör ins Eden-Hotel gebracht. Der vermeintliche Transport ins Gefängnis endet für beide tödlich. Luxemburg wird im fahrenden Auto ohne Verfahren erschossen. Ihre Leiche verschwindet im Berliner Landwehrkanal und wird erst Ende Mai von einem Schleusenarbeiter gefunden. An ihrer Beerdigung an Liebknechts Seite nehmen erneut Zehntausende Teil. Ein halbes Jahr herrschen nach diesen Morden in Deutschland bürgerkriegsähnliche Zustände, die von Freikorps und regulären Truppen blutig niedergeschlagen werden. Rosas Mörder, ein Freikorps-Offizier, wird nie verurteilt.

# 118 Hans und Sophie Scholl
*Eine weiße Rose gegen das Grauen*

Als die Nationalsozialisten in Deutschland an die Macht gelangen, sind die Geschwister Scholl im Gegensatz zu ihren liberal-christlichen Eltern begeistert: Die 13-jährige Sophie tritt 1934 dem Bund Deutscher Mädel bei und Hans 16-jährig der Hitlerjugend. Die propagierten Werte von Härte, Kameradschaft, Mut und Stärke aus Gemeinschaft tragen sie in jugendlichen Eifer mit, bis die Heranwachsenden das Dunkle der Nazi-Ideologie erkennen. 1941 rückt der christliche Glaube ins Zentrum der Geschwister und ihrer Freunde. Aus dem Kreis um Hans Scholl entsteht die ökumenisch-christliche Widerstandsgruppe »Weiße Rose«, die auf Flugblättern Gräuel der Nazis anprangert, Deutschland vor einer düsteren Zukunft warnt und zum Widerstand aufruft. Sechs Flugblätter drucken die jungen Leute in heimlicher Nachtarbeit, jeweils 6.000 bis 9.000 Exemplare. Ein Teil wird per Post versandt, der Rest in die Universität München geschmuggelt, aufgelegt und in den Lichthof gestreut. Der Entwurf für ein siebtes Flugblatt steht, als Sophie im Februar 1943 beim Streuen der Blätter erwischt und verhaftet wird. Mit ihr werden auch Hans Scholl und der 24-jährige Christoph Probst von der Gestapo in Gewahrsam genommen. Sie ahnen, dass ihr Schicksal besiegelt ist, doch tragen es die drei mit wahrer Größe. In den Verhören beweisen sie Mut, rücken nicht von ihren Werten ab und wollen niemanden verraten. Hans hält fest: »Was ich damit auf mich nahm, wusste ich und habe auch damit gerechnet, dadurch mein Leben zu verlieren.« Und Sophie wendet sich vor Gericht ans reglose Publikum: »Was wir schrieben und sagten, das denken Sie alle ja auch, nur haben Sie nicht den Mut, es auszusprechen.«

Wenige Tage später sind sie verurteilt, und das Verdikt wird am übernächsten Tag auf der Guillotine vollstreckt. Auf dem Weg zum Schafott trägt die 22-jährige Sophie, die nicht milder als ihr Bruder bestraft werden will, wenige Dinge bei sich: In der Tasche der Strickjacke befinden sich nebst der Anklageschrift eine Schachtel mit Streichhölzern, Schokolade und ein »Brötle«, das die Mutter für sie und Hans nach einem altem Rezept und wie in ihren Kindertagen gebacken hat. Magdalena überreicht das Gebäck ihrer Tochter durch ein Geländer, als sie sich das letzte Mal sehen, mit den Worten: »Gell, Sophie, Jesus«. Sophie antwortet ihr ebenso entschlossen: »Ja, aber du auch!« Der Scharfrichter, der erst die junge Frau, dann ihren drei Jahre älteren Bruder und den gemeinsamen Freund enthauptet, wird später sagen, er habe nie jemanden so ruhig sterben sehen wie Sophie. Die beiden Geschwister liegen übereinander im selben Grab. Probst, der eine Ehefrau und drei kleine Kinder hinterlässt, liegt direkt neben ihnen. Am Tag der Beerdigung wird Alexander Schmorell aus der Weißen Rose verhaftet. Er stirbt im Juli, gemeinsam mit und vor weiteren wichtigen Mitgliedern der Widerstandsgruppe. Alle halten an ihren christlichen Werten fest und verraten niemanden. Die Weiße Rose hat zu tiefe Wurzeln geschlagen, als dass Hitlers Regime sie hätte komplett ausreißen können. Ihre Mitglieder stehen bis heute für den Mut, unerschrocken für Gerechtigkeit und Liebe einzustehen. 1998 hebt die Bundesrepublik die Unrechtsurteile auf und zollt dem mutigen Widerstand offiziell Anerkennung.

# 119 Anna Seghers
## *Intellektueller Widerstand*

Dass Anna Seghers den östlichen Teil Deutschlands als ihre Heimat wählt, als sie ein paar Jahre nach Ende des Zweiten Weltkriegs mit ihrer Familie aus dem fernen Exil ins Land zurückkehrt, hat vor allem einen Grund: Nur hier verortet die jüdische Intellektuelle den ernsthaften Willen zu einem echten Neuanfang: in einem Staat, der alles hinter sich lassen will, was im Dritten Reich geschehen war.

Seghers wird als Netty Reiling 1900 in eine alteingesessene jüdische Familie am Rhein geboren. Ihr Vater Isidor ist Kunst- und Antiquitätenhändler in Mainz und Mitglied der neuorthodoxen Synagoge. Das Mädchen besucht das Gymnasium, leistet im Ersten Weltkrieg Freiwilligendienste und studiert nach dem Abitur in Köln Geschichte, Kunstgeschichte und Sinologie. 1924 erreicht sie die Promotion in Heidelberg über das Jüdische im Werk Rembrandts. Ein Jahr später heiratet sie den ungarischen Soziologen Laszló. Netty, die nun den Nachnamen Radványi trägt, zieht mit ihm nach Berlin. Dort bekommt das junge Paar einen Sohn und eine Tochter. Ab 1927 publiziert Netty unter ihrem künftigen Künstlernamen *Seghers* als Schriftstellerin. Die Kinder sind noch klein, als die Familie Deutschland 1933 verlässt, weil Juden, Kommunisten und Akademiker schon früh ins Visier der Nationalsozialisten geraten. Auch erste Schriften Nettys sind verbrannt, und sie ist von der Gestapo verhört worden. Über die Schweiz, Paris und Südfrankreich schafft es die Familie ins Exil nach Mexiko. Seghers gründet unterwegs und in ihrem amerikanischen Exil verschiedene Netzwerke und Bewegungen, um verfolgten deutschen Schriftstellerinnen und Schriftstellern eine Anlaufstelle zu bieten und um antifaschistisches Material in Umlauf zu bringen. In Mexiko etwa hat der Heinrich-Heine-Klub zeitweise mehrere hundert Mitglieder, allesamt deutschsprachige Emigranten. Seghers Mutter Hedwig stirbt indes 1942, von den Nazis nach Lublin deportiert und dort ermordet.

Bei ihrer Rückkehr nach Deutschland 1947 erhält Anna Seghers für *Das siebte Kreuz* den Georg-Büchner-Preis. Der Roman wird verfilmt und macht seine Schöpferin weltberühmt. Später finden weitere

Werke Seghers ihren Weg auf die Leinwand. 1950 gehört die Schrift-
stellerin zu den Initianten des Stockholmer Appells zur Ächtung der
Atombombe und zieht nach Ost-Berlin. Die neue Heimat beruft sie in
den Weltfriedensrat. Seghers gründet die Deutsche Akademie der
Künste mit und erhält 1951 den ersten Nationalpreis der DDR. Bis
1978 amtiert sie als Präsidentin des Schriftstellerverbands der DDR.
Mit Erfolg setzt sie sich dafür ein, dass Franz Kafkas Werke auch in
Ostdeutschland verlegt und gelesen werden können. Die 1957 verfasste
Novelle *Der gerechte Richter* wird allerdings aus politischen Gründen
nicht veröffentlicht und erscheint erst 1990 – postum.

Die leidenschaftliche Antifaschistin schreibt trotz bewegter Biographie in hoffnungsvollen Tönen und erhält viel Anerkennung: So wird
sie unter anderem Ehrendoktorin der Friedrich Schiller-Universität Jena, erhält den Vaterländischen Verdienstorden in Gold, dreimal den
Karl Marx-Orden, wird Ehrenbürgerin von Berlin und Mainz. Kurz vor
ihrem Tod wird sie als »Heldin der Arbeit« ausgezeichnet. Da ist es bereits still um sie geworden. Seghers letzte Wohnung im Berliner Arbei-
terviertel Adlershof wird nach ihrem Tod 1983 zur Gedenkstätte.

Im Roman *Das siebte Kreuz* schreibt eine ebenso nachdenkliche wie
erschütterte Autorin:

*Wir fühlten alle, wie tief und furchtbar die äußeren Mächte in den Men-
schen hineingreifen können, bis in sein Innerstes, aber wir fühlten auch,
dass es im Innersten etwas gab, was unangreifbar war und unverletzbar.*

# 120 Nelson Rolihlahla Mandela
## Madiba – Politik der Versöhnung

Die Bilder flimmern am 11. Februar 1990 weltweit über die Bildschir-
me: Nelson Mandela schreitet nach 10.052 Tagen Gefangenschaft in
die Freiheit, die rechte Faust im »ANC-Power-Salute« erhoben, links
seine Frau Winnie. Mit seiner Faust erhebt sich donnernder Jubel aus
den Kehlen der Menschen, die ihn vor dem Victor Verster-Gefängnis

erwarten. Jahrelang haben weltweit Tausende für seine Freilassung demonstriert, gesungen, geschrieben. Der Versuch, ihn wegzusperren und mundtot zu machen, war ein Bumerang: Mandela ist die globale Leaderfigur der Anti-Apartheidbewegung geworden.

Rolihlahla, »der Unruhestifter«, wird 1918 in eine adelige Thembu-Familie in Mvezo im Südosten des Landes geboren. Sein Clan gehört zum Volk der Xhosa. Den englischen Namen Nelson erhält er von der Primarlehrerin. Später wird man ihn oft respekt- und liebevoll mit seinem Clannamen Madiba ansprechen. Mandela verlässt seine Familie, arbeitet in einer Goldmine, als Boxer, als Wachmann und wird Rechtsanwalt. Als solcher stößt er zur Elite der Schwarzen Mittelschicht in Johannesburg und gründet die erste von Schwarzen geführte Anwaltskanzlei. Er ist 30 Jahre alt, als Wahlen den Ausnahmezustand provozieren. Der schwarzen Bevölkerung fehlt es durch die Apartheid-Politik an allem: Bildung, Wasser, Strom, Bürgerrechten. Bereits Mitglied des »African National Congress« (ANC), führt Mandela die »Defiance Campaign« an, einen gewaltlosen Widerstand, der sich an Mahatma Gandhi (→ 116) inspiriert. Wiederholt wird er eingesperrt und mit Redeverboten belegt. Als 1960 die Polizei in Sharpville 69 Demonstranten erschießt, verbrennt Mandela seinen Pass öffentlich. Die Gewalt eskaliert, der ANC wird verboten und Mandela mit zahlreichen anderen Aktivisten monatelang ohne Verhandlungen eingekerkert. Nach seiner Freilassung organisiert er im Untergrund den nun nicht mehr gewaltfreien Widerstand. Ein nächstes Gerichtsurteil lautet auf lebenslange Haft. Die meiste Zeit der nächsten 27 Jahre verbringt der Gefangene auf Robben Island, davon zehn Jahre in Einzelhaft, die Nächte auf einer Sisalmatte mit Decke, tagsüber mit Schwerstarbeit im Steinbruch. Erst nach über 20 Jahren darf Mandela Besuch empfangen. Im Gefängnis schreibt er an seiner Biographie, absolviert ein Fernstudium, korrespondiert mit Mitstreitern. Auch mit Vertretern des repressiven Regimes trifft sich Mandela in Haft zu geheimen Gesprächen: Es geht um die Zukunft des gespaltenen Landes. Staatspräsident Frederik de Klerk, der sich stark für Mandelas Freilassung einsetzt, wird 1993 gemeinsam mit ihm den Friedensnobelpreis entgegennehmen.

Als Mandela freikommt, ist ihm die Welt so fremd geworden, dass er die Mikrofone vor den Gefängnistoren nicht als solche erkennt.

Auf der Fahrt nach Kapstadt erwarten ihn überraschende Bilder: Weiße, die Spalier stehen, einige mit gereckter ANC-Faust. »Sie ließen mich denken, dass das Südafrika, in das ich zurückkehrte, bei weitem nicht mehr jenes war, das ich verlassen hatte«, erinnert er sich später. Versöhnung steht nun im Mittelpunkt seiner Politik: An einem neuen Südafrika sollen alle mitbauen, geeint, demokratisch und gleichberechtigt. 1994 wird Nelson Mandela zum ersten schwarzen Präsidenten Südafrikas gewählt. Um die tiefen Wunden der Apartheid zu heilen, setzt er die »Kommission für Wahrheit und Versöhnung« ein, die von Desmond Tutu (→ 13) geleitet in einem Jahre dauernden Prozess die Vergangenheit aufarbeitet. 1999 endet Mandelas Amtszeit. Mit 85 zieht sich die nationale Vaterfigur aus der Öffentlichkeit zurück. Im Alter von 95 Jahren stirbt Madiba in seinem Heimatdorf. Er war dreimal verheiratet, hatte sechs Kinder und hinterlässt zahlreiche Enkel.

# 121 Malcolm X – El Hajj Malik el-Shabazz
*Vom Nationalisten zum Brückenbauer*

1964 ist das Jahr der Wende im Fall X: Die Pilgerreise nach Mekka läutet eine neue Ära ein. Sie teilt alles in ein Vorher und Nachher ein – wobei das Nachher von kurzer Dauer ist. Kein Jahr später ist El Hajj Malik el-Shabazz tot, während einer Rede von 21 Schüssen durchsiebt. Kritik an der radikalen Organisation »Nation of Islam«, deren prominentes Mitglied er jahrelang gewesen war, hat ihm den Todesstoß versetzt. Die Polizei, die Personenschutz liefern sollte, und das FBI seien eingeweiht gewesen, argwöhnen einige, sie seien den unliebsamen Bürgerrechtler nicht ungern losgeworden.

Geboren wird Malcolm Little 1925 in Omaha, Nebraska. Sein Vater ist Pastor und Anhänger der strikten Rassentrennung. Seine Mutter ist Tochter einer Afroamerikanerin und eines weißen Schotten, der sein Kind misshandelte und psychisch schädigte. Nach dem Tod des Vaters kommt Malcolm in eine Pflegefamilie. Als dem eifrigen Schüler erklärt wird, als Schwarzer habe er sowieso keine Chance, wirft er alles hin und driftet in die Kriminalität ab. Er treibt Geld ein, handelt mit Drogen und wird mit 21 wegen sexueller Beziehung zu einer weißen Frau zu zehn Jahren Haft verurteilt. Im Gefängnis studiert er den Islam und bemerkt dazu später: »die Menschen unterschätzen, wie sehr ein einziges Buch einen Menschen verändern kann«. Angeregt von der Gruppierung »Nation of Islam« legt er den Nachnamen Little ab und trägt anstelle des sogenannten Sklavennamens nun die Variable X.

Malcolm X ist das pure Gegenteil seines Zeitgenossen Martin Luther King (→ 41), den er öffentlich scharf kritisiert. Dieser stehe nur in den Diensten der Weißen, die es gerne sehen, wenn die Schwarzen friedfertig seien und unterwürfig bleiben. Malcolm X und die »Nation of Islam« sehen sich als schwarze Nationalisten. Der Islam ist für sie das Mittel, sich von den weißen Amerikanern abzugrenzen. Sie wollen weder mit diesen zusammenarbeiten noch mit ihnen verhandeln oder – das schon gar nicht – mit ihnen intimere persönliche Verbindungen eingehen. Die Weißen sind gottlose Teufel. Sie gilt es im Kampf um die Freiheit zu besiegen, notfalls mit Gewalt. Die »Nation of Islam« wird Malcolm X bald fremd. Vor allem die außerehelichen Affären ihres Anführers geben ihm zu denken. Er sagt sich los, gründet eine eigene Organisation, die »Muslim Mosque Inc.«. Seiner radikalen Denkweise bleibt er vorerst weiterhin treu. Demonstrieren Kings Anhänger friedlich für ihre Rechte, fordert Malcolm X ultimativ und drohend: *The ballot or the bullet* – »Den Wahlzettel oder die Kugel!«

Dann macht er sich auf nach Mekka. Hier sieht er Menschen aller Hautfarben und Nationalitäten zum Heiligtum strömen. Der Islam zeigt sich ihm nicht als Religion der Trennung, sondern der Vielfalt der Völker. Malcolm X wird El Hajj Malik el-Shabazz und spricht fortan nuancierter und versöhnlicher. Von Mekka aus reist er durch Afrika und erhält weitere Impulse: Hajj Malik überdenkt sein orthodox-muslimisches Frauenbild – fortschrittliche Länder haben fortschrittliche Frauen – und sieht die Strukturen der Welt neu. So kommt er zum Schluss, dass die Schwarzen Afrikas und Amerikas gemeinsam gegen die Unterdrückung durch den weißen Kapitalismus ankämpfen müssen. Zurück in den USA sucht er nun auch das Gespräch mit Weißen, die nach einer neuen Welt suchen. Das Attentat im Februar 1965 setzt seiner neuen Hoffnung ein Ende. Er hinterlässt seine Frau und sechs Töchter. Eines seiner Worte steht wie ein Vermächtnis:

*Wenn du nicht bereit bist, dafür zu sterben, streiche das Wort* Freiheit *aus deinem Wortschatz.*

# 122 Tenzin Gyatso – XIV. Dalai Lama
*Ozean der Weisheit und Botschafter des Friedens*

Ein strahlendes Lächeln, gütiger Blick und der Lebensstil eines armen Mönches: Es mag verwundern, dass der Dalai Lama nicht nur Freunde hat. Doch dem Mann weht zuweilen eine steife Brise um die Ohren. Religionskritiker sehen in ihm einen machthungrigen absolutistischen Gottkönig – oder aber einen simplen Naivling; die chinesische Regierung betrachtet ihn als Aufrührer und Dissidenten. Aus den eigenen Reihen kritisiert man theologische Entscheide oder auch den Entschluss, Tibet zu verlassen und mit dem Festhalten an Gewaltfreiheit den chinesischen Besatzern das Feld zu überlassen. Doch wie man es dreht und wendet, das spirituelle und weltliche Oberhaupt Tibets hat eine Strahlkraft und eine Glaubwürdigkeit, der man sich nur schwer entziehen kann. »Kundun« nennt man ihn auch, das bedeutet schlicht: die Gegenwart.

Tenzin Gyatso, so sein Mönchsname, wurde 1935 als Lhamo Döndrub in der osttibetischen Provinz Amdo geboren. Dalai Lama wird man in der Sicht des tibetischen Volkes nicht, der Dalai Lama *ist*. Eine Vision leitete den zwischenzeitlichen Regenten zur kinderreichen Familie Lhamo Döndrubs, und er erkannte im Buben die Wiedergeburt des 13. Dalai Lama. Der Zweijährige soll nicht nur spontan Menschen, sondern auch Gegenstände aus seinem früheren Leben erkannt haben. Nach komplizierten Verifizierungsriten wurde das Kind schliesslich im Potala Palast in Lhasa inthronisiert, erhielt eine standesgemäße Ausbildung unter den besten Lehrern und buddhistischen Meistern und einen neuen Namen: Jetsün Jampel Ngawang Lobsang Yeshe Tenzin Gyatso, was »Heiliger Herr, gütiger Herr, mitfühlender Verteidiger des Glaubens, Ozean der Weisheit« bedeutet. Mit der Besetzung Tibets durch China (oder, wie es dort heißt: der Befreiung Tibets) brach eine neue Zeit an. Zuerst schien es so etwas wie einen Dialog zwischen der chinesischen Regierung und dem Potala Palast zu geben. Doch bald wurde von chinesischen Plänen gemunkelt, wonach Tenzin Gyatso entführt werden sollte. Das Volk griff zu den Waffen, und der 23-jährige Dalai Lama floh nach Indien, wo ihm Asyl gewährt wurde. Zu Tausenden folgen ihm seither Tibeterinnen und Tibeter, in der Hoffnung, außerhalb ihrer annektierten Heimat ihre Sprache, Religion und Tradition retten zu können. Noch heute wohnt der Dalai Lama vorwiegend im nordindischen Dharamsala, einem grünen Dorf im indischen Himalaya.

Die Zwangsöffnung des tibetischen Reichs ermöglichte einen neuartigen Dialog zwischen Ost und West. Bald reiste der Dalai Lama weltweit zu Vorträgen und Interviews, informierte die Öffentlichkeit über die Situation in Tibet und unterwies ganze Menschenmassen im Buddhismus. Schon mehrmals besuchte er den Vatikan und er pflegte eine rege Freundschaft mit dem anglikanischen Bischof und Menschenrechtsaktivisten Desmond Tutu (→ 13). »Yishin Norbu«, wie ihn viele Tibeter nennen – »das alle Wünsche erfüllende Juwel« – macht sich stark für die nukleare Abrüstung, engagiert sich für die SOS-Kinderdörfer und äußert sich in Umweltfragen. 1989 erhielt er den Friedensnobelpreis. Immer zentral in seinen Anliegen ist die Gewaltlosigkeit und der Wunsch zur Versöhnung.

# 123 Zainab al-Khawaja
*Menschenrechte und arabische Demokratie*

Die Menschenrechtsaktivistin Zainab al-Khawaja wurde im Königreich Bahrain elfmal verhaftet, bevor sie 2016 ins Exil ging. Ihr Vater, der in Bahrain prominente Aktivist Abdulhadi al-Kawaja, war im Frühling 2011 verhaftet und zu einer lebenslangen Freiheitsstrafe verurteilt worden, weil er an den friedlichen Protesten gegen das mit strenger Hand regierende Königshaus teilgenommen hatte. Wie vielerorts während des Arabischen Frühlings gingen auch in Bahrain am Persischen Golf in jenen Wochen Tausende von Menschen auf die Straße und demonstrierten für Demokratie und Menschenrechte, trafen jedoch auf zunehmend bedrohliche Repression und Gewalt. Teilnehmende an den Protesten wurden beschossen und verprügelt, Demonstrierende starben, und auch an ihren Beerdigungsumzügen fuhr die Polizei des totalitären Regimes mit voller Härte auf.

Die 1983 geborene Zainab al-Khawaja trat in den Hungerstreik, als ihr Mann, ihr Vater und ihr Schwager – allesamt Menschenrechtsaktivisten – inhaftiert worden waren. Kurz darauf wurde sie selber zum ersten Mal an einer Kundgebung verhaftet. Unter dem Namen @angryarabiya berichtete sie live über den Kurznachrichtendienst Twitter aus dem Gefängnis. Bald erreichte sie so mehrere Zehntausend Abonnenten. Die junge Frau wurde weit über ihr Land hinaus zur Berühmtheit. Als sie sich an einer Demonstration den Polizeifahrzeugen alleine in den Weg stellte und diese so trotz Tränengasbeschuss zu einem Umweg zwang, wurde sie genau wegen ihrer Bekanntheit nicht verhaftet. Erst später sah sie sich wieder polizeilich festgesetzt. Die körperlichen Misshandlungen im Gefängnis ließen mit zunehmender Berühmtheit nach. Al-Khawaja selbst führte das in Interviews allerdings weniger auf eine Einsicht der Staatsgewalt zurück denn auf die Furcht vor schlechter Presse.

Die zahlreichen Schikanen durch den Staat gipfelten in einer Verurteilung zu über fünf Jahren Gefängnis im Jahr 2015, weil sie Fotos des bahrainischen Königs zerrissen hatte. Mit einem Großaufgebot wurde die zweifache Mutter mitsamt ihrem einjährigen Sohn zuhause abgeholt und eingesperrt, bevor sie nach drei Monaten aus humanitären Gründen freigelassen wurde. Da ihre Familie bereits Jahrzehnte vorher schon einmal nach Syrien verbannt worden war und darauf in Dänemark Asyl erhalten hatte, konnte sich die bahrainisch-dänische Doppelbürgerin erneut nach Dänemark ins Exil begeben, wo auch ihre Schwester, die Menschenrechtsaktivistin Maryam al-Khawaja, lebte. Die dänische Botschaft in Bahrain wurde in Kenntnis gesetzt, dass al-Khawaja mit weiteren Anklagen zu rechnen hatte, wenn sie in Bahrain bleiben oder später zurückkehren sollte.

So setzt sich Zainab al-Khawaja von Europa aus für die Rechte ihrer Landsleute ein. Sie nimmt an Protesten teil, wie etwa 2018 vor der Botschaft Bahrains in London, wo sie erneut für bessere Haftbedingungen politischer Gefangener in den Hungerstreik trat.

Die folgenden Zitate der Menschenrechtsaktivistin, in der arabischen Revolution auf ihre Heimat Bahrain bezogen, sprechen heute unerwartet auch jenen mutigen Bürgerinnen und Bürgern der Ukraine aus dem Herzen, die den Truppen eines despotischen Invasoren entschlossen die Stirn bieten:

*Wir wollen den Frieden nicht über die Freiheit stellen. Wir werden die Freiheit dem Frieden vorziehen. Wir werden unseren Kampf für Selbstbestimmung und Demokratie fortsetzen. Aber wenn die Dinge so weitergehen wie bisher, erwarte ich, dass die Situation noch gewalttätiger wird.*

*Wenn Menschen Demokratie fordern, fordern sie das Ende einer Diktatur, und wenn dies der Wille des Volkes ist, kann dies auch den Sturz des Regimes bedeuten.*

# Nachwort

Die Reise zu diesem Buch war unerwartet lang. Das Projekt nahm 2018 Fahrt auf; eine erste Fassung war bereits 2019 vorbereitet, doch verschiedene äußere Umstände durchkreuzten die Veröffentlichung. In der Zeit, die dazwischen vergangen ist, hätten sich weitere Personen für die Auswahl empfohlen. Dennoch können wir mit gutem Gewissen auch heute hinter den ausgewählten Persönlichkeiten stehen. Es fiel uns von Anfang an schwer, auf Porträts weiterer Personen zu verzichten, weil »ihre Kategorie« schon »voll« war. Die Erkenntnis hat jedoch Befreiendes an sich: Gott sei Dank beschränken sich die mutigen und ermutigenden Menschen in dieser Welt nicht auf die Zahl 123. Der überschaubar gezogene Kreis bleibt offen und lädt Leserinnen und Leser ein, unsere Galerie zu ergänzen!

Als dieses Nachwort entsteht, eskalieren die Spannungen zwischen Russland und der Ukraine in einem blutigen Krieg, wie ihn Europa lange nicht mehr gesehen hat. Plötzlich hat der Kontinent, rund 30 Jahren nach den Ablösungskriegen im Balkan und ein Vierteljahrhundert nach der offiziellen Beilegung des Nordirlandkonfliktes, wieder Vertriebene innerhalb des gemeinsamen Hauses Europa. Verstöße gegen Menschen- und Völkerrecht, die man sonst viel weiter weg besorgt verfolgt, finden plötzlich im eigenen Garten statt. Die Ängste, die dadurch auch 2.000 Kilometer vom Kriegsgeschehen entfernt aufflammen, schaffen aber auch neue Heldinnen und Helden. Ihr couragiertes Auftreten im Kriegsgebiet und außerhalb erinnert uns einmal mehr an die Kraft der Menschen und des Menschlichen. Wir sehen solche, die die Stirn, und andere, die eine helfende Hand bieten. Solche, die man mit Namen kennt und andere, die in einer Menge untergehen, aber bereit sind, schwerwiegende Konsequenzen in Kauf zu nehmen. Hier kämpfen Menschen für ihre Heimat, dort riskieren Tausende jahrelange Gefängnisstrafen und nehmen an Demonstrationen für den Frieden teil. Und wieder andere nehmen beherzt Fremde in den eigenen vier Wänden auf.

So wichtig die Erinnerungskultur sowohl mit Blick auf bedeutende Errungenschaften wie erschütternde Ereignisse ist: Nur eine Auswahl verdienstvoller Menschen bleibt namentlich in Erinnerung – und nur ausgewählte Persönlichkeiten der Gegenwart werden es in 100 Jahren in ein Buch dieser Form schaffen. Diese Feststellung will uns ermutigen, mit wachem und dankbarem Blick mutige Menschen wahrzunehmen, die keine Schlagzeilen machen. Schließlich sind auch unsere eigenen Biographien voll von Couragierten, die im Großen wie im Kleinen unser Leben geformt und unsere eigene Lebenswelt geprägt haben: die Eltern, die trotz Kaltem Krieg und Aufrüstung mutig Ja zu Kindern sagten; die Schulgefährtin, die uns auf dem Pausenhof beherzt vor Prügel gerettet hat; eine Lehrerin mit weiten Blicken in die Welt; der Sozialdienst der Gemeinde, der oft verborgenen Nöten begegnet; die Großmutter, die Flüchtlinge aufgenommen hat oder selber geflüchtet ist; der Dienstverweigerer, der für seine Friedensliebe ins Gefängnis ging; die Journalistin, die Filz in der nationalen Wirtschaft und Politik furchtlos aufdeckt; junge »Klimabewegte«, die ihre Sorge um die Zukunft der Welt auf die Straßen der eigenen Stadt tragen. Sie alle schaffen es kaum auf die Regale der Buchhandlungen und Bibliotheken. Doch sie sind es letztlich, die uns in unserem Alltag anspornen, die beste Version von uns selbst zu sein.

Ihnen allen sei dieses Buch gewidmet.

In spezieller Dankbarkeit widmen wir das Buch einer kleinen Auswahl ganz persönlicher Vorbilder:

Ich widme dieses Buch meiner gesamten Familie, insbesondere meiner starken Mutter Monika und meinem mutigen Vater Marco; der couragiertesten aller Schwestern, Andrea, und meinem immer großen Bruder, Reto; meinen Patentöchtern und meinen Nichten Livia, Elisa, Rachele und Letizia; und meinem unvergleichlichen Ehemann Marco.

*Sarah Gaffuri*


Ich widme dieses Buch meinen Brüdern und den »Geschwistern auf Zeit« im »Kloster zum Mitleben« am Zürichsee, die den franziskanischen Traum einer geschwisterlichen Welt in Rapperswil alltäglich beherzt leben.

*Br. Niklaus Kuster*

# Anhang

# Literatur- und Medientipps, Anmerkungen

**1**

 Irmtraud Fischer, Die Erzeltern Israels. Feministisch-theologische Studien zu Genesis 12–36, Berlin – New York 1994.

Anke Mühling, Sarai/Sara, in WiBiLex: www.bibelwissenschaft.de/stich wort/26065/

**2**

Jutta Hausmann, Rut. Miteinander auf dem Weg, Leipzig 2005; Irmtraud Fischer, Rut (Herders Theologischer Kommentar zum Alten Testament), Freiburg i. Br. 2001.

**3**

Hellmut Flashar, Hippokrates. Meister der Heilkunst, München 2016; Renate Tölle-Kastenbein, Das Genfer Arztgelöbnis und der Hippokratische Eid, Bochum 1978.

**4**

Seneca, Glück und Schicksal. Hg. von Marion Giebel, Stuttgart 2017; ders., Vom glücklichen Leben. Aus dem Lateinischen von Otto Apelt, Köln 2016; Gregor Maurach, Seneca. Leben und Werk, Darmstadt [6]2013.

**5**

Ortrud Reber, Elisabeth von Thüringen: Landgräfin und Heilige. Eine Biografie, Regensburg 2006.

**6**

Christine Christ-von Wedel, Erasmus von Rotterdam: Ein Porträt, Basel 2016; Erasmus von Rotterdam, Ausgewählte Schriften, 8 Bde., hg. von Werner Welzig, Darmstadt 1995.

**7**

Alfred Schäfer, Jean-Jacques Rousseau. Ein pädagogisches Porträt, Weinheim – Basel [2]2017; Rousseau über Rousseau. Beiträge zum 300. Geburtstag, hg. von Paul Geyer/Volker Ladenthin/Anke Redecker, Würzburg 2016; Jean-Jacques Rousseau, Abhandlung über den Ursprung und die Grundlagen der Ungleichheit unter den Menschen, Stuttgart 2012.

**8**

Johann Heinrich Pestalozzi, Gesammelte Werke: Pädagogische Schriften, Romane, Erzählungen, Fabeln, Prag 2018.

**9**

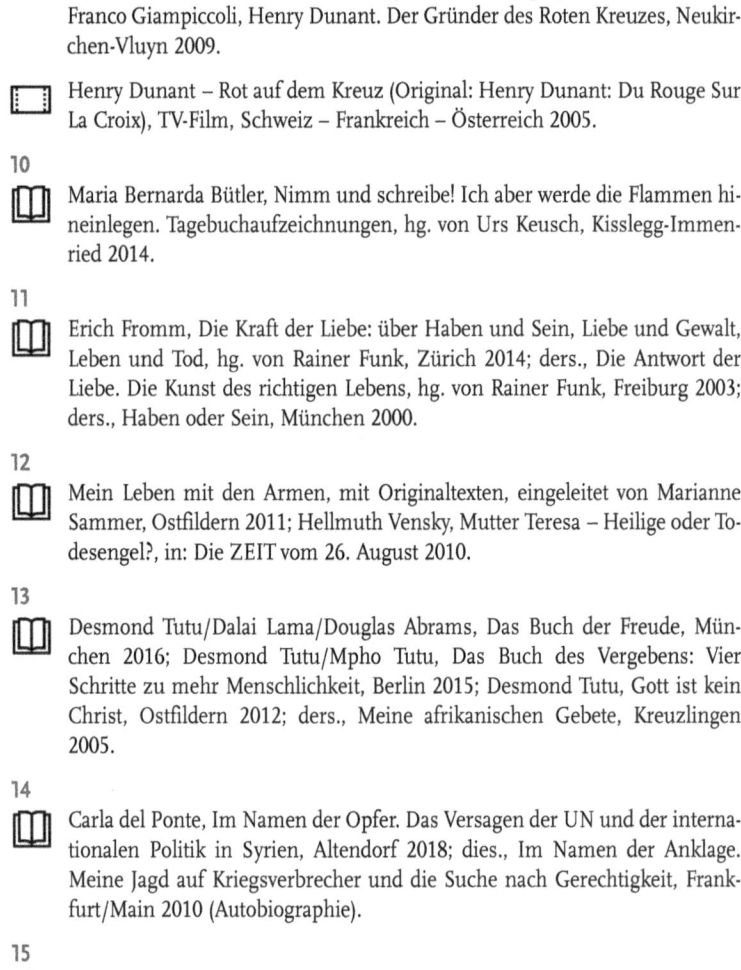

Elke Endraß, Der Wohltäter. Warum Henry Dunant das Rote Kreuz gründete, Berlin 2010; Yvonne Steiner: Henry Dunant. Biographie, Herisau 2010; Franco Giampiccoli, Henry Dunant. Der Gründer des Roten Kreuzes, Neukirchen-Vluyn 2009.

Henry Dunant – Rot auf dem Kreuz (Original: Henry Dunant: Du Rouge Sur La Croix), TV-Film, Schweiz – Frankreich – Österreich 2005.

**10**

Maria Bernarda Bütler, Nimm und schreibe! Ich aber werde die Flammen hineinlegen. Tagebuchaufzeichnungen, hg. von Urs Keusch, Kisslegg-Immenried 2014.

**11**

Erich Fromm, Die Kraft der Liebe: über Haben und Sein, Liebe und Gewalt, Leben und Tod, hg. von Rainer Funk, Zürich 2014; ders., Die Antwort der Liebe. Die Kunst des richtigen Lebens, hg. von Rainer Funk, Freiburg 2003; ders., Haben oder Sein, München 2000.

**12**

Mein Leben mit den Armen, mit Originaltexten, eingeleitet von Marianne Sammer, Ostfildern 2011; Hellmuth Vensky, Mutter Teresa – Heilige oder Todesengel?, in: Die ZEIT vom 26. August 2010.

**13**

Desmond Tutu/Dalai Lama/Douglas Abrams, Das Buch der Freude, München 2016; Desmond Tutu/Mpho Tutu, Das Buch des Vergebens: Vier Schritte zu mehr Menschlichkeit, Berlin 2015; Desmond Tutu, Gott ist kein Christ, Ostfildern 2012; ders., Meine afrikanischen Gebete, Kreuzlingen 2005.

**14**

Carla del Ponte, Im Namen der Opfer. Das Versagen der UN und der internationalen Politik in Syrien, Altendorf 2018; dies., Im Namen der Anklage. Meine Jagd auf Kriegsverbrecher und die Suche nach Gerechtigkeit, Frankfurt/Main 2010 (Autobiographie).

**15**

Einen Einblick in Juana Payabas Lebenswelt und Kampf vermittelt das Kurzvideo: https://www.youtube.com/watch?v=Ve5BCAa02H0

**16**

Malala Yousafzai – Patricia McCormick, Malala. Meine Geschichte, Frankfurt/Main 2014.

17

Avalokitesvara (Bu Ken Qu Guan Yin), mit Li Chun, Regie: Zhang Xin, China 2013.

18

Michaela Puzicha, Kommentar zur Benediktsregel, im Auftrag der Salzburger Äbtekonferenz, St. Ottilien 2015; dies., Der Regel als Lehrmeisterin folgen, St. Ottilien 2013; Georg Holzherr, Die Benediktsregel. Eine Anleitung zu christlichem Leben. Der vollständige Text der Regel, Freiburg 2005.

19

Margaret Smith, Rabía von Basra: »Oh, mein Herr, Du genügst mir!« Heilige Frauen im Islam, Überlingen 1997; Annemarie Schimmel, Meine Seele ist eine Frau. Das Weibliche im Islam, München 1995; Gärten der Erkenntnis. Das Buch der vierzig Sufi-Meister, hg. von Annemarie Schimmel, München 1995.

20

Martina Kreidler-Kos/Niklaus Kuster, Bruder Feuer und Schwester Licht. Franz und Klara von Assisi – Zwei Lebensgeschichten im Dialog, Ostfildern 2021; André Vauchez, Franziskus von Assisi. Geschichte und Erinnerung, Münster 2019; Inspirierte Freiheit. 800 Jahre Franziskus und seine Bewegung, Freiburg 2009.

21

Sophie Bessis, Les valeureuses. Cinq Tunisiennes dans l'histoire, Tunis 2017; Nelly Amri, La Sainte de Tunis. Présentation et traduction de l'hagiographie de 'Aisha al-Mannûbiyya, Paris 2008; Katia Boissevain, Sainte parmi les saints. Sayyda Mannûbiya ou les recompositions cultuelles dans la Tunisie contemporaine, Paris 2006.

22

Annemarie Schimmel, Rumi: Ich bin Wind und du bist Feuer: Leben und Werk des großen Mystikers, Kreuzlingen – München 2003; dies., Sieh! Das ist Liebe: Gedichte: Rumi, Basel 1993; dies., Maulana Dschelaladdin Rumi: Von Allem und vom Einen, aus dem Persischen und Arabischen, München 1988.

23

Yunus Emre, Ausgewählte Gedichte, türkisch-deutsch, übersetzt von Annemarie Schimmel, Köln 1991; Gisela Kraft, Yunus Emre: Pir Sultan Abdal. Mit Bergen mit Steinen – Nachdichtung und Randtexte, Berlin 1981.

Bernd Buder, Yunus Emre – die Stimme der Liebe, Regie: Kürşat Kızbaz, Türkei 2013.

**24**

📖 Elftraud von Kalckreuth, Liebe ist die Antwort: Gespräche mit der Mystikerin Julian von Norwich, Ostfildern 2007.

🎞 The Search for the lost manuscript: Julian of Norwich, mit Janina Ramirez, BBC, Großbritannien 2016.

**25**

📖 Raimund von Capua, 33 Jahre für Christus. Die Legenda maior – das Leben der hl. Caterina von Siena, übersetzt von Josef Schwarzbauer, Kleinhain 2006; Marianne Schlosser, Katharina begegnen, Augsburg 2006; Katharina von Siena, Sämtliche Briefe, hg. von Werner Schmied, Kleinhain 2005ff.; Hanno Helbling, Katharina von Siena. Mystik und Politik, München 2000.

**26**

📖 Martin Kämpchen (Hg)., Aus dem Guru Granth Sahib und anderen heiligen Schriften der Sikhs, ausgewählt, übersetzt und kommentiert von Tilak Raj Chopra und Heinz Werner Wessler, Leipzig 2011.

**27**

📖 Teresa von Ávila, Gesamtausgabe. Werke und Briefe, übersetzt und eingeleitet von Ulrich Dobhan und Elisabeth Peeters, 2 Bände, Freiburg 2015; Waltraud Herbstrith, Teresa von Ávila. Lebensweg und Botschaft, München 2007; Elisabeth Münzebrock, Teresa von Ávila. Meister der Spiritualität, Freiburg 2004; Erika Lorenz, Weg in die Weite. Die drei Leben der Teresa von Ávila, Freiburg 2003.

**28**

📖 Rabindranath Tagore, Gesammelte Werke. Lyrik, Prosa, Dramen; hg. von Martin Kämpchen, Düsseldorf 2005.

**29**

📖 Madeleine Delbrêl, Gott einen Ort sichern. Texte – Gedichte – Gebete, hg. von Annette Schleinzer, Kevelaer [5]2018; Annette Schleinzer, Madeleine Delbrêl – Prophetin einer Kirche im Aufbruch, München 2017; Katja Boehme, Madeleine Delbrêl. Die andere Heilige, Freiburg 2014; Madeleine Delbrêl, Der kleine Mönch, Freiburg [5]2007; dies., Auftrag eines Christen in einer Welt ohne Gott; Einsiedeln 2000.

**30**

📖 Thich Nhat Hanh, Mein Leben ist meine Lehre. Autobiographische Geschichten und Weisheiten eines Mönchs. München 2017; ders., Jesus und Buddha – ein Dialog der Liebe, Freiburg 2016.

🎞 Walk with me. A journey into mindfulness featuring Thich Nhat Hanh, Regie: Max Pugh/Marc Francis, Großbritannien u. a. 2017.

 https://plumvillage.org/

31

 Walter Groß, Richter (Herders Theologischer Kommentar zum Alten Testament), Freiburg i. Br. ²2021, 288–349; Irmtraud Fischer, Gotteskünderinnen. Zu einer geschlechterfairen Deutung des Phänomens der Prophetie und der Prophetinnen in der Hebräischen Bibel, Stuttgart 2002; Heinz-Dieter Neef, Deboraerzählung und Deboralied, Neukirchen-Vluyn 2002.

Sigrid Eder, Debora/Deboralied, in: www.bibelwissenschaft.de/stichwort/ 16245/

32

Claudia Sticher, Gerechtigkeit wie ein nie versiegender Bach. Das Buch Amos, Stuttgart 2012; Hermann Koch, Wenn der Löwe brüllt. Die Geschichte von Amos, dem Mann, der kein Prophet sein wollte. Eine dramatische Erzählung, Stuttgart ⁹1992; Milton Schwantes, Das Land kann seine Worte nicht ertragen. Meditationen zu Amos, München 1991.

33

Michael Maaß, Das antike Delphi, München 2007.

34 Übersetzung: Niklaus Kuster

Niklas Holzberg, Vergil. Der Dichter und sein Werk, München 2006.

35

Jennifer A. Rea/Liz Clarke, Perpetua's journey. Faith, gender and power in the Roman Empire, Oxford 2018; Anne Jensen, Frauen im frühen Christentum, Bern 2002, 83–91; Larissa Carina Seelbach, Perpetua und Tertullian. Die Märtyrerin und der Kirchenvater, Jena 2000.

36

Maura Zátonyi (Hg.), Das große Hildegard von Bingen Lesebuch, Worte wie von Feuerzungen, Freiburg i. Br. 2022; Hildegard von Bingen, Werke (Gesamtausgabe in 10 Bänden), hg. von der Abtei St. Hildegard, Beuron 2017; Gabriele Göbel, Die Mystikerin – Hildegard von Bingen. Roman, Berlin 2014; Michaela Diers, Hildegard von Bingen, München 2012; Wighard Strehlow, Die große Heilkunde der Hildegard von Bingen, 3 Bde., Augsburg 2005.

37

Juden, Christen und Muslime. Religionsdialoge im Mittelalter, hg. von Matthias Lutz-Bachmann/Alexander Fidora, Darmstadt 2004; Ramon Lull, Das

Buch vom Heiden und den drei Weisen, übersetzt von Theodor Pindl, Stuttgart 1998; Anstöße zu einem Dialog der Religionen: Thomas von Aquin – Ramon Llull – Nikolaus von Kues, hg. von Charles H. Lohr, Freiburg i. Br. 1997.

38

📖 Shlomo Avineri, Theodor Herzl und die Gründung des jüdischen Staates, Berlin 2016; Theodor Herzl, Der Judenstaat, Augsburg 1986; Zionistische Schriften (Sammelausgabe, 5 Bde.), erweitere Drittauflage, Tel Aviv 1934.

39

📖 Martin Buber, Werkausgabe (MBW), 21 Bde., Gütersloh 2001–2019; Dominique Bourel, Martin Buber. Was es heißt, ein Mensch zu sein, Biografie, Gütersloh 2017; Martin Buber, Ich und Du, Stuttgart 2008.

40

📖 Khalil Gibran, Der Prophet. Aus dem Englischen übersetzt von Ursula und S. Yussuf Assaf, Ostfildern 2012.

41

📖 Margot Kässmann, Ganz anders könnten wir leben. Warum Martin Luther King mein großes Vorbild ist, München 2018.

📺 Selma, Regie: Ava DuVerney; mit David Oyelowo, Oprah Winfrey, Tom Wilkinson, USA 2014.

42

📖 Hans Küng, Sämtliche Werke, hg. von dems./Stephan Schlensog, 24 Bde., Freiburg i. Br. 2015–2020; ders., Weltethos, Freiburg i. Br. 2019; Hans Küng, Sieben Päpste. Wie ich sie erlebt habe, München 2016.

43

📖 Leonardo Boff, Der Heilige Geist. Feuer Gottes – Lebensquell – Vater der Armen, Freiburg 2014; ders., Kirche. Charisma und Macht – 25 Jahre Befreiungstheologie, Gütersloh 2009; Leonardo Boff, Die Erde ist uns anvertraut. Eine ökologische Spiritualität, Kevelaer 2010. – *Zitate aus:* Leonardo Boff, Die Transparenz aller Dinge, Kevelaer 2010.

🌐 www.leonardoboff.com

44

📖 Rachid Benzine/Hadya Gurtman (Übers.), Islam und Moderne: Die neuen Denker, Berlin 2012.

45

📖 Ed Husain, The House of Islam. A global history, London 2018 (deutsch: Weltoffen aus Tradition, Darmstadt 2020); Matthias Dickert, Die Konzeption des islamischen Fundamentalismus nach 9/11 in Ed Husains The Islamist (2007) und John Updikes Terrorist (2006), München 2014; Ed Husein, The Islamist: Why I joined radical Islam in Britain, what I saw inside and why I left, London 2007.

**46**

Khola Maryam Hübsch, Rebellion der Sehnsucht. Warum ich mir den Glauben nicht nehmen lasse, Freiburg i. Br. 2018.

**47**

Maria Häusl, Dina, in WiBiLex (Wissenschaftliches Bibellexikon): www.bibelwissenschaft.de/stichwort/16461/; Irmtraud Fischer, Gottesstreiterinnen. Biblische Erzählungen über die Anfänge Israels, Stuttgart 2013.

**48**

Peter Nadig, Hatschepsut, Mainz 2014; . Philipp Vandenberg, Die Pharaonin: historischer Roman, Bergisch Gladbach 2008; Christiane Desroches-Noblecourt, Hatschepsut. Die geheimnisvolle Königin auf dem Pharaonenthron, Bergisch Gladbach 2007.

**49**

Barbara Schmitz/Helmut Engel, Judit (Herders Theologischer Kommentar zum Alten Testament), Freiburg i. Br. 2014; Claudia Rakel, Judit – über Schönheit, Macht und Widerstand im Krieg. Eine feministisch-intertextuelle Lektüre, Berlin – New York 2004; Revolte im Ornament – Bilder zu Judit, hg. von Irmtraud Fischer/Antova Minna, Wien 1999; Ernst Haag, Das Buch Judit, Düsseldorf 1995.

**50**

Esther Brünenberg-Bußwolder, Waschti, in: WiBiLex, https://www. bibelwissenschaft.de/stichwort/34563/

**51**

Mulan – Legende einer Kriegerin, Regie: Jinle Ma. Mit Zhao Wei, Chen Kun, China 2009.

**52**

Silke Petersen, Maria aus Magdala. Die Jüngerin, die Jesus liebte, Leipzig 2011; Bernd Kollmann, Die Jesus-Mythen. Sensationen und Legenden, Freiburg i. Br. 2009; Andrea Taschl-Erber, Maria von Magdala – erste Apostelin? Joh 20,1–18: Tradition und Relecture, Freiburg i. Br. 2007; Renate Wind, Maria aus Nazareth, aus Bethanien, aus Magdala. Drei Frauengeschichten, Gütersloh [2]1996.

**53**

Eva Ebel, Berenike und Lydia. Zwei selbständige Frauen bei Lukas, Leipzig [2]2012.

**54**

Die grüne Tara. Weibliche Weisheit. Grundlagen des buddhistischen Tantra, hg. von Lama Thubten Yeshe/Sylvia Wetzel, München 1998; Miranda Shaw, Erleuchtung durch Ekstase. Frauen im tantrischen Buddhismus, Frankfurt 1997.

**55**

Maria Heine, Die Spiritualität von Asketinnen. Von den Wüstenmüttern zum städtischen Asketinnentum im östlichen Mittelmeerraum und in Rom vom 3. bis zum 5. Jahrhundert, Münster 2008; Meterikon. Die Weisheit der Wüstenmütter, hg. von Martirij Bagin/Andreas-Abraham Thiermeyer, Augsburg 2004.

**56**

Friedrich Prinz, Das wahre Leben der Heiligen. Zwölf historische Porträts von Kaiserin Helena bis Franz von Assisi, München 2003, 109–134; Michael Friese, Die heilige Radegunde von Thüringen, Erfurt 2001; Irmgard Schmidt-Sommer, Dunkle Zeiten – helle Wege. Frauen des frühen Mittelalters gestalten Kirche und Welt, Trier 1998, 64–75.

**57**

Frederik Berger, Die heimliche Päpstin, Berlin 2008.

**58**

Sei Shonagon. Das Kopfkissenbuch, erstmals vollständig aus dem Japanischen übersetzt und neu hg. von Michael Stein, mit ausführlicher Kommentierung, Zürich 2015.

**59**

Niklaus Kuster/Marina Kreidler-Kos, Bruder Feuer und Schwester Licht. Franz und Klara von Assisi, Ostfildern 2021; Martina Kreidler-Kos, Lebensmutig. Klara von Assisi und ihre Gefährtinnen, Würzburg 2015; Klara-Quellen, hg. von Johannes Schneider/Paul Zahner, Kevelaer 2013; Klara von Assisi: Zwischen Bettelarmut und Beziehungsreichtum. Beiträge zur neueren deutschsprachigen Klara-Forschung, hg. von Bernd Schmies, Münster 2011.

Liliana Cavani, Sein Name war Franziskus (mit Paralleldarstellung von Klaras Geschichte), RAI, Italien 2014, BR, Deutschland 2016.

**60**

Albrecht Thoma, Katharina von Bora. Geschichtliches Lebensbild, Berlin 2018; Sabine Kramer, Katharina von Bora in den geschichtlichen Zeugnissen ihrer Zeit, Leipzig 2017; Eva Zeller, Die Lutherin. Spurensuche nach Katharina von Bora, München – Zürich $^5$2009.

**61**

Kenneth Thomasma, Die Wahrheit über Vogelfrau Sacajawea. Die goldene Dollarmünze, Radeberg 2018.

**62**

Sappho, Gedichte. Griechisch – deutsch, hg. und übersetzt von Andreas Bagordo, Berlin 2011; Marion Giebel, Sappho. In Selbstzeugnissen und Bilddokumenten, Reinbek 2002.

**63**

Vitruvii De architectura libri decem. Lateinisch und deutsch, übersetzt und mit Anmerkungen versehen von Curt Fensterbusch, Darmstadt ⁶2008; Heiner Knell, Vitruvs Architekturtheorie. Eine Einführung, Darmstadt ³2008; Henner von Hesberg, Vitruvius, in: Lateinische Lehrer Europas. Fünfzehn Portraits von Varro bis Erasmus von Rotterdam, hg. von Wolfram Ax, Köln 2005, 23–43.

**64**

Moses Maimonides, Führer der Unschlüssigen, hg. von Adolf Weiß/Johann Maier, Hamburg 2017; Görge K. Hasselhoff, Moses Maimonides interkulturell gelesen, Nordhausen 2009; Leo Hirsch, Maimonides. Persönlichkeit und Werk, Konstanz 2003.

**65**

Dante Alighieri, Die göttliche Komödie, übersetzt und kommentiert von Ida und Walther von Wartburg, Zürich 2018; ders., La Commedia – Die Göttliche Komödie, Italienisch/Deutsch, 3 Bde., übersetzt und kommentiert von Hartmut Köhler, Stuttgart 2011; Roberto Benigni, Mein Dante. Mit einem Vorwort von Umberto Eco, München 2010.

**66**

William Shakespeare, Sämtliche Werke in drei Bänden, Köln 2020; The New Oxford Shakespeare: the complete works, by Gary Taylor/John Jowett/Terri Bourus/Gabriel Egan, 6 Bde., Oxford 2016 ff.

All is true, Regie: Kenneth Branagh, Großbritannien 2018; Othello, Regie: Oliver Parker, USA – Großbritannien 1995; Hamlet, Regie: Franco Zeffirelli, Großbritannien u. a. 1990.

**67**

Dagmar Lutz, Artemisia Gentileschi. Leben und Werk, Stuttgart 2011.

**68**

Susanne Kunz-Saponaro, Rom und seine Künstler, Darmstadt 2008; Borromini – Architekt im barocken Rom (Ausstellungskatalog), hg. von Richard

Bösel, Mailand 2000; Francesco Borromini, Opus Architectonicum, hg. von Maurizio de Benedictis, Rom 1993.

**69**

Maynard Solomon, Mozart. Ein Leben, Stuttgart 2005; Wolfgang Hildesheimer, Mozart (Neuauflage), Frankfurt/Main 2005.

Amadeus, Regie: Milos Forman, USA 1984.

**70**

Jane Austen, Gefühl und Verstand, Zürich 2017; Witziges und Weises, Geniales und Gemeines von Jane Austen, ausgewählt von Kathrin Eisner, Leipzig 2017; Jane Austen, Emma, Frankfurt/Main 2012; Jane Austen. Ich bin voller Ungeduld. Briefe an Cassandra, hg. von Ursula Gräfe, Leipzig 2009.

Jane Austen, Gesamtwerk, MP3 CD, ungekürzte Ausgabe, Berlin 2017.

**71**

Matthew Dennison, Over the hills and far away. The life of Beatrix Potter, London 2017.

Miss Potter, Regie: Chris Noonan, Großbritannien – USA 2006.

**72**

Gertrude Stein, Picasso, Berlin 2017; Dagmar Feghelm, Pablo Picasso. Die Lebensgeschichte, München 2010.

Genius: Picasso, TV-Serie, USA 2017 (deutsche Version 2018); Picasso (Original: Le mystère Picasso), Dokumentarfilm von Henri-Georges Clouzot, Frankreich 1956.

**73**

Hilde Domin, Sämtliche Gedichte, mit einem Nachwort von Ruth Klüger, hg. von Nikola Herweg/Melanie Reinhold, Frankfurt/Main 2009; dies., Nur eine Rose als Stütze, Frankfurt/Main 1994.

**74**

Peter Kemper, Muhammad Ali. Leben, Werk, Wirkung, Berlin 2010.

Muhammad Ali, vierteilige TV-Mini-Serie, Dokumentation mit Spielszenen, Regie: Ken Burns u. a., USA 2021, deutsche Version: Erste Runde: Der Größte (1942–1964), Zweite Runde: Wie heiße ich? (1964–1970), Dritte Runde: Rivalen (1970–1974), Vierte Runde: Der Zauber bleibt (1974–2016);

When we were kings – Einst waren wir Könige, Dokumentarfilm von Leon Gast/Taylor Hackford, USA 1996.

**75**

📖 Michelle Witte, Happy little accidents. Die schönsten Weisheiten von Bob Ross, München 2017.

🎞 Bob Ross, The Joy of Painting, 403 Teile in 31 Staffeln, Produktion: Bob Smith, USA 1983–1994; Bob Ross, Glückliche Unfälle, Betrug und Gier, Netflix 2021.

**76**

📖 Cat Stevens/Peter H. Reynolds, The Peace Train, New York 2021.

🔊 The Very Best of Cat Stevens, 2020.

🌐 http://www.catstevens.com

**77**

📖 Arundhati Roy, Der Gott der kleinen Dinge, Frankfurt/Main 2017; ders., Das Ministerium des äußersten Glücks, Frankfurt/Main 2017.

**78**

📖 Ivo Schneider, Archimedes. Ingenieur, Naturwissenschaftler, Mathematiker, Berlin – Heidelberg ²2016; Günter Aumann, Archimedes. Mathematik in bewegten Zeiten, Darmstadt 2013.

🔊 Luca Novelli, Archimedes und der Hebel der Welt. Lesung für kleine und große Ohren ab 10 Jahren, Regie: Rainer Gussek, Hamburg 2012.

**79**

📖 Jörg-Peter Findeisen, Vinland: Die Entdeckungsfahrten der Wikinger von Island nach Grönland und Amerika, Kiel 2011; Kirsten A. Seaver, Die Gudrid-Saga, München 1997.

**80**

📖 Ina-Marie Cassens, Die Heilerin von Salerno. Roman, Augsburg 2011; Konrad Goehl, Frauengeheimnisse im Mittelalter. Die Frauen von Salern, Baden-Baden 2010.

**81**

📖 Roger Bacon, Opus tertium, Lateinisch-Deutsch, hg. und übersetzt von Nikolaus Egel, Hamburg 2020; Roger Bacon, Opus maius – Brief über die geheimen Werke der Natur und der Kunst, hg. und eingeleitet von Nikolaus Egel, Hamburg 2017; Günther Mensching, Roger Bacon, Münster 2009.

**82**

📖 Alfred Börckel, Gutenberg und seine berühmtesten Nachfolger im ersten Jahrhundert der Typographie, Leipzig 2018; Klaus-Rüdiger Mai, Gutenberg. Der Mann, der die Welt veränderte, Berlin 2016; Andreas Venzke, Johannes Gutenberg. Der Erfinder des Buchdrucks und seine Zeit, München 2000.

**83**

📖 Andreas Venzke, Der Entdecker Amerikas – Aufstieg und Fall des Christoph Kolumbus, Berlin 2006; Robert H. Fuson (Hg.), Das Logbuch des Christoph Kolumbus. Die authentischen Aufzeichnungen des großen Entdeckers, Bergisch Gladbach 1989.

**84**

📖 Leonardo da Vinci – Bewegende Erfindungen (Ausstellungskatalog), Bielefeld 2012; Charles Nicholl, Leonardo da Vinci. Die Biographie, Frankfurt/Main 2009; Stefan Klein, Da Vincis Vermächtnis oder wie Leonardo die Welt neu erfand, Frankfurt/Main 2008.

🎞 Der Leonardo-Code – Vom Leben und Wirken des geheimnisvollen Mannes aus Vinci, Dokumentarfilm, Regie: Rudij Bergmann, Deutschland 2008.

**85**

📖 Nikolaus Kopernicus, Gesamtausgabe, hg. von Heribert Maria Nobis u. a., 9 Bde., Hildesheim – Berlin 1974–2019; John Freely, Kopernikus. Revolutionär des Himmels, Stuttgart 2015; Sobel, Dava, Und die Sonne stand still: Wie Kopernikus unser Weltbild revolutionierte, Berlin 2012.

🌐 Olaf Schneider, Nikolaus Kopernikus. Ein Freizeitastronom schreibt Geschichte, Gießen 2013: http://geb.uni-giessen.de/geb/volltexte/2013/10126/pdf/Schnei derKopernikus.pdf

**86**

📖 Daniel Kehlmann, Die Vermessung der Welt, Berlin 2005.

🎞 Die Vermessung der Welt, Regie: Detlev Buck, Österreich – Deutschland 2012.

**87**

📖 Ada Lovelace. Die Pionierin der Computertechnik und ihre Nachfolgerinnen, hg. von Sybille Krämer, Paderborn 2015; Ada Augusta Lovelace. Eine Frau am Anfang der Moderne, übersetzt aus dem Englischen von Björn Bossmann/Sabine Kreiner, Berlin 2004.

**88**

📖 Dieter Voth, Nach der Jäger Weise. Wilhelm Conrad Roentgen. Forscher und Jäger, Oldenburg 2003; Albrecht Fölsing, Wilhelm Conrad Röntgen. Aufbruch ins Innere der Materie, München 2002; Norbert Lossau, Röntgen. Eine Entdeckung verändert unser Leben, Köln 1995.

**89**

📖 David J. Kent, Thomas Edison. Der Erfinder der Modernen Welt, Kerkdriel 2017; Mission X. Genialen Entdeckern und Erfindern auf der Spur, hg. von Günter Myrell/Daniel Manthey, München 2006; Fritz Vögtle, Thomas Alva Edison. Mit Selbstzeugnissen und Bilddokumenten, Reinbek [3]1997.

**90**

📖 Beverly Birch, Alexander Fleming. Das Penicillin, Recklinghausen 1993; André Maurois, Alexander Fleming, Arzt und Forscher, München 1960.

🎞 Breaking the Mould. The Story of Penicillin, Regie: Peter Hoar, TV-Spielfilm, Großbritannien 2009.

**91**

📖 Barbara Goldsmith, Marie Curie. Die erste Frau der Wissenschaft, München 2011; Ulla Fölsing, Marie Curie. Wegbereiterin einer neuen Naturwissenschaft, München 1990.

🎞 Marie Curie, Regie: Marie Noëlle, Deutschland – Frankreich – Polen 2016.

**92**

📖 María Isabel Sánchez Vegara, Amelia Earhart, illustriert von Mariadiamantes, Berlin 2019 (Kinderbuch); Ronald D. Gerste, Amelia Earhart. Der Traum von grenzenloser Freiheit, Regensburg 2010.

**93**

📖 Heinrich Krauss/Max Küchler, Salomo – Der weise König, Fribourg – Stuttgart 2012; Andreas Kunz-Lübcke, Salomo. Von der Weisheit eines Frauenliebhabers, Leipzig 2004.

🌐 Martin Nitsche, Salomo, in: WiBiLex 2017: https://www.bibelwissenschaft.de/stichwort/25919/

**94**

📖 Charlotte Schubert, Solon, Tübingen – Basel 2012; Wolf-Dieter Gudopp-von Behm, Solon von Athen und die Entdeckung des Rechts, Würzburg 2009.

**95**

📖 Christoph Riedweg, Pythagoras: Leben – Lehre – Nachwirkung. Eine Einführung, München [3]2017; Jamblichos, Pythagoras. Legende – Lehre – Lebensgestaltung (griechischer Text und deutsche Übersetzung von De vita Pythagorica), hg. von Michael von Albrecht, Darmstadt 2002; Leonid Zhmud, Wissenschaft, Philosophie und Religion im frühen Pythagoreismus, Berlin 1997.

**96**

📖 Cicero, Sämtliche Reden 1–7, eingeleitet, übersetzt und erläutert von Manfred Fuhrmann, München ⁴2013; Marion Giebel, Marcus Tullius Cicero, Reinbek 2013; Klaus Bringmann, Cicero, Darmstadt 2010; Wilfried Stroh, Cicero. Redner, Staatsmann, Philosoph, München 2008; Manfred Fuhrmann, Cicero und die Römische Republik. Eine Biographie, München – Zürich ⁴1989.

**97**

📖 Robert Gordian, Die Merowinger. 13-teilige Romanserie, E-Books 2013–2014.

**98**

📖 Ulja Krautwald, Die Geheimnisse der Kaiserin. Fernöstliche Strategien für Frauen, München 2017; Lin Yutang, Lady Wu. Das ungewöhnliche Leben einer Kaiserin, München 1959 (romanhaft).

🎬 Detective Dee und das Geheimnis der Phantomflammen, Regie: Tsui Hark, China 2010.

**99**

📖 Günther Krieger, Rosen für Theophanu, Hamburg 2018 (historischer Roman); Die Kaiserinnen des Mittelalters, hg. von Amalie Fößel, Regensburg 2011, 60–77; Kaiserin Theophanu. Begegnung des Ostens und Westens um die Wende des ersten Jahrtausends. Gedenkschrift zum 1000. Todesjahr der Kaiserin, 2 Bde., hg. von Anton von Euw/Peter Schreiner, Köln 1991.

**100**

📖 Amir Dziri/Angelica Hilsebein/Mouhanad Khorchide/Bernd Schmies (Hg.), Der Sultan und der Heilige. Islamisch-christliche Perspektiven auf die Begegnung des hl. Franziskus mit Sultan al-Kamil (1219–2019), Münster 2021; Dietrich Lohrmann, Das »Himmelszelt« des Sultans al-Kamil von 1232 für Kaiser Friedrich II., in: Historische Zeitschrift 294 (2012) 297–328; Jean Gwenolé, François et le Sultan, Paris 1996.

🎬 The Sultan and the Saint, Regie: Alex Kronemer/Michael Wolfe, USA 2018.

**101**

📖 Gerd Krumeich, Jeanne d'Arc. Die Geschichte der Jungfrau von Orléans, München ²2016.

🎬 Jeanne d'Arc – Die Frau des Jahrtausends, Regie: Christian Duguay, Kanada 1999; Johanna von Orléans, Regie: Luc Besson, Frankreich 1999.

**102**

📖 Hans Leicht, Isabella von Kastilien. Königin am Vorabend der spanischen Weltmacht, Regensburg 1994.

**103**

📖 Jürgen Klein, Elisabeth I. und ihre Zeit, München 2010.

🎞 Elizabeth – Das goldene Zeitalter, Regie: Shekhar Kapur, Großbritannien – Frankreich 2007.

**104**

📖 Isabel de Madariaga, Katharina die Große. Das Leben der russischen Kaiserin, Wiesbaden 2004; Erich Donnert, Katharina II., die Große (1729–1796). Kaiserin des russischen Reiches, Darmstadt 1998.

🎞 The Great, Fernsehserie – freie Nacherzählung der Biographie Katharinas der Großen, Hulu, USA – Großbritannien 2020–2021 (mit deutscher Version).

**105**

📖 Maria Montessori, Kinder sind anders, Stuttgart 2018; Maria Montessori, Gesammelte Werke, hg. von Harald Ludwig, 21 Bde., Freiburg i. Br. 2010ff.

**106**

📖 Wolfgang Bernhardt, Tanzania – Nyerere – Papst Franziskus. Das Scheitern einer »christlich inspirierten Wirtschaft«, Münsterschwarzach 2016; Julius K. Nyerere, Bildung und Befreiung. Aus Reden und Schriften, Frankfurt/Main 1977.

**107**

📖 Gewalt in den heiligen Schriften von Islam und Christentum, Paderborn 2013, 93–116; Farid Esack, Qur'an, Liberation and Pluralism: An Islamic Perspective Of Interreligious Solidarity Against Oppression, London 1996.

**108**

📖 Klaus Haacker, Stephanus. Verleumdet, verehrt, verkannt, Leipzig 2014; Carlo Maria Martini, Stephanus. Mit dem Leben Gott bezeugen, München u. a. 1990.

**109**

📖 Pseudo-Basilius von Seleikia, Vita et miracula sanctae Theclae – Leben und Wunder der heiligen Thekla (Fontes christiani 93), Freiburg i. Br. 2021; Luise Schottroff, Lydias ungeduldige Schwestern. Feministische Sozialgeschichte des frühen Christentums, Gütersloh [2]1996; Thekla, die Apostolin. Ein apokrypher Text neu entdeckt, übersetzt und kommentiert von Anne Jensen, Freiburg 1995; Anne Jensen, Gottes selbstbewusste Töchter. Frauenemanzipation im frühen Christentum?, Freiburg i. Br. 1992.

**110**

📖 Walter Rügert, Jan Hus. Auf den Spuren des böhmischen Reformators, Konstanz 2015; Pavel Soukup, Jan Hus. Prediger – Reformator – Märtyr, Stuttgart 2014; Thomas Krzenck, Johannes Hus. Theologe – Kirchenreformer – Märtyrer, Zürich 2011; Ulrich von Richental, Chronik des Konstanzer Konzils 1414–1418, eingeleitet und hg. von Thomas Martin Buck, Ostfildern 2010.

**111**

📖 Thomas Morus, Utopia, Hamburg 2015.

**112**

📖 Nancy Land, Olympe de Gouges. Politisches Engagement und persönliches Anliegen, München 2016; Lottemi Doormann, Ein Feuer brennt in mir. Die Lebensgeschichte der Olympe de Gouges, Weinheim 2003; Olympe de Gouges, Mutter der Menschenrechte für weibliche Menschen, hg. und kommentiert von Hannelore Schröder, Aachen 2000.

**113**

📖 Michael Zeuskze, Simón Bolívar. Befreier Südamerikas: Geschichte und Mythos, Berlin 2016; Gabriel García Márquez, Der General in seinem Labyrinth, Köln 1989 (Roman).

**114**

📖 Gloria Kaiser, Anita Garibaldi, Innsbruck 2001 (Roman).

🎞 Anita Garibaldi, zweiteilige Miniserie, RAI, Italien 2012.

**115**

📖 Colson Whitehead, Underground Railroad, München 2017 (Roman); Anna-Maria Benz, Freiheit oder Tod. Harriet Tubman – afroamerikanische Freiheitskämpferin, Bodenburg 2009.

**116**

📖 Gandhi: Eine Autobiographie oder Die Geschichte meiner Experimente mit der Wahrheit. Denken mit Mahatma Gandhi: Auswahl aus den Schriften, hg. von Gertrude Sartory/Thomas Sartory, Zürich 2006.

🎞 Gandhi, Regie: Richard Attenborough, Großbritannien – Indien 1982.

**117**

📖 Ernst Piper, Rosa Luxemburg. Ein Leben, München 2019.

**118**

📖 Ingrid Sabisch/Heiner Lünstedt, Sophie Scholl. Comic-Biographie, München ²2017; Tim Pröse, Jahrhundertzeugen. Die Botschaft der letzten Helden gegen Hitler: 18 Begegnungen, München 2016; Fritz Hartnagel/Sophie Scholl, Damit wir uns nicht verlieren. Briefwechsel 1937–1943, hg. von Thomas Hartnagel, Frankfurt/Main 2008; Hans Scholl/Sophie Scholl, Briefe und Aufzeichnungen, hg. von Inge Jens, Frankfurt/Main 1995.

Sophie Scholl – Die letzten Tage, Regie: Marc Rothemund, Deutschland 2005; Die Weiße Rose, Regie: Michael Verhoeven, Deutschland 1982.

119

Anna Seghers, Der Ausflug der toten Mädchen und andere Erzählungen, Berlin 1995.

120

Briefe aus dem Gefängnis, hg. von Sahm Wenter, München 2018; Stephan Bierling, Nelson Mandela: Rebell, Häftling, Präsident, München 2018; Nelson Mandela, Der lange Weg zur Freiheit, Frankfurt/Main 1997.

121

Malcolm X, die Autobiographie, hg. und mit einem Nachwort versehen von Alex Haley, Bremen 2003.

122

Der neue Appell des Dalai Lama an die Welt: Seid Rebellen des Friedens, Salzburg u. a. 2019; Dalai Lama/Desmond Tutu/Douglas Abrams, Das Buch der Freude, München 2016; Tenzin Gyatso, Dalai Lama. Meine spirituelle Autobiographie, Zürich 2010.

Sieben Jahre in Tibet, Regie: Jean-Jacques Annaud, USA 1997; Kundun, Regie: Martin Scorsese, USA 1997.

123

https://www.amnesty.de/urgent-action/ua-306-2014-5/zainab-al-khawaja-haft; Twitter: @angryarabiya

# Personenregister (in Auswahl)